英文精読術

東大名誉教授と
名作・モームの『赤毛』を読む

Red

williamsomersetmaugham

行方昭夫 著

Gakken

はじめに

本書は、英語を読む力の必要を感じ、本格的に学んで身に付けたいと願う人のために執筆しました。中級以上の読解力を身に付けるのは、誰にも容易なことではありません。その証拠に、これまで数多くの優れた英文解釈の参考書が出ているのに、それらを学んでめきめき実力をつけたという話はあまり聞きません。私自身『英文快読術』、『英文の読み方』など、読解力を付けるための本を書いてきました。実力が付いたと言ってきて下さる読者もないではないのですが、数は少ないです。

このような事情を鑑み、今回は、私の大学での英語教育や、20 年に及ぶ『英語青年』という高級誌での精読指導の経験を生かし、執筆した何冊もの著書の総決算として、これまでにない様々な工夫を凝らして、読者の皆さんの読解力を伸ばすのに真に有用な本を書こうと努力しました。

工夫の最大のものは、原文としてサマセット・モームの傑作短編 Red『赤毛』を丸ごと全部使うことです。モームは学習者にとって、英語は難しからず、易しからず、内容は非常に面白く、英文解釈の材料として最適です。大学教養課程の英語の授業が英文読解中心であった時代に、テキストとして、短編はモーム、エッセイはリンドが一番多く採用されました。入試にもモームの作品がいかに多く出題されたことでしょう。納谷友一・榎本常彌著『モームの例文中心 英文法詳解』という人気の本がありました。動詞、仮定法、分詞構文など、重要な文法事項の説明にモームの作品からの用例がふんだんに使われていました。モームの英語がいかに標準的なものであるか、これらのことからも明白です。

本書は、**原文全体を５つのセクションに分け、まとまった数行のパラグラフごとに学習します**。各パラグラフに語釈、解説、試訳、決定訳があります。語釈は、ただ辞書にある意味だけでなく、考えるヒントを与え、複雑な構文の箇所では逐語訳のみ記すに留め、自分でじっくり考えるようにしました。

解説は、文法的な説明を多くしてあります。当該箇所の理解のためだけでなく、他の英文を読む場合にも役立つように、易しい用例で説明しました。解説全体で、英文解釈に必須の文法項目をほぼ網羅できたと思います。ここでは、故江川泰一郎先生の名著『英文法解説』（金子書房）から説明や例文を自由に引用させて頂いています。（その事情については「おわりに」をご覧ください。）読者が今後、他の英文を読むときにも大いに役立つと思います。

１つの英文に対して、試訳、決定訳、翻訳と３種類の訳文をつけたのも類書にない工夫です。ここで、英語を日本語に訳すことについて、私の考えを述べておきます。「英語は訳さずそのまま理解すべきであり、いちいち訳したりするのは誤りだ」と思い込んでいる人がいます。確かに、平易な英文なら訳す必要はありません。しかし、一寸でも分かりにくい文、例えば、What is the general definition of old age? が理解できたかどうか知るには、相当する日本語を問うのが便利ではないでしょうか。「老人の一般的な考えは何か」などと、頓珍漢な訳を書いたら、瞬時に誤った理解だと分かりますから。「老齢に関する世間一般の考えはいかなるものか」という訳文が出来たら、読解力がある、と判定できますね。訳文作りは理解度を知る便利で確実な方法なのです。

「理解は出来ても訳文が出来ない」などというのは、真の理解が出来ていない証拠です。

試訳は語釈を参考にしながら、逐語的な直訳段階を超えた、よく考えた末の一応日本語らしい訳です。決定訳は、解説も参考にして仕上げた訳です。これをさらに、原文と同じ意味を伝えながらも、日本文としてよく通る訳文を、翻訳として添えました。

翻訳に関心の深い方は、決定訳と翻訳を比較検討して下さい。決定訳より代名詞と主語が激減しているのに気付く筈です。また、決定訳で一度読んだのではよく分からなかった箇所がすっきりした文章に改まっているでしょう。翻訳技術を学ぶには、決定訳と解説を参考にして自分でも翻訳してみてコツをつかむのが早道です。

興味深い材料を読むのですから、文学作品として、著者の意図、作中人物の心理などの説明も解説に含めました。正確な英文解釈に必要でもあるのです。『赤毛』の鑑賞や、モームの生涯と作品の紹介もありますので、文学に興味ある方は活用して下さい。英文解釈に加えて文学鑑賞もと欲張った本になりました。

行方昭夫

本書は2015年に（株）ディーエイチシーより刊行された名著『東大名誉教授と名作・モームの『赤毛』を読む 英文精読術』に一部修正を加え、レイアウト、イラスト等を描きなおしリニューアルしたものです。

Contents

はじめに …… i
Contents …… iv
本書の使い方 …… v
短編小説とは? …… viii

Red

by William Somerset Maugham

Section 1 …… 001
Section 2 …… 053
Section 3 …… 101
Section 4 …… 175
Section 5 …… 221
おわりに …… 243

Column 1 …… 52
英文精読のすすめ
Column 2 …… 100
翻訳と誤訳
Column 3 …… 187
翻訳へのステップ

赤毛

『赤毛』　訳:行方昭夫 …… 001
『赤毛』の読み方 …… 023
モームの生涯と作品と人柄 …… 029

本書の使い方

■ 本書は左開きで短編小説Redの英文精読を徹底的に学習し、右開きで“翻訳版『赤毛』”、“『赤毛』の読み方”、“モームの生涯と作品と人柄”などが楽しめる構成になっています。

■ 精読はRedを独自に５つのセクションに分け、さらにセクションを分割し、詳細に学習していきます。Section 1､2は、短いパラグラフごとに学習を進め、Section 3以降は、少し長めのパラグラフで学習を進めていきます。それでは、学習の進め方を見ていきましょう。

1 この枠の中にある英文をひとかたまりとして学習していきます。Section 1､2は短めの分量となっています。まずは、今回学習する概要を日本語で読み、次に英文を読んでみましょう。

Section 1-1

これからいったいどんな話が始まるか、読者は期待に胸をふくらませています。作者は、その期待に応えるために、物語の冒頭は何度も書き直すそうです。この節もおそらく、短編の名手と称えられる以前のモームが、苦労して書いたに違いありません。それにしては、苦心の様子は見えず、ごく自然な無理のない調子で平明に書かれています。

The skipper thrust his hand into one of his trouser pockets and with difficulty, for they were not at the sides but in front and he was a portly man, pulled out a large silver watch. He looked at it and then looked again at the declining sun. The Kanaka at the wheel gave him a glance, but did not speak. The skipper's eyes rested on the island they were approaching. A white line of foam marked the reef. He knew there was an opening large enough to get his ship through, and when they came a little nearer he counted on seeing it.

They had nearly an hour of daylight still before them. In the lagoon the water was deep and they could anchor comfortably. The chief of the village which he could already see among the coconut trees was a friend of the mate's, and it would be pleasant to go ashore for the night. The mate came forward at that minute and the skipper turned to him.

精読

①The skipper thrust his hand into one of his trouser pockets and ②with difficulty, for they were not at the sides but in front and he was a portly man, pulled out a large silver watch.

語釈　skipper「船長」と言っても大型客船でなく、小さな商船や漁船の船長。
with difficulty「困難をともないながら」何を修飾していますか？
for they were not ... portly man　この挿入句の意味と役目は？　For は理由を述べる時の接続詞ですが、ここでは、何の理由でしょう？

試訳

その船長は手をズボンのポケットの一つに突っ込んだ。そして困難と共に——なぜならば、それらは脇でなかった、しかし前にあり、そして、彼は肥っていたから——彼は大きな銀時計を引っ張り出した。

2

決定訳

船長はズボンのポケットに手を突っ込み、大きな銀時計を取り出した。ポケットはズボンの脇でなく前にあったから、腹の突き出た彼には、骨が折れた。

解説

①The skipper　定冠詞theがついていますね。読者がまだ会ったこともない人物なのに、どうして不定冠詞aでないのでしょうか。作者が関心を抱いて、これから主人公の一人として描こうとしている、つまり「特定の」人だからです。名詞にtheかaか、どっちがついているかという一見ささやかなことにも注意を払っていきましょう。
②with difficulty　この副詞句が修飾している動詞はどこにあるのか、探しましょう。andがあるので、前にあるthrustのはずはありません。とすると、後にあるpulled outを修飾していると分かります。

間にあるfor they were notからportly manまでを考えます。まずforは「なぜかといえば」と理由を述べる時の接続詞ですね。ここは何の理由でしょう？　「ポケットが脇でなく前にあったのと、さらに、肥っていたから」とあるので、ここは「やっとのことで取り出した」理由なのですね。

3

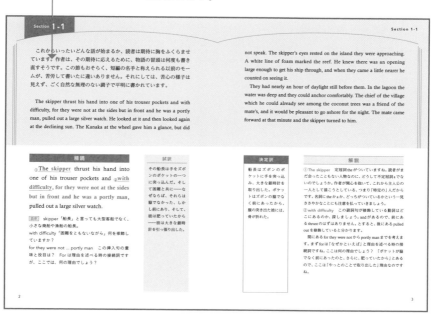

Section 1、2

2 それでは、精読を始めます。まず、自分で訳してみてください。精読の英文中、太くなっている箇所は、英文下の語釈に簡単な解説があります。また数字と下線がある箇所は解説で行方先生が解説をされています。Section 1、2では、解説までしっかり読むようにしましょう。

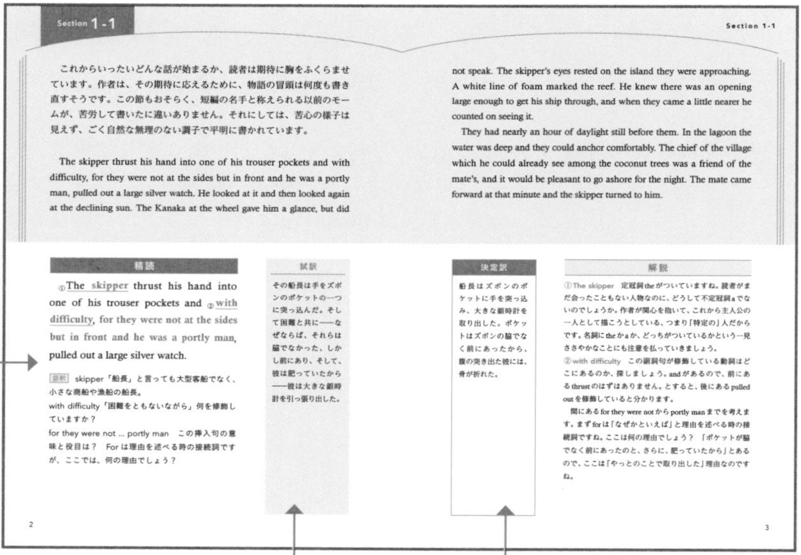

Section 1-1

これからいったいどんな話が始まるか、読者は期待に胸をふくらませています。作者は、その期待に応えるために、物語の冒頭は何度も書き直すそうです。この節もおそらく、短編の名手と称えられる以前のモームが、苦労して書いたに違いありません。それにしては、苦心の様子は見えず、ごく自然な無理のない調子で平明に書かれています。

The skipper thrust his hand into one of his trouser pockets and with difficulty, for they were not at the sides but in front and he was a portly man, pulled out a large silver watch. He looked at it and then looked again at the declining sun. The Kanaka at the wheel gave him a glance, but did not speak. The skipper's eyes rested on the island they were approaching. A white line of foam marked the reef. He knew there was an opening large enough to get his ship through, and when they came a little nearer he counted on seeing it.

They had nearly an hour of daylight still before them. In the lagoon the water was deep and they could anchor comfortably. The chief of the village which he could already see among the coconut trees was a friend of the mate's, and it would be pleasant to go ashore for the night. The mate came forward at that minute and the skipper turned to him.

精読

①The skipper thrust his hand into one of his trouser pockets and ②with difficulty, **for they were not at the sides but in front and he was a portly man**, pulled out a large silver watch.

語釈 skipper「船長」と言っても大型客船でなく、小さな商船や漁船の船長。

with difficulty「困難をともないながら」何を修飾していますか？

for they were not ... portly man　この挿入句の意味と役目は？　For は理由を述べる時の接続詞ですが、ここでは、何の理由でしょう？

試訳

その船長は手をズボンのポケットの一つに突っ込んだ。そして困難と共に——なぜならば、それらは脇でなかった、しかし前にあり、そして、彼は肥っていたから——彼は大きな銀時計を引っ張り出した。

決定訳

船長はズボンのポケットに手を突っ込み、大きな銀時計を取り出した。ポケットはズボンの脇でなく前にあったから、腹の突き出た彼には、骨が折れた。

解説

①The skipper　定冠詞theがついていますね。読者がまだ会ったこともない人物なのに、どうして不定冠詞aでないのでしょうか。作者が関心を抱いて、これから主人公の一人として描こうとしている、つまり「特定の」人だからです。名詞にtheかaか、どっちがついているかという一見ささやかなことにも注意を払っていきましょう。

②with difficulty　この副詞句が修飾している動詞はどこにあるのか、探しましょう。andがあるので、前にあるthrustのはずはありません。とすると、後にあるpulled outを修飾していると分かります。

間にあるfor they were notからportly manまでを考えます。まずforは「なぜかといえば」と理由を述べる時の接続詞ですね。ここは何の理由でしょう？　「ポケットが脇でなく前にあったのと、さらに、肥っていたから」とあるので、ここは「やっとのことで取り出した」理由なのですね。

2　　3

3 試訳を読み、ご自分の訳と比べてみてください。試訳では直訳すぎて日本語として意味が的確に伝わらない箇所なども含まれていることがあるので探してみましょう。

4 次に決定訳を読み、ご自分の訳と比べてみてください。決定訳は原文から離れることのない範囲で意訳を行っている場合もあります。決定訳レベルの訳ができれば、訳としては合格です。

Section 3 〜 5

■ これまでの語釈、試訳、決定訳、解説という紙面構成から、ここからは解説が各分割したSectionの後ろにまとまって掲載されています。まずは語釈をたよりに訳し、今までと同じように、試訳と決定訳とご自分の訳を比べながら学習していきましょう。

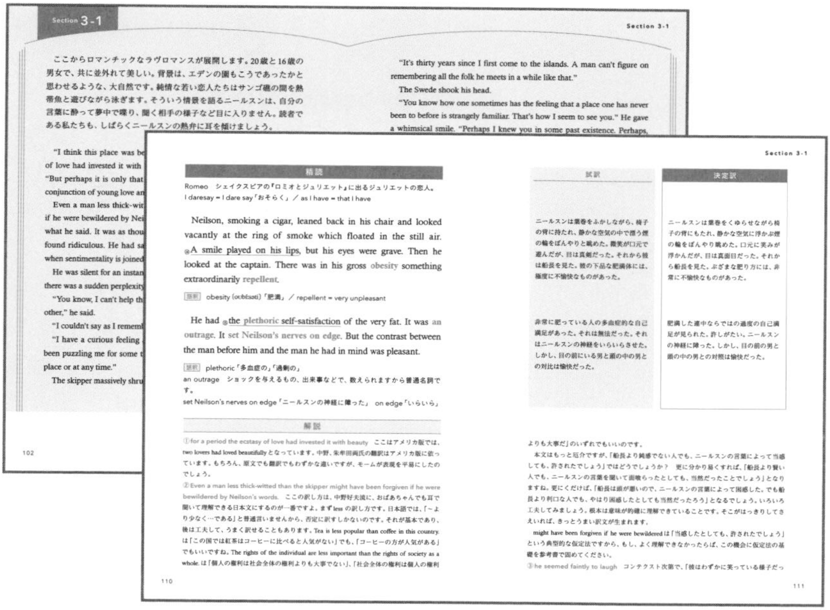

例）Section 3-1の解説はSection 3-1最終ページにまとめて掲載しています

■ 表記について

訳部分において、一部、差別用語とも受け取れる表現が使われていますが、文学上、作品のオリジナリティを尊重するため原語に近い訳を採用していますのでご了承ください。差別を助長する意図は一切、ありません。

■ 解説中の記号について

江川 ⇒『英文法解説 改訂三版』江川泰一郎著・金子書房

短編小説とは？

欧米文学の世界で、小説が誕生したのは18世紀中葉のことですが、すべて長編小説でした。では、モームの『赤毛』、チェーホフの『犬を連れた奥さん』、モーパッサンの『首飾り』など、今日の読者にとって身近な短編小説はいつごろ誕生したのでしょうか。長編よりはかなり遅れて、19世紀の末でした。

長編も短編もともに人生、人間を対象にするものですが、コンパスの大きさが違うために、長編が人生の全体像を伝えようとする場合が多いのに対して、短編は人生の断面の提示を目的としがちです。短編では複雑なテーマは無理であり、登場人物の数も限定されるし、主人公が経験を通じて成長し、変貌する過程をたどることなどは不可能です。大まかに言って、このような性格の短編ですが、一口に短編と言っても、さまざまあります。長編のあらすじのようなものから、長い一生の象徴的な瞬間を短いエピソードで鮮明に浮き上がらせるものまであり、用いられている手法も多岐にわたっています。

近代の短編について、便宜上、２つの大きな系譜を認めることが行われています。そしてロシアのチェーホフとフランスのモーパッサンがそれぞれの代表とされています。チェーホフ系譜が情緒的で１つのムードとか人生の漠然たる印象を伝えるのに対して、モーパッサン系譜は理知的で話の面白さを身上としています。前者はルースな構成で事件らしいものは起こらず、だらだらと盛り上がりなしに話が続きます。後者は緊密に構成されていて、起承転結があり、話は途切れなく進展して行きます。作品の終わり方も、前者は何となく消えるように終わり、後者ははっきりと、ときには「落ち」があって終わります。

もちろん、どちらの系譜にも長所と短所があります。物語性に乏しく、とらえどころのないチェーホフ系譜の短編は、しばしば人生の悲哀、歓喜、いつまでも心に残る印象などを伝え、作りものでない味わいを感じさせます。モーパッサン系譜の短編は興味深い話を聞きたいという人間本来の欲求を満足させてくれる一方、ややもすると話の面白さのために真実を犠牲にしていると感じさせることがあります。いずれの系譜でも、作者の人間性の深さ、芸術家としての力量次第で、優れた作品が生まれるはずです。

イギリ文学におけるチェーホフ系譜の代表者はキャサリン・マンスフィールドで、モーパッサン系譜の代表者はモームというのが定説になっています。事実、短編作家としてのモームは、しばしば「イギリスモーパッサン」と呼ばれています。そのモームの100に及ぶ短編中の代表作の１つが、皆さんが本書で読む『赤毛』というわけです。

SECTION 1

The skipper's eyes rested on the island they were approaching. A white line of foam marked the reef.

船長は近づく島をじっと眺めていた。
一本白く泡立っている線があり、
そこにサンゴ礁があるのだ。

Section 1-1

これからいったいどんな話が始まるか、読者は期待に胸をふくらませています。作者は、その期待に応えるために、物語の冒頭は何度も書き直すそうです。この節もおそらく、短編の名手と称えられる以前のモームが、苦労して書いたに違いありません。それにしては、苦心の様子は見えず、ごく自然な無理のない調子で平明に書かれています。

The skipper thrust his hand into one of his trouser pockets and with difficulty, for they were not at the sides but in front and he was a portly man, pulled out a large silver watch. He looked at it and then looked again at the declining sun. The Kanaka at the wheel gave him a glance, but did

精読

①The **skipper** thrust his hand into one of his trouser pockets and ②**with difficulty**, **for they were not at the sides but in front and he was a portly man**, pulled out a large silver watch.

語釈 skipper「船長」と言っても大型客船でなく、小さな商船や漁船の船長。

with difficulty「困難をともないながら」何を修飾していますか？

for they were not ... portly man　この挿入句の意味と役目は？　For は理由を述べる時の接続詞ですが、ここでは、何の理由でしょう？

試訳

その船長は手をズボンのポケットの一つに突っ込んだ。そして困難と共に——なぜならば、それらは脇でなかった、しかし前にあり、そして、彼は肥っていたから——彼は大きな銀時計を引っ張り出した。

not speak. The skipper's eyes rested on the island they were approaching. A white line of foam marked the reef. He knew there was an opening large enough to get his ship through, and when they came a little nearer he counted on seeing it.

They had nearly an hour of daylight still before them. In the lagoon the water was deep and they could anchor comfortably. The chief of the village which he could already see among the coconut trees was a friend of the mate's, and it would be pleasant to go ashore for the night. The mate came forward at that minute and the skipper turned to him.

決定訳

船長はズボンのポケットに手を突っ込み、大きな銀時計を取り出した。ポケットはズボンの脇でなく前にあったから、腹の突き出た彼には、骨が折れた。

解説

①The skipper　定冠詞theがついていますね。読者がまだ会ったこともない人物なのに、どうして不定冠詞aでないのでしょうか。作者が関心を抱いて、これから主人公の一人として描こうとしている、つまり「特定の」人だからです。名詞にtheかaか、どっちがついているかという一見ささやかなことにも注意を払っていきましょう。

②with difficulty　この副詞句が修飾している動詞はどこにあるのか、探しましょう。andがあるので、前にあるthrustのはずはありません。とすると、後にあるpulled outを修飾していると分かります。

間にあるfor they were notからportly manまでを考えます。まずforは「なぜかといえば」と理由を述べる時の接続詞ですね。ここは何の理由でしょう？　「ポケットが脇でなく前にあったのと、さらに、肥っていたから」とあるので、ここは「やっとのことで取り出した」理由なのですね。

精読

He looked at it and then ③looked again at **the declining sun**. The Kanaka at the wheel gave him a glance, but did not speak.

語釈　the declining sun 傾きつつある太陽ですから「夕日」

The skipper's eyes rested on ④the island they were approaching. ⑤**A white line of foam marked the reef.**

語釈　A white line of foam marked the reef　直訳すると「一本の白い泡がサンゴ礁を示した」です。これで分かればよし、もし日本語として熟していなければ、別の訳を考えること。

⑥He knew there was an **opening** large enough to **get his ship through**, and when they came a little nearer he **counted on seeing** it.

語釈　opening「切れ目、入口」もともとは動詞 open に ing が付いた動名詞ですが、完全な名詞になっています。
get his ship through「船を通過させる」
counted on seeing「見るのを期待した」

試訳

彼はそれを見て、それから又夕日を見た。舵輪におけるカナカ人は、彼に一瞥を与えたが、黙っていた。

船長の目は、島の上に止まった。彼らは接近しつつあった。一筋の白い泡の線がサンゴ礁をマークした。

彼は船を通せるのに十分な切れ目があったのを知っていた。そして、彼らがもう少し接近した時に、それを見るのを期待した。

決定訳

時計を見、沈みゆく太陽をまた眺めた。舵輪を操作するカナカ人がちらっとこちらをみたが、黙っていた。

船長は近づく島をじっと眺めていた。一本白く泡立っている線があり、そこにサンゴ礁があるのだ。

船を通せる幅の切れ目があるのは分かっていたから、もう少し近寄れば、そこが見つかるものと思った。

解説

③looked again at the declining sun 「夕日を再び見た」夕日、時計、また夕日という順に見たのは、何故でしょう？　その船長の様子を、舵輪のカナカ人がちらっと見たのは何故？　南海諸島では、日が沈み暗くなると危険で船の移動が困難になるため、船乗りは皆心配しているわけです。

④the island they were approaching 目的格の関係代名詞が省略されていると、直ぐに気付きましたか。そうですね、islandの次にthatあるいはwhichを挿入してもよいのです。

⑤A white line of foam marked the reef 直訳で分からなければ、頭を使いましょう。一本の白い泡があるので、そこにサンゴ礁があると分かった、ということでしょう？　こういう場合、英英辞典が便利かもしれません。mark = indicate the position of「～の場所を指示する」と説明していますから。英和辞典はどれもよくできていますから、それで用が足りる場合が多いのですが、時には英英辞典も引いてみましょう。

⑥He knew there was ... このknewが目的語としているのはどの部分でしょうか？

there was an opening ...throughまでです。文尾まで続くような感じもあるので注意しましょう。

⑦a friend of the mate's 日本語では「航海士の友人」でよいのですが、英語の表現として検討しましょう。

〈冠詞＋所有格＋名詞〉は不可なのです。例えば　a the mate's friend とか、a my sister's friend とかは誤りです。冠詞やthis、that、some、noなどと所有格を続けて名詞の前におけないからです。a my friend は誤りなので、a friend of mine とするのです。この表現の説明として、複数いる友人の一人、という意味だといいますが、厳密にいうとおかしいのですよ。例えば「トムのあの可愛い奥さん」という文を英訳すれば、the pretty wife of Tom's となりますが、この表現は、トムに複数の妻がいるわけではないのです。 wifeという名詞の前にthe とTom's という２語を並べられないから、このような言い方をするだけです。

精読

They had nearly an hour of daylight still before them. In the **lagoon** the water was deep **and** they could **anchor** comfortably.

語釈　lagoon〔ləgúːn〕「潟、礁湖」
the water was deep and they could ...　and を「そして」と思っていませんか？　もちろん、それでよい場合が多いですけど、今の場合はどうでしょう？「だから」でないでしょうか？
anchor（自）「停泊する」

The chief of the village which he could already see among the coconut trees was ⑦a friend of the **mate's**, and ⑧it would be pleasant to go ashore for the night. The mate came forward at that minute and the skipper turned to him.

語釈　mate「航海士」

試訳

彼らの前にはまだ日光がほぼ1時間あった。礁湖の中では水は深かった、そして彼らは快適に停泊できた。

椰子の木の間に既に見えた村落の酋長は航海士の友人であった。そして夜のために、上陸することは楽しいだろう。その瞬間に航海士が前に出た。そして船長は彼の方を向いた。

決定訳

暗くなるまでには、まだ1時間ほどはあるんだ。礁湖に入れば、水深は深いから安全に停泊できる。

椰子の木立の間から、もう村落が見え、酋長は航海士の友人なのだ。今晩島に上陸すれば、きっと愉快なことになるぞ。その時、航海士が近づいてきたので、船長はそっちを向いた。

解説

ここの a friend of the mate's は、航海士の友人が複数いるうちの不特定の一人と解しても構わないでしょう。もし the mate's friend となっていれば、特定の一人の友人、ということになります。

⑧ it would be pleasant to go ashore for the night　ここはよく考える必要があります。「その夜島に上陸するのは楽しいだろう」と意味は大体分かるでしょうが、それは誰の考えでしょう？　コンテクスト（前後関係）から、船長の考えだろうと、見当はつきますね。

ここは文法的には描出話法というものです。間接話法で書き直せば、he thought that it would be pleasant ... night となります。さらに直接話法にすれば、he thought,"It will be pleasant to go ...night."となります。描出話法という用語を知らない人でも、英語の文章を読んできた人なら、何度か出会ったことがあるでしょう。物語ではよく使われていますから。ここでしっかり学んでおきましょう。

作中人物が思ったり、感じたりしたことを、例えば、She thought that the dog was very cute. と間接話法で書くのでなく、あるいは、She said to herself,"The dog is very cute." と直接話法で書くのでもなく、The dog was very cute. と述べるのです。それでいて、作者が客観的に事実を描写しているわけではないのです。これが描出話法です。英語では Represented Speech と言います。時には、作者の描写なのか、作中人物の心理を述べたのか、見分けにくいこともあります。より詳しくは、金子書房刊行の江川泰一郎著『英文法解説』（以下 江川 と略します）§ 315「中間的な話法」参照のこと。

ここでは、船長が「楽しいだろうなあ」と思ったわけですね。丁度その時に航海士がやってきたので、船長は思っていた計画を告げます。

Section 1-2

船長はサンゴ礁にある切れ目を探させます。そこから島に近づければ、船を停泊させて、酒を土産に航海士の友人である島の村長を訪ね、村の娘を呼んで、楽しい一夜を過ごそうと期待しています。切れ目は見つかるでしょうか？

“We’ll take a bottle of booze along with us and get some girls in to dance,” he said.

“I don’t see the opening,” said the mate.

He was a Kanaka, a handsome, swarthy fellow, with somewhat the look of a later Roman emperor, inclined to stoutness; but his face was fine and clean-cut.

“I’m dead sure there’s one right here,” said the captain, looking through his glasses. “I can’t understand why I can’t pick it up. Send one of the boys up the mast to have a look.”

精読

“We’ll take a bottle of **booze** along with us and **get some girls in to dance**,” he said.

語釈　booze は口語で「酒」。以下、船長はくだけた言葉、時に下品な言葉を連発します。

get some girls in to dance の get in は「呼び入れる、招く」

to dance = in order to dance

試訳

「我々と共に酒を持って運び、数名の少女たちを呼んでダンスをやらせよう」船長が言った。

The mate called one of the crew and gave him the order. The captain watched the Kanaka climb and waited for him to speak. But the Kanaka shouted down that he could see nothing but the unbroken line of foam.

The captain spoke Samoan like a native, and he cursed him freely.

"Shall he stay up there?" asked the mate.

"What the hell good does that do?" answered the captain. "The blame fool can't see worth a cent. You bet your sweet life I'd find the opening if I was up there."

He looked at the slender mast with anger. It was all very well for a native who had been used to climbing up coconut trees all his life. He was fat and heavy.

"Come down," he shouted. "You're no more use than a dead dog. We'll just have to go along the reef till we find the opening."

決定訳

「どうだね、酒を土産に持って行き、女の子を呼んで踊らせるというのは？」船長が言った。

解説

①the captain　小説の冒頭で「船長」はskipperだったのに、ここでは何故違う単語のcaptainが数か所で使われているのでしょうか？　もちろん船長が二人いるのではありません。英語の習慣として、なるべく同一の単語を繰り返して使わない、というのがあるからです。知らない人が割と多いので、学習しましょう。

たとえば、Robert Brown というイギリスの政治家のことを記述した長めの文があるとしましょう。まずMr. Brown was born in England in 1950. で始まってから、この人物を言い表すのに、the English gentleman, statesmanだけでなく、the Londonerとかthe 65 years old man, the leaderなど、色んな言い換えをします。有名な政治家で、その私生活まで一般に知られているのであれば、the twice-married man, the father of Tomなども使います。新

精読

“I don’t see the opening,” said the mate.

He was a Kanaka, a handsome, swarthy **fellow**, with somewhat the look of **a later Roman emperor**, **inclined to stoutness**; but his face was fine and **clean-cut**.

語釈 fellow　この単語を「奴」と覚えている人はいませんか？　ただ「男」です。

a later Roman emperor「後期ローマ皇帝の誰か」ということ。目鼻立ちが立派な皇帝が多いのです。

inclined to stoutness は直訳すれば、「肥満になりがち」

clean-cut「輪郭がはっきりしている、目鼻立ちがよい」

試訳

「切れ目が見えません」航海士が言った。彼はカナカ人だった。後期ローマの皇帝の顔つきを少し持ち、ハンサムな浅黒い、肥る傾向がある奴だった。しかし顔はきれいで目鼻立ちがはっきりしていた。

“**I’m dead sure there’s one right here,**” said ①the captain, looking through his glasses. “I can’t understand why I can’t **pick it up**. Send one of the boys up the mast to have a look.”

語釈 “I’m dead sure there’s one right here”　この文では、dead も right も強めの副詞です。「絶対に確か」「正にここに」の意味。one = opening。どうしてそのような土地勘があるのか、先まで読んでから後で思い出すと納得できますよ。

pick it up = find it

「ちょうどここに一つ絶対にあるんだ」双眼鏡で見ながら船長が言った。「どうして俺がそれを見つけないのか分からない。見るために水夫の一人をマストに登らせろ」

決定訳

航海士は「ですが、切れ目が見つからないんですよ」と言った。

航海士はカナカ人で、美男で浅黒かった。帝政後期のローマ皇帝の誰かと一寸似た風貌であった。やや太り気味だが、顔立ちはよく、きりっとしていた。

「切れ目が丁度このあたりにあるのは、絶対間違いねえ」船長は双眼鏡で見ながら言った。「どうして見つからんか、分からん。水夫をマストに登らせて、探させてくれ」

解説

聞記者などは、著名人のことを書くとき、言い換え用に多数の単語を知っていなければなりません。名詞だけでなく、「美しい人」という場合でも、beautifulだけを繰り返してはいけないので、pretty、lovely、handsome、adorableなど、単独で使えばニュアンスが異なる形容詞も多用するのが、優れた文章術だとされています。

②he cursed him freely. 「自由に呪った」では何のことだかはっきりしません。それに、この船長らしくないでしょ？　知っている単語でも、念のために辞書を引く癖をつけましょう。curseには「悪態をつく、下品な言葉で罵る」という意味があるのが判明します。そうなればfreelyも「思いのままに」などの意味に取るのが適切ですね。

③Shall he stay up there?　このような英文は「二、三人称とshallの意味」として習ったはずですが、覚えていますか。例えば、He shall dance. と言うのは、話者の意志を表すから、「彼が踊るのが私の意志だ」→「彼に踊ってもらおう」という意味合いになるのです。この用法は古風ですから、今はあまり見かけません。今の英語なら、例えば、Do you want him to stay up there?　などとなるでしょう。

④What the hell good does that do?　the hellは強めを表す下卑た表現です。

cf. Who the hell are you?
「一体お前はどこのどいつだ」

What good does that do? を強調したわけですから、「一体全体、それがどういう役に立つのか」が直訳です。ところで、これは疑問文ですが、答が知りたくて質問しているのでしょうか？　そうでなく、答は分かりきっているのに、聞いているのですから、単純疑問文でなく、修辞疑問文です。

修辞疑問文（Rhetorical Question）とは、言いたいことを強調するために、わざと疑問文にする方法で、単純に尋ねているのではないのです。コンテクストから単純疑問文か修辞疑問文かを判断しにくい場合もあります。例

精読

The mate called one of the crew and gave him the order. The captain watched the Kanaka climb and waited for him to speak. But the Kanaka shouted down that he could see **nothing but** the **unbroken line of foam**.

語釈　nothing but = only
unbroken line of foam「途切れない泡の一線」

The captain **spoke Samoan like a native**, and ②he **cursed him freely**.

"③Shall he stay up there?" asked the mate.

"④What **the hell** good does that do?" answered the captain. ⑤"**The blame fool** can't see worth a cent. ⑥**You bet your sweet life** ⑦I'd find the opening if I was up there."

語釈　spoke Samoan like a native「土地っ子並みにサモア語を話せた」
cursed him freely　ここを「彼を自由に呪った」と訳して、よいでしょうか？
the hell　強め。
The blame fool = the blamed fool「大馬鹿野郎」
You bet your sweet life「君は君自身の甘い命を賭ける」が文字通り。

試訳

航海士は船員の一人を呼び、その命令を与えた。船長はカナカ人が登るのを眺め、話すのを彼のために待った。しかし、カナカ人は、途切れない白い泡の線以外には何も見えないと下に向かって怒鳴った。

船長は原住民のようにサモア語を話せた。そして彼は彼を自由に罵った。
「彼をあそこに留めておきますか」航海士が聞いた。
「それがいったいどういう役に立つのだ？」船長が言った。「あの呪われた間抜けは1セントの価値が見えない。俺が仮に登っていりゃあ、必ず切れ目を見つけるということに、お前は甘い命を賭すがいい！」

決定訳

航海士は水夫を呼んで、指示した。船長はカナカ人の水夫が登るのをじっと眺め、報告を待った。だが、白い泡の線に切れ目は見えません、と大声で伝えるだけだった。

船長はサモア語がペラペラだったので、下品な言葉を水夫に浴びせた。
「あのまま登らせておきますか？」航海士が尋ねた。
「ふん、そんなことしたって、くその足しにもならん！ あの間抜け野郎、目がないも同然なんだから。おれがマストに登れば、絶対に切れ目が見つかるんだがなあ」

解説

えば、What is the use of that machine? も「その機械は何の役に立つのか」と単純に尋ねているのか、それとも「その機械は何もならない」と断定しているのか、前後が無ければ、不明です。でも、What the hell is the use of that machine？ とあれば、修辞疑問に決まってきます。(江川 §293参照)

⑤The blame fool can't see worth a cent.　コンテクストで大体の意味は見当がつくでしょうが、文を分析して説明すると面倒です。このblameは俗語でblamed「けしからぬ」と同じです。can't see worth a centは「1セントの価値しかないものすら、見ることができない」が文字通りの訳になります。だから、切れ目のような大事なものを見ることなどできない、の意味になるのです。

⑥You bet your sweet life　「こんな確かなことはない」とこれから述べることの真実性を保証する決まり文句です。「いいかね、本当のことなんだが…」と覚えておくと便利です。sweetは「楽しい、快適な」という意味合いですが、軽くつけただけの形容詞です。一種の命令文で、「次のことが確かだと言うことに関して、あなたは命を賭けなさい、命を賭けても大丈夫です」というのが、たどたどしい直訳になります。

⑦I'd find the opening if I was up there.　仮定法過去の典型的な文ですね。「仮におれがマストに登っていれば、きっと切れ目を見つけるだろうに」と現実に反する仮定を述べています。万一、仮定法に自信がないようでしたら、大変です。英文読解の大事な基本ですから、英文法の参考書にある説明ですぐに勉強してください。江川 §167－178でもいいし、あるいは、簡潔にまとめてあるので、拙著『身につく英語のためのA to Z』(岩波ジュニア新書)のSubjunctiveの項目でもいいでしょう。必ず身についた知識にしてください。

精読

He looked at the slender mast with anger. ⑧It was all very well for a native who had been used to climbing up coconut trees all his life. He was fat and heavy.

"Come down," he shouted. "⑨You're no more use than a dead dog. We'll just have to go along the reef till we find the opening."

試訳

彼は怒りをこめて細いマストを見た。一生椰の木を登ることに慣れている原住民のためには、すべてとてもよかった。でも彼はデブで重かった。
「降りてこい」彼は怒鳴った。「お前は死んだ犬以上に役立たん。切れ目を見つけるまで、サンゴ礁に沿ってただただ進まねばならないだろう」

決定訳

船長は憤然として細いマストを眺めた。幼い時から椰子の木に登るのに慣れている原住民の奴らにはまことに結構だろうが、おれはデブで重いからな。
「降りてこい。お前なんか、なんの役にも立たぬ。サンゴ礁に沿ってどんどん行け。いずれ切れ目が見つかる」船長が大声で言った。

解説

⑧**It was all very well ...**　ただ「とても結構だ」というのでなく、ここでは省略されていますが、普通は後にbutがあり、but以下を強調するために、「結構は結構だろうけども…」と一応いやいやながら皮肉に認める表現です。

cf. It's very well for them to make plans, but they have no money to carry them out.
「計画をたてるのはまことに結構だが、実行する金がないじゃないか」

⑨**You're no more use than a dead dog.**　これは見当がつくでしょう。英米人は犬を可愛がるくせに、諺などの表現では「つまらぬもの」として扱っています。次のような諺があります。

- A woman's tears and a dog's limping are not real.
「女の涙と犬のびっこは偽物」
- You can't teach an old dog new tricks.
「老犬には新しい芸を教えられない」

ちなみに奥津文夫著『英米のことわざに学ぶ人生の知恵とユーモア』（三修社）は私の愛読書です。また、to live a dog's lifeといえば「惨めな生活をする」という意味のイディオムです。ここのdead dogも「何の役にも立たぬもの」の典型です。

コメント

決定訳では解説⑧からの２つのセンテンスを描出話法に取って、船長の心中の思いとして訳しましたが、そうしないでも結構です。

スクーナー船の描写があります。相当に使い込んだ帆船ですね。日没になり、切れ目は見つからず、外海での停泊を余儀なくされます。この船には船長、機関士の他、何人くらい乗務員が乗っているのでしょうね。

It was a seventy-ton schooner with paraffin auxiliary, and it ran, when there was no head wind, between four and five knots an hour. It was a bedraggled object; it had been painted white a very long time ago, but it was now dirty, dingy, and mottled. It smelt strongly of paraffin and of the

精読

It was a seventy-ton **schooner** with **paraffin auxiliary**, and it ran, when there was no **head wind**, between four and five knots an hour. It was a **bedraggled** object; ①it had been painted white a very long time ago, but it was now dirty, dingy, and **mottled**. It smelt strongly of paraffin and of the copra which was its usual cargo.

語釈 schooner「スクーナー」２本のマストの帆船。
paraffin auxiliary「石油補助エンジン」
head wind「向かい風」
bedraggled「薄汚い」
mottled「まだらの」

試訳

それは石油の補助エンジンを備えた70トンの帆船で、向かい風がない場合は、1時間４から５ノットの速度で走った。それは薄汚い物体だった。ずっと以前に白いペンキで塗ったのだが、今は薄汚れ、みすぼらしく、あちこちシミがあった。石油の嫌な臭いが強く、また、いつもの積荷のコプラの臭いもした。

copra which was its usual cargo. They were within a hundred feet of the reef now and the captain told the steersman to run along it till they came to the opening. But when they had gone a couple of miles he realised that they had missed it. He went about and slowly worked back again. The white foam of the reef continued without interruption and now the sun was setting. With a curse at the stupidity of the crew the skipper resigned himself to waiting till next morning.

"Put her about," he said. "I can't anchor here."

決定訳

石油の補助エンジン付の70トンの帆船で、向かい風でなければ、時速4ノットないし5ノットで走る。薄汚れた船だった。ずっと以前に白く塗ったのだが、今では汚れ、みすぼらしく、ペンキのあちこちが剥げてまだらになっている。石油と積荷のコプラのために、ひどい臭いがいつもしている。

解説

ここはこの船の説明です。速度とか外観などが記述されています。イギリスは島国ですから、英語には船関係の単語が豊富です。英和辞典で単語を調べると、(海)、(海事)と断ってあるのに気付いた経験があるでしょう。海事用語(英語ではnautical terms)は海、航海、船舶に関係する専門用語だということです。ここにもいくつか出てきます。

①it had been painted white　ここでは過去完了に注意しましょう。最後にa very long time agoと書いてあるので、ずっと以前のことだと分かるのですが、さらに過去完了の使用で、汚らしい今から時間が遡った時は船がどんな状態だったか、想像できます。過去完了は、このように、「ここから時間が遡りますよ」という合図としても使いますので、覚えておいてください。いずれまた実例に何度も出会います。

精読

They were within a hundred feet of the reef now and the captain told the **steersman to run along it** till they came to the opening.

語釈　steersman「舵手」
to run along it「舵手にサンゴ礁に沿って走るよう(命じた)」この run は自動詞。

But when they had gone a couple of miles he realised that **they had missed it**. ②He **went about** and slowly worked back again. The white foam of the reef continued without interruption and now the sun was setting. With a curse at the stupidity of the crew the skipper ③resigned himself to waiting till next morning.

“Put her about,” he said. “I can’t anchor here.”

語釈　they had missed it の it は opening。
He went about and slowly worked back again.
この go about は「歩き回る」でいい？

試訳

いま彼らはサンゴ礁から100フィート以内にいて、そして船長は、舵手に彼らが切れ目に着くまでサンゴ礁に沿って走るように告げた。

しかし、彼らが数マイル行ったとき、彼らが切れ目をミスしたと彼は覚った。彼はぐるっと回転し、またゆっくり引き返した。サンゴ礁の白い泡は切れ目なく続き、今は太陽が沈みつつあった。乗組員たちの間抜けさに対する口汚い罵りと共に、船長は翌朝まで待つことに従った。
「針路を変えろ」彼は言った。「ここでは錨を下ろせない」

決定訳

そろそろサンゴ礁の近く100フィート足らずに来たので、船長は舵手に、切れ目のところまでサンゴ礁に沿って走れと命じた。

しかし2マイルほど走ったが見えない。見落としたと気付いたので、回れ右をして、速度をゆるめて、来た道をまた戻らせた。サンゴ礁の白い泡は切れ目なく一直線に続いているし、いまや、日没が迫っている。船員どもの無能さに悪態をつきながら、船長は翌朝まで待つしかないと、諦めた。
「船を回せ。こんなところで錨を下ろせんからな」

解説

②He went about and slowly worked back again.　ここでのwent aboutはどういう意味でしょうか？　「辺りを行く」と訳してみると、船の中で歩き回るのでしょうか？　前後関係から考えて、自分の知っている意味では納得できない場合は、気軽に辞書に手を伸ばす癖をつけましょう。そうすれば、詳しい辞書なら、「(海事) 船の方向を (上手回しに) 変える」という意味だと出ています。実はworked backも海事用語ですが、一般用語としても、同じ意味で使うので、(海事) と断ってありません。「戻った」ということ。

ここで、前後関係から考えて、自分の知っている意味では納得できない場合、念のために辞書で調べる大事さについて考えてみます。たとえばa happy expressionというのが「幸福な表現」では意味が通らない場合、辞書を引いてhappyを調べれば、「適切な」という新たな意味が発見できます。昔読んだ推理小説の翻訳に、sleeper「線路で寝ている人」が出てきて、前後が合わないので、辞書で調べたら「枕木」の意味があって、納得しました。

もう一つ例を挙げます。*Wuthering Heights* is a kind of sport.という文を「(ブロンテの)『嵐が丘』は一種の気晴らしである」と説明している論文がありました。この激しい愛と憎しみの小説を気晴らしで読む人は、まずいないので、奇妙に思って、辞書に当たったら、生物学の用語で「変種」というのが見つかりました。イギリスの小説の歴史では突然変異だというのなら、納得できます。

③resigned himself to waiting　「しかたなく待つことに決めた」　次の“Put her about”のput aboutも、主に船に使う特殊な意味で、「針路を変える」です。herが船を指すのは知っていましたか。船のほかに国や車もsheで表すことがあります。

cf. “Where is your car?”
「君の車はどこにある？」
“She is going through an inspection.”
「車検に出ているんだ」

船の古さとか、食事の様子などが簡潔に、分かり易く描かれています。こういう船での日常を知らぬ読者には、様々な人種の混じった乗組員の様子など、興味深いですね。

They went out to sea a little and presently it was quite dark. They anchored. When the sail was furled the ship began to roll a good deal. They said in Apia that one day she would roll right over; and the owner, a German-American who managed one of the largest stores, said that no money was big enough to induce him to go out in her. The cook, a Chinese in white trousers, very dirty and ragged, and a thin white tunic, came to say that supper was ready, and when the skipper went into the cabin he found the engineer already seated at table. The engineer was a long, lean man

精読

①They went out to sea a little and **presently** it was quite dark. They anchored. When the sail was furled the ship began to roll a good deal. **They said** in **Apia** that one day **she would roll right over**; and the owner, a German-American **who managed** one of the largest stores, said that **no money was big enough to** induce him to **go out in her**.

語釈 presently「間もなく」アメリカでは「今」の意味にも使います。

They said「〜と噂していた」they は具体的に誰を指

試訳

彼らは少し海に出た。そしてすぐさま、まったく暗くなった。彼らは錨を下ろした。帆が巻き上げられた時、船はずいぶんと揺れ出した。アピアの人々は、ある日、船はまさにひっくり返るだろうと、言った。そして最大のストアの経営者だった所有者で、ドイツ系のアメリカ人は、どんな金額もあの船で

with a scraggy neck. He was dressed in blue overalls and a sleeveless jersey which showed his thin arms tattooed from elbow to wrist.

"Hell, having to spend the night outside," said the skipper.

The engineer did not answer, and they ate their supper in silence. The cabin was lit by a dim oil lamp. When they had eaten the canned apricots with which the meal finished the Chink brought them a cup of tea. The skipper lit a cigar and went on the upper deck. The island now was only a darker mass against the night. The stars were very bright. The only sound was the ceaseless breaking of the surf. The skipper sank into a deck-chair and smoked idly. Presently three or four members of the crew came up and sat down. One of them had a banjo and another a concertina.

決定訳

沖の方に少し移動した。やがてすっかり暗くなった。錨を下ろした。帆を巻き上げると、船は相当揺れ出した。いずれ転覆するさ、というのがアピアでの噂だった。大きな商店の経営者でもあるドイツ系アメリカ人の船主は、「いくら金を積まれたって、あの船に乗るのは御免だ」と言っていた。

解説

①They went out to sea 「沖に乗り出した」the seaとなっていませんね。これは船に関係した場合だからです。泳ぎに行くのならgo to the seaとなります。同じようなことは、schoolにもあてはまります。go to schoolなら学校に学びに行くことで、go to the schoolなら、学ぶ以外の目的、例えば工事のために行く場合になります。冠詞のないsea、schoolは普通名詞でなく、抽象名詞だと考えていいでしょう。

精読

すのでなく、漠然とした「人々」を指すのです。
Apia〔ɑːpíə〕 サモア諸島の Upolu 島の港です。
she would roll right over she が船を指すのは、もう学びましたね。roll over「ひっくり返る」right は強めの副詞。
who managed = who was the manager of
no money was big enough to 日本語にも似た言い方があるので、意味はだいたい見当がつくでしょう。「いくらお金を積まれたって〜はいやだ」です。
go out in her「その船で海に出る」

試訳

外出するように彼を説得するには十分高額ではないと言った。

②The cook, a Chinese in white trousers, very dirty and ragged, and a **thin white tunic**, came to say that supper was ready, and when the skipper went into the cabin he found the engineer already **seated at table**.

語釈 thin white tunic「薄い白のチュニック」tunic は短い上着。
seated at table「食卓についている」なぜかアメリカでは、こういう場合に定冠詞をつけて、at the table と言います。

コックは非常に汚くぼろの白ズボンに、薄い白チュニックを着た中国人だったが、彼が夕食が出来たと言いに来た。船長が客室に入った時、彼は機関士がすでに食卓についているのを見出した。

The engineer was a long, lean man with a **scraggy neck**. He was dressed in blue overalls and a sleeveless jersey ③which showed his thin arms ④tattooed from elbow to wrist.

彼は細い首をしたひょろ長い男だった。青いオーバーオールと袖なしジャージーを着ていた。ジャージーは、肘から手首まで彫り物をした彼の細い腕を見せていた。

決定訳

コックが夕食の準備が出来たと知らせにきた。中国人で、着古して汚れた白ズボンに薄地の白い上着を着ていた。船長が船室に行くと、機関士がもう食卓についていた。

機関士はひょろ長く痩せこけた男で、首など骨と皮だった。青のオーバーオールとジャージーを着ていた。ジャージーは袖なしで、肘から手首まで刺青した細い

解説

②The cook, a Chinese　定冠詞と不定冠詞の使い方が面白いですね。この船のコックは決まっていますから定冠詞を使う。そのコックの国籍を説明する同格の名詞は、中国人の一人ですから不定冠詞を使うのです。なおコンマで同格を使っていますが、who was a Chineseとしても同じです。前述のthe owner, a German-Americanも同じ言い方です。

③which showed his thin arms　このような書き方は、日本語にないですね。「(その服)が痩せた腕を示した」としたのでは、何のことか理解しにくいです。「(その服から)痩せた腕が見えた」などと意訳するのが適切です。この機会に、英語ならではの無生物主語の復習をしておきましょう。

英語ならではの、と書きましたが、それは昔のことかもしれません。日本語も変化してきて、無生物主語も使いますから。さて、典型的な例文を５つくらい覚えておけば、便利ですよ。

1. Ten minutes' walk will bring you to the station.
「10分歩けば駅に出ます」
(*You will reach the station after ten minutes' walk.*)
2. My pride did not allow me to accept the money.
「プライドが高いので、お金を受け取れなかった」
(*I was too proud to accept the money.*)
3. The picture reminds me of my childhood.
「その写真を見ると子供時代を思い出す」
(*When I see the picture, I remember my childhood.*)
4. Careless driving may cost him his life.
「不注意な運転で彼は死ぬかもしれない」
(*If he drives carelessly, he may lose his life.*)
5. The weight of the snow caused the roof to fall in.
「雪の重みで屋根が落下した」
(*The roof fell in under the weight of the snow.*)

いずれの場合も、括弧の中の英文でも、正しいのです。ただ、日本文を英訳しようとする時、なかなか無生物主語を使えないでしょ？　英語母語話者はどちらでも使い

精読

“**Hell, having to spend the night outside**,” said the skipper.

語釈　scraggy neck「やせこけた首」

“Hell, having to spend the night outside”　冒頭のHell は罵りの語ですね。日本語にはこういう語はあまり多くないので、「畜生、くそ」などを使うしかないでしょう。having to spend は理由を表す分詞構文。

The engineer did not answer, and they ate their supper in silence. The cabin was **lit** by a dim oil lamp. When they had eaten the canned **apricots** ⑤**with which the meal finished** **the Chink** brought them a cup of tea. The skipper lit a cigar and **went on the upper deck**.

語釈　lit　light の過去分詞。light, lit, lit と変化します。

apricots with which the meal finished　直訳すれば「それによって食事が終わることになったアンズ」となります。こういう質素な船の食事でも、食後のデザートとしてフルーツが付くのですね。

the Chink　中国人の蔑称。

went on the upper deck = went on to the upper deck

試訳

「地獄だ、夜を外部で過ごさねばならぬということは！」船長が言った。

機関士は答えなかった。そして彼らは沈黙して夕飯を食べた。船室はぼんやりしたオイルランプで照らされていた。食事がそれによって終わった、缶詰のアンズを彼らが食べた時、シナ人が彼らに紅茶を持ってきた。船長は葉巻に火をつけ、上甲板に出た。

決定訳

腕がむき出しだった。「外で停泊しなくちゃならんとは、畜生め！」船長がわめいた。

機関士は何も言わず、彼らは黙々と食事をした。船室にはうすぼんやりした石油ランプがともっていた。最後のデザートの缶詰のアンズを食べ終わると、コックが紅茶を運んできた。船長は葉巻に火をつけ、上甲板に出た。

解説

ます。(江川 §18－21参照)

④tattooed from elbow to wrist　意味は分かりますね。tattooedが過去分詞であり、ここでは形容詞のように、「肘から手首まで彫り物を施してある(腕)」となります。船員にはごく普通ですね。elbowもwristも普通名詞なのに、どうして冠詞がないのか？　慣用句の場合によく見ますよ。例えば、from day to day、side by side、day and night、face to faceなど、この後、またお目にかかるときがあるので、その時に確認していきましょう。

⑤with which the meal finished　関係代名詞の前に前置詞がつく表現に慣れている人が少ないので、ここで学習しましょう。

This is the building in which my wife works from nine to five.

「これは妻が9時から5時まで働いているビルだ」

この文は、This is the building. とMy wife works in the building from nine to five. という二つの文を関係代名詞のwhichを用いて結び合わせたのです。

では、This is a pen. とI write my letter with it. とを関係代名詞で結ぶとどうなりますか？　そうです、This is a pen with which I write my letter.「これは私が手紙を書くペンです」が正解。ついでに、This is the building which my wife works in. とかThis is the building my wife works in. という、前置詞を後ろに移した文と、関係代名詞を省略した文も覚えておきましょう。(江川 §59参照)

語釈では食後にデザートが付くことに触れましたが、南海諸島はいくらでも果物があるのに、缶詰のアンズではいささかお粗末ですね。

精読

The island now was **only a darker mass against the night**. The stars were very bright. The only sound was ⑥the ceaseless breaking of the surf. The skipper sank into a deck-chair and smoked idly. Presently three or four members of ⑦the crew came up and sat down. One of them had a banjo and **another a concertina**.

語釈 only a darker mass　他の物よりさらに黒々としているので、比較級を使っています。英語ではこのように比較級をよく使います。only は、もはや島だとは認知されず、何か真っ黒な塊にしか見えない、ということ。
against the night「夜を背景にして」
another a concertina = another member had a concertina.　こういう省略は普通です。

試訳

島は今は夜に対してもっと暗い塊だった。星たちは非常に明るかった。唯一の音は、大波の絶え間ない砕ける音だった。船長はデッキチェアに沈み込み、怠惰に葉巻をくゆらせた。やがて、乗組員の中の３、４人が甲板に上がってきて座った。一人がバンジョーを、もう一人が手風琴を持っていた。

決定訳

今では、島は暗い夜空を背景に暗い塊として横たわっていた。星が明るく輝いていた。聞こえる物音と言えば、打ち寄せる波が砕ける絶え間ない音だけだ。船長はデッキチェアに身を沈め、所在なさそうに葉巻をくゆらせた。まもなく3、4人の乗組員が甲板に上がってきて腰を下ろした。ある者はバンジョーを、ある者は手風琴を手にしていた。

解説

⑥**the ceaseless breaking of the surf** 「打ち寄せる波の砕ける絶え間ない音」このbreakingはもともとは、動詞のbreakにingがついて出来た動名詞ですね。しかし、ここでは、完全な名詞になっています。その証拠を挙げると、定冠詞がついていますし、副詞でなく形容詞が修飾していて、前置詞ofによって名詞とつながれています。昔はthe surf's breaking ceaselessly「打ち寄せる波が絶え間なく砕けること」という言い方もあり、breakingは、まだ動詞としての性質を残していたのです。

次の二つの文を比べてみましょう。

1. The indiscriminate shooting of birds is forbidden.
   「鳥の無差別射殺禁止」
2. Shooting birds indiscriminately is forbidden.
   「鳥を無差別に射殺することは禁止されています」

shooting は、1ではここのbreakingと同じく、名詞ですが、2では動詞の性質を残しています。

⑦**the crew** 「乗組員」集合的に船の乗組員全体を言います。高級船員はofficersであり、それ以外の船員です。イギリス英語では、単数形で複数扱いしますから、All the crew were rescued.「乗組員は全員救出された」などと言います。

Section 1-5

カナカ人の野性的な踊りが分析されています。実際に、その踊りを南洋の島でモームが目撃したことがあるのでしょう。主観的な印象が述べられています。

They began to play, and one of them sang. The native song sounded strange on these instruments. Then to the singing a couple began to dance. It was a barbaric dance, savage and primeval, rapid, with quick movements of the hands and feet and contortions of the body; it was sensual, sexual

精読

They began to play, and one of them sang. The native song sounded strange on these **instruments**. Then **to the singing** a couple began to dance.

語釈　instruments = musical instruments「楽器」
to the singing　ここは語順が英語的というより日本語的ですよ。to は「～を背景にして」ですから、ここでは「歌に合わせて（踊る）」ということ。

試訳

彼らは演奏を始めた。そして一人が歌った。原住民の歌はこういう楽器の上では不思議に響いた。それから、その歌に向かって、二人が踊り出した。

even, but sexual without passion. It was very animal, direct, weird without mystery, natural in short, and one might almost say childlike. At last they grew tired. They stretched themselves on the deck and slept, and all was silent. The skipper lifted himself heavily out of his chair and clambered down the companion. He went into his cabin and got out of his clothes. He climbed into his bunk and lay there. He panted a little in the heat of the night.

決定訳

演奏が始まった。一人が歌い出した。こういう楽器の演奏だと原住民の歌は妙に聞こえる。やがて歌に合わせて一組が踊り出した。

解説

①**It was a barbaric dance,**　これ以下での作者の描写の工夫を見ましょう。まず「野蛮な踊りだ」と定義し、それを補うように、「獰猛で原始的で」と抽象的な形容詞を並べ、さらに次に、より具体的に「手足の素早い動きと全身をくねらせる動作を伴って敏速だ」と述べるのです。これは英語の表現の癖の一つで、まず大まかに述べ、次に細かく説明するのです。二段構えで、分割表現と呼ぶ学者もいます。いくつか他の例で学びましょう。

1. It was very cold in Boston, so we went down to Miami to enjoy sunshine.
「ボストンはとても寒かったので、日光を楽しむためにマイアミに行った」

問題はdown to Miamiです。まず「下の方向に」「南に向かって」という意味合いがdownにあるのを覚えてください。そう大まかに述べてから、南にもいろいろあるが、「マイアミに」だと述べるのです。「上の方向に」というのはupであり、「上京する」に相当するのが go up to Tokyoだと知っていますね？　あれと同じです。

2. John struck me on the head.
「ジョンが私の頭をぶった」

どうして、もっと簡潔に John struck my head. と言わな

精読

①It was a barbaric dance, savage and **primeval**, rapid, with quick movements of the hands and feet and **contortions** of the body; ②it was **sensual**, sexual even, but sexual without passion.

語釈　It was a barbaric dance...　以下は、著者がこの踊りが見た者に与える印象を言葉で説明しようとしたもの。

primeval〔praimíːvl〕「太古の、原始的な」

contortions「ねじれ」

sensual「肉感的な、官能的な」

It was very ③**animal**, direct, **weird** without mystery, natural in short, and ④one might almost say childlike.

語釈　animal　名詞ではありませんよ。「動物的な」

weird〔wíərd〕「奇妙な、不気味な」

試訳

それは野蛮で荒々しい、太古的な踊りだった。手足と体のくねりの急速な動作と一緒で素早かった。それは肉感的、性的でさえあったが、情熱のないセックスだった。

とても動物的で、直接的で、神秘のない薄気味悪さだった。要するに自然的だった。子供じみている、と人がほとんど言っても構わない。

決定訳

獰猛で原始的な野蛮な踊りだった。猛烈な速さで手足を動かし体全体をくねくねさせる、スピード感のある踊りだ。官能的で、肉欲的なのだが、情熱は伴わない。

とても動物的でむき出しの踊りであり、不気味だが謎めいてはいない。言うなれば自然体であり、敢えて言えば子供っぽいとさえ言えるくらいだ。

解説

いのか、と思ったことがあるのではありませんか。実は、この言い方も絶対にしないわけではないのですが、2.のもってまわった言い方が好まれるのも事実です。分割表現ですね。まず「私をぶった」と言い、それから「場所は頭なのだ」と補うのです。

これを知らない人が、と言っても英語の先生でしたが、Muso found himself kneeling alone in the high grass, beside an ancient moss-grown tomb.という文を「夢窓は古い苔むした墓の側にある背の高い草原にいる自分に気付いた」と訳しているのを見たことがあります。いかがですか？

誤訳です。「夢窓はふと気づくと、自分がたった一人、背の高い草の間にある、古い苔むした墓の傍らでひざまずいていた」が正確な解釈になります。(拙著『英語の発想がよくわかる表現50』23頁参照)

② it was sensual, sexual even, but sexual without passion.　ここもくどく説明していますね。「官能的、というか性的とさえ言える。ただし情熱を伴うのではない性的である」と言うのです。西欧でなら、性と情熱が結びついているけれど、ここでは切り離されている、と区別しています。ここは、さらにくどい説明が続いています。それが次のIt was very animal ... 以下です。

③ animal　「動物的な」に続いて、いくつもの形容詞が並んでいます。weird without mysteryが分かりにくいでしょう。「奇妙なのだが、神秘感はない」というのです。前のsexual without passionと同じく、もってまわった表現であいまいですね。natural in short は「要するに自然体だ」、in shortはいろいろ説明したけれど、簡潔に言えば、ということ。でもここは、簡潔に言えないので、工夫したはずでしたね。

④ one might almost say　これは全体で挿入句になっています。意味は「と言ってもいいくらい」です。one は「人」ですから、文字通りには「人は～だと、言うならば、そう言っても差し支えない」というのが、本来の意味です。これが挿入句だと見抜くのが肝要です。では、ここで挿入表現を学んでおきましょう。

精読

At last they grew tired. They stretched themselves on the deck and slept, and all was silent. The skipper lifted himself heavily out of his chair and **clambered down the companion**. He went into his cabin and got out of his clothes. He climbed into his **bunk** and lay there. He panted a little in the heat of the night.

語釈　clambered down the companion
この clambered down は「何かに掴まりながら階段を下りた」。companion とは何でしょう？　海事用語で、甲板から船室などに通じる階段です。companionway とも言います。
bunk　壁に作りつけた簡単な「ベッド」

試訳

遂に彼らは疲れてきた。甲板の上に体を伸ばして寝てしまった。全てが沈黙だった。船長は椅子から重そうに彼自身を持ち上げた。そして階段を下りていった。船室に入り、服から抜け出した。ベッドに登り、そこに横になった。夜の熱気のなかで、少しあえいだ。

決定訳

とうとう誰もが疲れ切ってしまった。甲板に体を伸ばして眠ってしまった。すっかり静かになった。船長は椅子から重い身体を持ち上げ、昇降階段を慎重に下りて行った。船室に入って、服を脱いだ。ベッドによじ登り、横になった。夜は暑いので少しあえいだ。

解説

1. Her beautiful dogs—have you seen any of them?—are all gifts from her kind father.
   「彼女の美しい犬たちは——あなたはどれか一匹でも見たことありますか？——すべて優しい父上からの贈物なのです」

ここは、棒線が前後にあるので、どこが挿入句だか分かりますね。コンマで分かることもあります。

2. This book, I do hope, will be useful for many eager students of English.
   「この本が多くの熱心な英語学習者のお役に立つようにと思っています」

また、括弧でくくられている場合もありますね。

3. The man was so fat that his hips (this is the truth) were touching both sides of the escalator.
   「男はとても肥満していたから、おしりが（これ本当の話ですよ）エスカレーターの両側に触れていた」

しかし、どこが挿入句であるのか不明の場合もあり、注意が要ります。本文に戻りますと、ここでは、childlike という単語を使うことへの躊躇があるので、one might almost sayを挿入したわけですね。この句は、例えば、「トムは、何と言いますかね、そう、まあ一種の天才っていうのでしょうね」という日本文を英訳するときなどに使用できます。つまり、Tom is, one might almost say, a kind of genius. コンマの有無は自由です。（江川 §326－328参照）

コメント

原住民の船乗りの踊りを文字で描写しようと努力しているのですが、正直言ってしまえば、いい動画があれば、より正確に読者は理解できましょう。外面のことは、文章で伝えるのは難しいですね。もちろん、内面の心の動きなら、文章の独壇場ですけれど。

Section 1-6

昨夜はどうしても見つからなかったサンゴ礁の切れ目が、夜が明けると見つかりました。夜までに上陸できなかったため、村娘を呼んで楽しく過ごすことができなかったのですが、早朝になって爽やかな気分になった船長は、意外なほど上機嫌ですね。島の海岸線を眺めた時には、口元に笑みさえ浮かんできました。どうしてなのでしょうか。

But next morning, when the dawn crept over the tranquil sea, the opening in the reef which had eluded them the night before was seen a little to the east of where they lay. The schooner entered the lagoon. There was not a ripple on the surface of the water. Deep down among the coral rocks you

精読

But next morning, when the dawn ①**crept** over the **tranquil** sea, the opening in the reef ②which had eluded them the night before was seen **a little** to the east of where they **lay**. The schooner entered the lagoon. There was not a ripple on the surface of the water. ③**Deep down** among the coral rocks ④you saw little coloured fish swim.

語釈　crept「忍び寄った」creep の過去形です。
tranquil「静かな」
a little　次の to the east of ... にかかります。
lay「停泊していた」海事用語。lie の過去形。
Deep down「ずっと下の方で」

試訳

しかし夜明けが静かな海に這いよって来た時、翌朝には、昨夜は彼らから逃れたサンゴ礁の切れ目が、彼らが停泊していた場所のちょっと東側に見られた。帆船は礁湖に入った。水の上には一つの小波もなかった。サンゴ岩の間のずっと下では、人々は色のついた小魚が泳ぐのを見た。

saw little coloured fish swim. When he had anchored his ship the skipper ate his breakfast and went on deck. The sun shone from an unclouded sky, but in the early morning the air was grateful and cool.

It was Sunday, and there was a feeling of quietness, a silence as though nature were at rest, which gave him a peculiar sense of comfort. He sat, looking at the wooded coast, and felt lazy and well at ease.

Presently a slow smile moved his lips and he threw the stump of his cigar into the water.

"I guess I'll go ashore," he said. "Get the boat out."

決定訳

しかし翌朝、静かな海で空が白み出すと、昨夜姿を隠していたサンゴ礁の切れ目が、停泊した場所のやや東側に見えた。帆船はそこから潟に入った。水面には小波一つなかった。ずっと深い所にあるサンゴの生えた岩の間では、小さな熱帯魚が泳いでいるのが見えた。

解説

① **crept**　英英辞典による creepの説明はどうなっているのでしょう？ move slowly, quietly, and carefully, especially so as not to attract attention「ゆっくりと静かに、とりわけ注意をひかぬように注意深く動く」(Longman) となっています。

② **which had eluded them the night before**　この関係代名詞に導かれた形容詞節は何を修飾しているのでしょう？　had eludedの eludeという動詞はやや難しいですよ。「～から逃れた」「～の手に入らない」という意味です。themは切れ目を探した船長たちを指します。過去完了になっているのは、「翌朝」よりもっと以前の「昨夜」だったからです。一般に、英和辞典にある例文は、飾りではなく、意味合い、用法を知るのに必須なものです。

1. The clever animal eluded the hunters by jumping into the pond.
   「賢い動物は池に飛び込んで猟師から逃れた」
2. Her name eludes me.
   「彼女の名前が思い出せない」

精読

When he had anchored his ship the skipper ate his breakfast and went on deck. The sun shone from an unclouded sky, but in the early morning ⑤**the air was grateful** and cool.

It was Sunday, and there was a feeling of quietness, a silence as though nature were at rest, ⑥which gave him a peculiar sense of comfort. He sat, looking at the **wooded coast**, and felt lazy and **well at ease**.

Presently a slow smile moved his lips and he threw the stump of his cigar into the water.

"I guess I'll go ashore," he said. "Get the boat out."

語釈　the air was grateful　この grateful は、I am grateful to you.「あなたに感謝しています」の場合とは違いますよ。

wooded coast「木の生い茂った海岸」

well at ease = comfortable.　反対は ill at ease「不愉快、不安な」です。

試訳

彼が錨を下してから、船長は朝食を食べ、それが済むと、甲板に出た。太陽が雲のない空から輝いたが、早朝には空気は感謝していて、ヒヤッとしていた。

日曜日だった。そして静寂な感じがあり、あたかも自然が休息しているかのように沈黙があった。それは彼に独特の快適な気分を与えた。彼は、森のある海岸を見ながら座り、けだるい快感を覚えた。

やがて、緩やかな微笑が唇を動かし、そして彼は葉巻のすいさしを海に投げ入れた。

「上陸しようと思う」彼は言った。「ボートを出してくれ」

決定訳

船長は停泊すると、朝食を済ましてから、甲板に出た。雲一つない大空から日光が降り注いだが、まだ早朝なので、大気は爽快で涼しかった。

日曜日だったせいか、辺り一面静けさがただよい、大自然が休息しているとでもいうように静まり返っていた。船長はいつになく心が和んだ。木の立ち並ぶ海岸を眺めながら座っていると、けだるいような快適な気分を味わった。

やがて、にやりとして、葉巻のすいさしを海に投げた。
「よし、上陸しよう。ボートを出してくれ」

解説

3. An answer of the problem has eluded all the students.
「その問題の解答は全学生に困難だった」

本文では、「昨夜は彼らが探しても見つからなかった」ということですね。さて、彼らとは？　船長を含めた乗組員一同と取っても間違いではないのでしょう。彼ら以外の人が探しても探さなかったでしょうから、「彼ら」と断らなくてもいいくらい軽いのです。訳文に出さないのが適当です。

③Deep down　まず「ずっと下」と述べてから、次により具体的に、「サンゴの岩の間で」と述べています。Section 1-5①でも学びましたね。

④you saw little coloured fish swim　このyouが「あなた」でも「あなたたち」でもなく一般の「人々」を指すというのも、慣れたでしょうか。②のthemと同じく、訳出しないのがよいほど、特定の誰かを指していないのです。「泳いでいるのが見えた」で十分です。

⑤the air was grateful　「有難い、感謝します」という意味の場合は、We are grateful to Mary for her kindness.「我々はメアリーの親切にたいして彼女に感謝しています」というように、主語が生物です。ここの主語はthe airですね。自分の単語の知識では足りないと感じたら、すぐに辞書に手を伸ばす癖は、もうつきましたか？　ところがこの単語については、小さな学習辞書では、納得できる意味が出ていないかもしれません。文語だからです。意味は「快適な」です。

⑥which gave him　whichの先行詞は、同格で並んでいるa feeling of quietnessとa silenceです。

コメント

試訳で「微笑」と訳してあるslow smileが、決定訳では「にやり」となっています。このがさつな男に「微笑」は似つかわしくないからです。どう訳すにしても、船長にとって、この島への上陸は何か心をくすぐるものがある様子ですね。

Section 1-7

小さな入り江までボートで運ばれた船長は、椰子の木々の間を歩きます。椰子の木々が女性にたとえられていますが、これは作者の主観的な印象なのでしょう。小川に出ます。橋がかかっていますが、丸木をつなぎ合わせたもので滑りやすいので、彼はたじろぎます。

He climbed stiffly down the ladder and was rowed to a little cove. The coconut trees came down to the water's edge, not in rows, but spaced out with an ordered formality. They were like a ballet of spinsters, elderly but flippant, standing in affected attitudes with the simpering graces of a

精読

He **climbed stiffly down the ladder** and was rowed to a little **cove**. The coconut trees came down to the water's edge, **not in rows, but spaced out with an ordered formality**.

語釈　climbed stiffly down the ladder「こわばりながら下りた」climb は「登る」「降りる」いずれにも使えるのです。
cove「入り江」
not in rows, but spaced out with an ordered formality「列をなしているのでなく、秩序正しい形式で間隔を空けて並んでいた」space out は「間隔を空けて配置する」。

試訳

彼はぎごちなく梯子を下り、小さな入り江までボートで移動した。椰子の木々が水際まで、列をなしているのでなく、整然と適切な間隔を置いて並んで、伸びていた。

bygone age. He sauntered idly through them, along a path that could be just seen winding its tortuous way, and it led him presently to a broad creek. There was a bridge across it, but a bridge constructed of single trunks of coconut trees, a dozen of them, placed end to end and supported where they met by a forked branch driven into the bed of the creek. You walked on a smooth, round surface, narrow and slippery, and there was no support for the hand. To cross such a bridge required sure feet and a stout heart. The skipper hesitated.

決定訳

彼はこわごわと梯子を下り、それからボートで小さな入り江に移動した。椰子の木々が水際まで迫っていた。木々は整列しているのではないが、きちんと適当な間隔を取って並んでいる。

解説

椰子の木々が水際まで迫って生えている様子が、一風変わったものにたとえられていますね。

①simpering graces of a bygone age　ここは分かりにくいですね。simpering graces は「お世辞笑い、作り笑いを浮かべるような気取った態度」のことです。grace は「気品、優雅」という意味の抽象名詞ですが、ここでは普通名詞化して複数になっています。具体的に、さまざまな気品のある、あるいは気取った態度を意味します。of a bygone age「過去の時代の」というのは、昔は流行しただろうが、今はもう流行らない、という感じを説明しています。

椰子の木の幹をつないで作った橋の説明は、丁寧に描いてありますから、絵に描けと言われたら、できますね？

精読

They were like **a ballet of spinsters**, elderly but **flippant**, standing in **affected attitudes** with the ①**simpering graces of a bygone age**. He **sauntered** idly through them, along a path that could be just seen **winding** its **tortuous** way, and it led him presently to a broad creek.

語釈　a ballet of spinsters「老嬢たちの踊るバレー」
flippant「軽薄な」
affected attitudes「気取った姿勢」
simpering graces of a bygone age「昔の作り笑いを浮かべるような媚態」
sauntered「ぶらぶら歩いた」
wind〔wáɪnd〕「くねくね曲がる」
tortuous〔tɔ́ːrtʃuəs〕「ねじれた」

試訳

それらは、年増なのに軽薄なオールドミスのバレエに似ていた。古い時代の作り笑いを浮かべて媚態を見せ、気取った姿勢で立っている。彼はその木々の間を、辛うじて見えている道に沿って、くねくね曲がりながら、ぼんやりとぶらぶら歩いて行った。するとやがて幅の広い小川に導いた。

決定訳

一見したところ、年はとっても色気たっぷりの老嬢たちの踊るバレエを思わせた。昔流行った思わせぶりな微笑を浮かべて、澄まし込んで立っているのだ。彼は木々の間を、くねくね曲がって続いているのが辛うじて見える道を、だらしなく歩いて行った。やがて幅の広い小川に出た。

解説

②where they met　「幹と幹が出会った箇所」としてしまうと日本語の表現としてはおかしいので、例えば「継ぎ目」などと工夫が必要です。single trunksというのは、二、三本束ねて幅広くなどせず、丸い一本のままであるのを強調した説明です。

③You walked ...　「人は歩いた」という直訳ではまずいのです。Youが「あなた」以外の意味に使われるというのは、知っている人も増えてきました。でも「一般の人を表すyou」だと理屈では知っていても、この知識はまだ十分に理解され、生かされていない恐れがあります。ここでいくつかの例文で学習しておきましょう。

1. You can't make an omelet without breaking eggs.

これは諺です。「目的達成のためには犠牲がいる」という意味に使います。直訳しても「卵を割らずにオムレツは作れない」というように、youは訳しません。

2. You often find that just when you want something you haven't got it by you.
   「何かが必要な時に限ってその物が手元にないというのは、よく経験することだ」
3. There are more things in heaven and earth, Horatio, than are dreamt of in your philosophy.
   「天と地の間には、ホレイショ君、いわゆる哲学などでは夢にも考えぬことがあるものだ」
4. You should give your seats when elderly people come in.
   「年配の人が来たら、席を譲るべきだ」
5. You must be kind to your friends.
   「友人に親切にせねばならない」
   「君は、自分の友人に親切にしなければいかんな」

5番はコンテクスト次第ですが、「人」とも「君」とも取れるでしょう。Youの用法には、I、つまり「自分自身」を指すこともあるのですが、その話は出てきた時にしましょう。

一般の人を表すには、youだけでなく、people、they、we、oneなどもあります。しかし、youが好まれることが

精読

There was a bridge across it, **but a bridge** constructed of single trunks of coconut trees, a dozen of them, **placed end to end** and supported ②**where they met** by **a forked branch** driven into the bed of the creek. ③**You walked** on a smooth, round surface, narrow and slippery, and there was no support for the hand. ④To cross such a bridge required sure feet and a stout heart. The skipper hesitated.

語釈　but a bridge「橋と言っても、ごくごく簡単なもので、橋とは呼べない」という感じの but です。
placed end to end「縦に並べられた」placed は次の supported と共に過去分詞であることに注意。
where they met「幹と幹が出会った箇所」
a forked branch「Y 字形の枝」
You walked　この you が「あなた」でないのはすぐ分かりますね？

試訳

橋が架かっていたけれど、それは椰子の木の幹を１ダース縦につないで、幹と幹が出会う箇所は川底に打ち込んだＹ字形の枝で支えて作った橋だった。狭くて滑りやすい、滑らかな丸い表面の上を人は歩いた。そして手のための支えはなかった。このような橋を渡ることは、確かな足と強い心臓を必要とした。船長はためらった。

決定訳

一応、橋が架かっていたけれど、10本ほどの椰子の木の幹をつないで作った代物で、一本の幹同士を縦に並べ、幹と幹との継ぎ目のところは、川底に打ち込んだY字形の枝で支えてあるだけだ。細くて滑りやすい、滑らかな丸い面を歩くことになる。しかも、手で捉まるところもない。こんな名ばかしの橋を渡るには、しっかりした足取りと逞しい心臓が必要になる。船長はためらった。

解説

多いです。口語では特にそうです。理由を考えると、話しかけている相手に、その人が一般の人の中に含まれると思わせて、関心を高めるのに好都合だからでしょう。(江川 §30参照)

④To cross such a bridge ...　無生物主語になっていますね。昔の日本でなら、「このような橋を渡るためには、確かな足と強い心臓が必要だった」などと訳さないと理解されなかったでしょうが、今なら直訳でも自然な日本語と受け取られるでしょうね。

Section 1-8

橋の向こうに白人の家があるのを見て、渡ろうと決めます。ようやく向こう側に着くと、「渡るのは勇気がいりますな」と英語で話しかけられます。

誰でしょう？　もう一人の主人公の登場です。

But he saw on the other side, nestling among the trees, a white man's house; he made up his mind and, rather gingerly, began to walk. He watched his feet carefully, and where one trunk joined on to the next and there was a difference of level, he tottered a little. It was with a gasp of relief that he reached the last tree and finally set his feet on the firm ground of the other side. He had been so intent on the difficult crossing that he never noticed anyone was watching him, and it was with surprise that he heard himself spoken to.

"It takes a bit of nerve to cross these bridges when you're not used to them."

He looked up and saw a man standing in front of him. He had evidently

精読

But he saw on the other side, ①nestling among the trees, **a white man's house**; he made up his mind and, rather **gingerly**, began to walk. He watched his feet carefully, and ②where one trunk joined on to the next and there was **a difference of level**, he tottered a little.

試訳

しかし彼は、木々の間で寄り添いながら、もう一方の側に白人の家があるのを見た。決心して、むしろおそるおそる歩き出した。足元に注意し、そして幹が次の幹と結び合った箇所で、そして高さの差異があって、彼は少しよろめいた。

come out of the house which he had seen.

"I saw you hesitate," the man continued, with a smile on his lips, "and I was watching to see you fall in."

"Not on your life," said the captain, who had now recovered his confidence.

"I've fallen in myself before now. I remember, one evening I came back from shooting, and I fell in, gun and all. Now I get a boy to carry my gun for me."

He was a man no longer young, with a small beard, now somewhat grey, and a thin face. He was dressed in a singlet, without arms, and a pair of duck trousers. He wore neither shoes nor socks. He spoke English with a slight accent.

"Are you Neilson?" asked the skipper.

"I am."

"I've heard about you. I thought you lived somewheres round here."

決定訳

だが対岸には、木々の間に守られるようにして、白人の家が見える。渡ろうと心を決め、少々びくびくしながら渡り出した。足元に十分気を付けながら進んだが、それでも一本の幹が次の幹につながる、高低差のある箇所では、ちょっとよろめいた。

解説

① **nestling among the trees**

「木々の間で守られているように」

cf. a village nestling at the foot of the mountain

「山のふところに抱かれた村」

nestle「快適に落ち着く」構文としては、この句はhouseの次に来るほうが普通です。強調のために、ここに来ているのです。

② **where one trunk ...** 試訳ではwhereの節がandの前で切れているのですが、そうではなく、levelまで続いています。

精読

語釈　a white man's house　この島が植民地だった時代の話ですから、白人至上主義が表現に出ています。
gingerly「おずおずと」
a difference of level「高さの差異」→「段差」

③It was with a **gasp of relief** that he reached **the last tree** and finally set his feet on the firm ground of the other side. ④He had been so intent on the difficult crossing that he never noticed anyone was watching him, and it was with surprise that he **heard himself spoken to**.

語釈　gasp of relief「安堵の大きな息」
the last tree　ここは trunk を tree で言い換えています。同じ単語を使わないようにしているのですね。（Section 1-2 ①参照）
heard himself spoken to「自分が話しかけられるのを聞いた」

"**It takes a bit of nerve to cross** these bridges ⑤**when you're not used to them**."

He looked up and saw a man standing in front of him. He had evidently come out of the house which he had seen.

語釈　It takes a bit of nerve to cross「渡るにはちょっとした勇気がいる」
when you're not used to them　さてこの you は「あなた」それとも「人」？

試訳

最後の幹に至った時には、思わず安堵の溜息をついた。それから遂に向こう側の固い地面を踏んだ。困難な渡り方にあまりにも熱中していたので、誰かが彼を見ているのに注意することは決してなかった。自分が声を掛けられて、とても驚いた。

「こういう橋を渡るには、あなたが慣れてない場合は、少々勇気がいります」
船長は顔を上げ、そして自分の前に男が立っているのを見た。彼は、明らかに、さっき見た家から出てきたのだった。

決定訳

最後の幹に至り、ようやく対岸の動かぬ地面を踏んだ時には、ほっとして大きく息をつく有様だった。危険な橋を渡るのに夢中で、自分が誰かに見られているのに気付かなかったので、急に話しかけられたのにはびっくりしてしまった。

「慣れていないと、こういう橋を渡るには、ちょっとばかし勇気がいるものですな」顔を上げると、目の前に男が立っていた。先ほど見かけた家から出てきたのは明白だった。

解説

③**It was with a gasp of relief that ...**　この強調構文で強調されているのは、副詞句のwith a gasp of reliefですね。類似の例文を出しましょう。

1. It is from advertising that a newspaper earns most of its profits.
   「新聞の収益の大部分は広告からです」
2. It is seldom that he studies in the morning.
   「彼が午前中に勉強することは滅多にない」
3. It was after I got on the train that I found I had left my bag in the waiting room.
   「待合室に鞄を置き忘れたのに気付いたのは列車に乗ってからだった」

なおthatはどこまで続くのか？　試訳は、the last treeまでと思ったようですが、そうではありません。the other sideまで続きます。

④**He had been so intent**　過去完了になっていますね。橋を渡っている時のことだからです。ここがso ... thatの構文だとすぐに気付きましたか？

⑤**when you're not used to them**　youが一般の「人」であるのは、目の前に一つの橋があるのに、bridgesと複数形を使っていることからも明白ですね。

コメント

「急に話しかけられたのにはびっくりしてしまった」と解説④にあたる英文の決定訳で「急に」を入れましたが、これは原文にはありません。訳文を読んでみて、入れた方が文章の流れがよいので入れたのです。英語と日本語のように離れた言語間での翻訳では、この程度の自由は許されます。

精読

"I saw you hesitate," the man continued, ⑥with a smile on his lips, "and I was watching to see you fall in."

"**Not on your life**," said the captain, who had now recovered his confidence.

"⑦**I've fallen in myself** before now. I remember, one evening I came back from shooting, and I fell in, **gun and all**. Now I **get a boy to carry my gun** for me."

語釈 Not on your life「絶対にありえない！」強い否定。
I've fallen in myself「私自身も落ちたことがある」
gun and all「銃などすべて」...and all で「…などすべて」、ややだらしない表現です。
get a boy to carry my gun「使用人に銃を持たせる」

試訳

「あんたが迷っているのを見ましてね」と男は唇に微笑を浮かべて言った、「落っこちるかどうか見ていたんですよ」
「そんなことがあるもんですか！」自信を取り戻していた船長が言った。
「私自身の中に落っこちた経験があるもんでね。今でも覚えているんですが、ある夕方、狩猟から戻って来た時、銃やなんか全て一緒に落ちてしまいましてね。今では、ボーイに銃を持たせることにしているんですよ」

決定訳

「ためらっているのを拝見しましたからな。滑り落ちるところを見ようと眺めていました」男はにやっとして言った。

「まさか、ご冗談を！」もう自信を取り戻した船長が応じた。

「私自身、前に落っこちたことがありましてね。今でも覚えていますが、ある夕方、狩猟から戻って来た時、この橋から落ちました。銃なんかも一緒にね。いまじゃあ、銃はボーイに持たせていますよ」

解説

⑥ with a smile　smileは微笑でしょうか？　意地悪だし、からかっている態度を示しているのに、微笑を浮かべるというのは可笑しくないでしょうか？　英英辞典で調べると、smileはよい感じを与える場合が多いものの、皮肉、嘲笑を表すこともあるのが分かります。英和辞典でも、『リーダーズ英和辞典』には、「冷笑する」という説明があります。ここでは、例えば「にやっとした」、「薄笑いを浮かべた」などが適切だと思います。

smile→「微笑」、girl→「少女」、water→「水」などと暗記していても、コンテクスト次第で、それ以外の訳語を探さねばならないこともあるのです。この規則を覚えていただくために、私の経験を述べましょう。海外でのバイキング形式の食事の時のことです。食後の紅茶は、ティーバッグにお湯を注いでもらうのでした。皆さん、好みのフレーバーのティーバッグを入れたカップを手にして並び、ホール係にポットからお湯を注いでもらいます。私の前にいたイギリス人の女性が、“A little more water, please”と頼む声が聞こえました。一瞬、私は「あ、この人は水で紅茶を飲むのか」と思いました。勘違いでした。英語のwaterは水でもお湯でもありうるのですね。

コンテクストで分かるので、わざわざhot waterなどと言う必要はないのです。それを知っていたつもりの私でしたが、子供の時からwater→「水」と暗記していたので、融通が利かなかったのです。英文を日本語にする場合には柔軟性がいると思い知らされました。

⑦ I've fallen in myself　という発言で、男は礼儀正しい、デリケートな気配りの人だと推察できますね。船長が橋を渡る時の無様な恰好をからかわれて気にしているので、それを和らげようと自分の落下経験を語ったのです。続きを読むと、そういう紳士にしては、袖なしシャツ、ズックのズボン、はだしと、現地の風土に合わせた恰好をしています。

精読

He was a man no longer young, with a small beard, now somewhat grey, and a **thin face**. He was dressed in a **singlet, without arms**, and a pair of **duck trousers**. He wore neither shoes nor socks. ⑧He spoke English with a slight **accent**.

"Are you Neilson?" asked the skipper.

"I am."

"I've heard about you. I thought you lived ⑨**somewheres** round here."

語釈　thin face「やせた顔」
singlet, without arms「袖なしのシャツ」
duck trousers「ズック製のズボン」
accent「訛り」いわゆる「アクセント」ではないので注意してください。
somewheres　方言あるいは口語ですが、somewhereと同じ。

試訳

男はもう若くない年齢で、少し白くなったあごひげをわずかに生やし、顔はほっそりしている。袖なしのシャツにズックのズボンというなりである。靴も靴下もつけていない。喋る英語にはわずかにアクセントがある。

「ニールスンさんですか？」船長が尋ねた。

「そうです」

「俺、噂は聞いてますよ。このあたりに住んでいるんだと思っていました」

決定訳

男はもう若くない。白いものが混じった小さなあごひげ、ほっそりした顔立ちだ。袖なしのシャツにズックのズボン。靴も靴下もつけていない。話す英語には僅かに外国訛りがあった。
「ニールスンさんですか」船長が尋ねた。
「ええ、そうです」
「噂は聞いていますよ。どこかこのあたりに住んでると思っていました」

解説

⑧ **He spoke English with a slight accent.**　少し先の場面で明らかになりますが、男はスウェーデン人なので、英語に外国訛りがあるのです。しかし英語とスウェーデン語は、いわば親類同士の言語ですから、僅かなものです。日本人の喋る英語だと strong accent になります。この場合の accent を「アクセント」だと勘違いしないように。

⑨ **somewheres**　男の英語について訛りがあると述べられていますから、船長の英語には外国訛りはないのですが、別の種類の訛り、つまり、無教養な人らしい文法上の誤り、語法上の誤りがあります。ここでは somewheres がそれです。somewhere でいいのに、s をくっつけていますね。昔の翻訳者なら「ここんらあたりに住んでいなさると思っただよ」などと訳したところでしょうね。

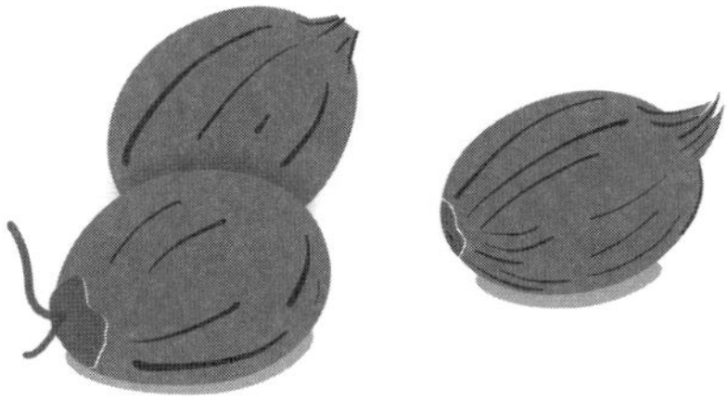

Column 1　英文精読のすすめ

英語の４技能は相互に密接に補い合っています。アメリカ旅行に備えて英会話を特訓で覚えても、帰国して話す機会がなければ短期間で忘れます。でも、文法の基礎に支えられた読む力をつけておけば、しばらくたって、やり直しても、覚えていたり、思い出したりすることが多いのに驚くはずです。ビジネスの場面などで、内容のある意見、感想を述べるには、読む力、書く力の裏付けがないと、ただ日常の挨拶や買い物が出来る会話力では無理ですね。そこで、読む力を身につけるのが、総合的な英語力の向上にベストだと、私は考えるのです。そして読む以上、生半可でいい加減な読み方では困りますから、まずやさしい英文の多読で英語への慣れを身につけたら、次には精読を心がけて欲しいです。英語好きな人にとって、正確に読めた、という感覚は大きな喜びになります。やや難しい英文を、辞書を引き文脈を考え、文化的背景を考慮し、執筆者の発想法を探るなどして、自然な日本文にする練習は、複眼で物を見、表面の言葉にだまされずに言葉の持つ真の意味を考える力を養います。

SECTION 2

There was a grand piano littered with music, and a large table on which books and magazines lay in disorder. The room made him feel embarrassed.

楽譜が散らばったグランドピアノがあり、
大きなテーブルには本や雑誌が無造作に置いてある。
船長は居心地悪く感じた。

Section 2-1

船長は島に長年住むスウェーデン人ニールスンの家に招き入れられます。部屋は床から天井まで書物だらけで、ピアノの上には楽譜が置かれていて、船長は違和感を覚えます。二人は初対面ですが、ニールスンは前に会ったような気がします。どうしてでしょうか？

The skipper followed his host into the little bungalow and sat down heavily in the chair which the other motioned him to take. While Neilson went out to fetch whisky and glasses he took a look round the room. It filled him with amazement. He had never seen so many books. The shelves reached from floor to ceiling on all four walls, and they were closely packed. There was a grand piano littered with music, and a large table on which books

精読

The skipper followed his ①host into the little bungalow and sat down heavily in the chair which the other **motioned him to take**. While Neilson went out to fetch whisky and glasses he ②took a look round the room.

語釈 motioned him to take「どうぞと手で合図した」

試訳

船長はホストの後から小さなバンガローに入り、彼が勧めた椅子にどっしりと座った。ニールスンがウィスキーとグラスを取りに行った間、彼は部屋を一回り見た。

and magazines lay in disorder. The room made him feel embarrassed. He remembered that Neilson was a queer fellow. No one knew very much about him, although he had been in the islands for so many years, but those who knew him agreed that he was queer. He was a Swede.

"You've got one big heap of books here," he said, when Neilson returned.

"They do no harm," answered Neilson with a smile.

"Have you read them all?" asked the skipper.

"Most of them."

"I'm a bit of a reader myself. I have the *Saturday Evening Post* sent me regler."

決定訳

船長は男に従って小さなバンガローに入った。勧められた椅子にでんと座った。ニールスンがウィスキーとグラスを取りに行っている間、室内を見渡した。

解説

①**host**　私の愛用する『フェイバリット英和辞典』で引くと、「客を接待する主人」「テレビの司会者」「ホテルの支配人」「会議の主催者」などいくつもの意味が出ています。いわゆる日本語の「ホスト」の意味では、英語ではほとんど使いません。hostessなら「ナイトクラブなどのホステス」の意味でも使いますが。

②**took a look**　類似の「名詞中心の表現」を学びましょう。

1. She took a second look at the picture.
「彼女はその絵をまた見た」
2. Let's stop here and take a rest.
「ここで停まって、休もう」
3. I had a strange dream last night.
「昨夜変な夢を見た」

精読

③It filled him with amazement. He had never seen so many books. The shelves reached from floor to ceiling on all four walls, ④and they were closely packed. There was a grand piano **littered** ⑤**with music**, and a large table on which books and magazines lay in disorder. The room made him **feel embarrassed**.

語釈　littered with music「楽譜が乱雑に置かれている」

feel embarrassed　困惑、当惑、迷惑、羞恥、違和感など、多少ニュアンスの違う訳語があるので、コンテクストで適切なものを選ぶこと。

⑥He remembered that Neilson was a **queer fellow**. No one knew very much about him, although he had been in the islands for so many years, but those who knew him agreed that he was queer. He was ⑦a Swede.

語釈　queer fellow「変な男、人物」現今は queer と聞くと、ホモセクシャルの意味だと思いがちなので注意。fellow は「人、男」を指します。fellow が日本語の「奴」に該当するというのは誤りだと思ったほうがいいです。

試訳

そしてビックリした。こんなにたくさんの本を見たことはなかった。すべて四つの壁において、本棚は床から天井まで届いている、そしてそれらは密に詰まっていた。そこには、音楽で散らかったグランドピアノがあり、書物と雑誌が無秩序に上に載っている大きなテーブルもあった。部屋は彼を迷惑な気分にさせた。

彼は、ニールスンが変わり者だったことを思い出した。彼は島に来て非常に長い歳月にもなるのに、誰も彼のことを多くは知らなかったが、彼を知っている者たちは、彼が変わり者だということに賛成した。彼はスウェーデン人だった。

決定訳

驚愕した。これほど多数の書物を見たのは生まれて初めてだったのだ。四方の壁は、床から天井までの書棚になっていて、しかも本が隙間なく詰まって並んでいる。楽譜が散らばったグランドピアノがあり、大きなテーブルには本や雑誌が無造作に置いてある。船長は居心地悪く感じた。

ニールスンは変わった男だという噂を思い出した。彼はもう島にずいぶん長く住んでいるのに、彼について誰も多くのことを知らなかった。多少とも知っている連中は異口同音に変わった男だと言っていたのだ。彼はスウェーデン国籍だった。

解説

③ It filled him with amazement. He had never seen so many books.　この二つの文の間にある関係を考えてください。「本を見てビックリ仰天した」と「こんなにたくさんの本を見たのは初めてだった」というのですから、後の文が前の文を説明していると分かりますね。英語表現の癖で、読者があれ？　とか、なぜ？　と疑問に思うようなことを述べたら、すぐにその理由を述べるのです。ですから、後の文の頭にFor「というのは…だからです」という意味の接続詞があってもいいのです。ある場合も、このようにない場合もありますが、英米人にとっては、あるのが当たり前なので、省略されているのです。ちなみに、He had never seen so many books. は典型的な経験を表す過去完了形ですね。

④ and ...　このandを「そして、それから」と考えていいでしょうか？　機械的に暗記していた人は考え直してください。

⑤ with music　最初は「音楽」と訳したものの、「散らかっている」と合わないので変だな、と感じるでしょう？

変だと思ったら、知っているつもりの単語でも、気軽に辞書に手を伸ばすようにすれば、どんな小さな英和辞書にも「楽譜」が載っています。「音楽」か「楽譜」かは、コンテクストで判断できます。

- Alice placed the music on the piano and began playing.
  「アリスはその楽譜をピアノに置き、演奏を始めた」
- I put a sheet of music on the music stand.
  「私は楽譜を譜面台に置いた」

⑥ He remembered that ...　He remembered he had heard that と補って考えるべきですね。コンテクストからそう判断できます。

⑦ a Swede　「スウェーデン人」

cf. a Spaniard「スペイン人」、a Dane「デンマーク人」、a Frenchman, Frenchwoman「フランス人」、a Swiss「スイス人」、a Turk「トルコ人」など。

精読

“**You’ve got** one big heap of books here,” he said, when Neilson returned.

“⑧**They do no harm**,” answered Neilson with a smile.

“Have you read them all?” asked the skipper.

“Most of them.”

“I’m ⑨**a bit of a reader** myself. I **have** the *Saturday Evening Post* **sent me regler**.”

語釈 You’ve got = You have　口語ではよく使います。

They do no harm　文字通りには「害にならない」ですが、本音は違うでしょう？

a bit of a reader「ちょっとした読書家」

cf. much of a dancer「大した踊り手」

Saturday Evening Post　アメリカの大衆的な雑誌で、1916年以降はノーマン・ロックウェルが表紙を担当し、全体に挿絵が多い。

have ... sent me regler「定期的に送らせる→定期購読する」regler は regular の訛り。文法上正確には regularly とすべきところです。

試訳

「ずいぶんたくさんの本の山を持っていますな」ニールスンが戻ってくると船長が言った。

「それらは害にならないです」ニールスンは微笑を浮かべて言った。

「全部読んだんで？」

「ほとんどはね」

「私もちょっとした読書家でね。土曜週刊誌を定期的に送らせていますよ」

決定訳

「いやあ、ずいぶんたくさん本がありますなあ！」ニールスンが戻ってくると船長が言った。

「まあ、害にはなりませんからな」ニールスンはにやっとして答えた。

「これ、全部読んだんですかね？」船長が尋ねた。

「大部分はね」

「私も本は読む方でね。『サタデー・イブニング・ポスト』を定期購読していますよ」

解説

⑧**They do no harm**　実際は大いに役立ち、尊重しているくせに、このようにへりくだって、遠慮して表現するのは、イギリス人の癖です。understatement（控え目な表現）と言います。例えば、美味しいご馳走を食べたとき、アメリカ人なら、How delicious!「なんて美味しいのだろう」と言う場合、イギリス人は Not bad.「悪くないな」と言ったりするのです。

⑨**a bit of a reader myself**　「自分だってちっとは本を読むほうです」と言う船長は、その証拠としてこの大衆的な、人気ある週刊誌の定期購読に言及していますね。これでニールスンを納得させられると思ったのでしょうか。もしそうであれば、よほど無教養ですね。そうでなく、会話をするために、自分だって活字にまるっきり無縁でないと言っただけなのでしょうか。

コメント

ニールスンのことをthe hostとかthe otherとか言い換えていて、部屋には船長と二人だけのようなので間違うことはありませんが、一瞬「誰かな？」と思いませんでしたか？　英語の言い換えの習慣は、日本人には誤解しやすいので気をつけましょう。

Section 2-2

年齢は同じくらいの二人ですが、何かと相違点があるようです。まずは体型、次に人柄、態度、言葉遣いなど、よく注意して読みましょう。船長は俗語を使いますね。標準英語とどこがずれているでしょうか？

Neilson poured his visitor a good stiff glass of whisky and gave him a cigar. The skipper volunteered a little information.

“I got in last night, but I couldn’t find the opening, so I had to anchor outside. I never been this run before, but my people had some stuff they wanted to bring over here. Gray, d’you know him?”

精読

Neilson poured his visitor **a good stiff glass of whisky** and gave him a cigar. The skipper **volunteered** a little information.

語釈　a good stiff glass of whisky「強いウィスキーを並々」stiff は口語で、酒などアルコール分の多い、強い、の意味です。good「（分量が）たっぷりの」

volunteered　問われないのに自分から言った、ということ。

試訳

ニールスンは船長に上等な強いウィスキーをついでやり、葉巻も勧めた。船長は自分からすすんで少しの情報を提供した。

"Yes, he's got a store a little way along."

"Well, there was a lot of canned stuff that he wanted over, an' he's got some copra. They thought I might just as well come over as lie idle at Apia. I run between Apia and Pago-Pago mostly, but they've got smallpox there just now, and there's nothing stirring."

He took a drink of his whisky and lit a cigar. He was a taciturn man, but there was something in Neilson that made him nervous, and his nervousness made him talk. The Swede was looking at him with large dark eyes in which there was an expression of faint amusement.

決定訳

ニールスンは船長に強いウィスキーをたっぷり注いでやり、葉巻も勧めた。船長は、聞かれたわけでもないのに事情を説明した。

解説

ニールスンが船長に強い酒を並々と注いで勧めたのは、どうしてでしょうか。いかにも酒に強そうだからでしょうか？

Section 2-1では、船長が多数の本を見ながら、自分も本好きだと言うのを聞いても、主人は返事をしませんでしたね。どうしてか。少し後で、ニールスンは船長を苛立たせたとか、ニールスンの目に面白がっている表情があったとか、述べられています。

これらを考慮すると、答がでてきます。「読書と言っても、君とぼくでは読む本がまったく違うので」と言っても、通じる相手ではない。とすれば、強い酒を勧めるしかないじゃあないか！　これがニールスンの姿勢でしょう。

精読

“I **got in** last night, but I couldn’t find the opening, so I had to anchor outside. I **never been this run** before, but **my people** had some stuff they wanted to bring over here. Gray, d’you know him?”

“Yes, he’s got a store **a little way along**.”

語釈　got in = arrived
never been this run　正しい英語では、had never been this run です。run は海事用語で「航路」。
my people　普通は自分の家族を指すのですが、ここは会社の上役たちを指します。
a little way along「ここからちょっと行った先に」

試訳

「昨夜着いたんですがね、切れ目が見つからなくて、外で停泊しなくちゃならなかったってわけですよ。ここらまで来たことはないんだが、俺の人々がこっちに運ばせる商品があったんですよ。グレイっていう男知ってますか？」
「ああ、ちょっと先に店を持っている」

“Well, there was a lot of canned stuff that ①he wanted over, **an’ he’s got some copra**. They thought I ②**might just as well** come over **as lie idle** at Apia.

語釈　an’ he’s got some copra = and he has got some copra「引き換えに彼には売るべきコプラがある」has got が has のややくだけた表現であるのは、もう覚えましたか？
might just as well ... as 〜「〜くらいなら…したほうがまし」
lie idle「（仕事せずに）ぶらぶらしている」

「それで、その男が運んで欲しいたくさんの缶詰があり、彼の方もコプラを持っているという話でね。彼らは俺がアピアでぶらぶらしているくらいなら、こっちまで行くほうがいいと考えたんでしょう。

決定訳

「昨夜着いたんですがね、切れ目が見つけられなくて、外で停泊しました。この辺りには来たことはなかったんですが、会社の指示で物を運んできました。グレイって男知ってますか？」
「ああ、ここのちょっと先にある店ですよ」

「で、グレイは缶詰を大量に欲しいということでした。グレイもコプラを売りたがっている。アピアでぐずぐずしているくらいなら、こっちへ行ったほうがいい、と会社が言いましてね。

解説

①**he wanted over**　「こっちの方に望んだ→発注した」
overは「こっちへ」「あっちへ」離れた所への移動を表す。

cf. She came over from San Diego.
「彼女はサン・ディエゴからやって来た」

②**might just as well**　この表現は苦手の人がいそうですから、ここで学びましょう。理屈よりも、典型的な例文をいくつか暗記すれば、それで事足ります。

1. You might just as well throw the money away as lend it to him.
「その金を彼に貸すくらいなら、捨ててしまったほうがましだ」
2. We may just as well take the dog with us as leave him behind.
「犬を置いて行くよりも、一緒に連れて行くほうがいい」

(江川 §100参照)

精読

I run between Apia and **Pago-Pago** mostly, but ③**they've got smallpox there** just now, and ④**there's nothing stirring**."

語釈 Pago-Pago　パゴパゴ。サモアの Tutuila 島の港町。
they've got smallpox there「あそこでは天然痘が流行っている」
there's nothing stirring「(交易、商売が) 停滞中」
stir (自)「活動的になる」

He took a drink of his whisky and lit a cigar. He was a **taciturn** man, but there was something in Neilson that made him nervous, and his nervousness made him talk. The Swede was looking at him with large ⑤**dark eyes** in which there was an expression of faint amusement.

語釈 taciturn「口数の少ない」
dark eyes「黒い目」

試訳

俺は普段はアピアとパゴパゴ間を航行しているんだが、ちょうど今はそこで天然痘が出て、商売の動きがないんですよ」

船長はウィスキーを飲み、葉巻に火をつけた。彼は無口な男だったのだが、ニールスンには、どこか彼を苛々させるところがあって、その苛立ちが彼に話させた。スウェーデン人は大きな黒い目で船長を見ていたが、その目には、微かな愉快の表情があった。

決定訳

いつもならアピアとパゴパゴを往復しているんです。ところがちょうど今、あっちで天然痘が出て、商売は上がったりです」

船長はウィスキーをぐっとやり、葉巻に火をつけた。生まれつき寡黙だったが、ニールスンにはどこか人を苛々させるものがあり、その苛立ちのせいで、喋るのだった。ニールスンは大きな黒い目で客をじっと見ていて、その目にはどこか人をからかうような表情がうかがえた。

解説

③they've got smallpox there　このtheyが誰か。あまり気にしないでいいというのを再度学びましょう。They grow coffee in Brazil.「ブラジルではコーヒーを栽培しています」という文のtheyにしても、ブラジル人を指すと説明しますが、本当はもっと漠然とそこの人たちを指しているのです。In tropical countries they generally marry in their teens.「熱帯地域ではたいてい十代で結婚します」の場合も同じです。英語は主語を必要とする言語だから、they がいるのです。

④there's nothing stirring　すぐには何の事かと思うでしょうね。stirをよく辞書で調べると、「かすかに動く、活動する」が基本的な意味だと分かります。コンテクストで、商業、商いのことだと絞り込めるわけです。

⑤dark eyes　目の色を考えてみましょう。ニールスンの目はdark eyesだとありますが、これは、スウェーデン人であるのを考慮すると、dark blueの可能性が高いです。色合いで使うと、darkは「濃い」、paleは「薄い」です。ところで、黒目といえば、日本人は誰もが自分はそうだと思っていませんか？　しかし、それを直訳した　Most Japanese people have black eyes. という英文は、ちょっと問題があるのです。have black eyesという表現は、殴られて、目の縁が青黒くなった状態を言うからです。英米人から見ると、日本人の目の色はbrownあるいはdark brown なのです。

Section 2-3

船長は家を褒めますが、部屋いっぱいの蔵書やピアノに驚いていますね。本から敵意すら感じるようです。どうしてでしょう？　読者は船長のことは、ここまでで少し知っていますが、ニールスンについては、島に来て25年になるなど、二人の会話から、少しずつ、知っていきます。どんな人物なのでしょう？

"This is a tidy little place you've got here."

"I've done my best with it."

"You must do pretty well with your trees. They look fine. With copra at

精読

"This is a **tidy** little place **you've got here**."

"①I've done my best with it."

"You must **do pretty well** with your trees. They look fine. ②With copra at the price **it is now**. I had **a bit of a** plantation myself once, **in Upolu it was**, but I had to sell it."

語釈　tidy「こぎれいな」家や部屋を褒める場合などによく使う形容詞です。

you've got here　冒頭に関係代名詞 that が省略されています。have got = have はここにもありましたね。

do pretty well「繁盛する」

it is now = at which it is now

試訳

「ここはこじんまりした、きれいな家ですなあ」

「私なりにそれで最善を尽くしましたよ」

「周囲の木々と一緒に相当うまくなさるのでしょうなあ。それらは見た目がいいです。今のコプラの値段をもってすればです。俺もかなり広いコプラ林を持っていましたが——いや、ウポル島でのことでした。処分せねばならなかったんです」

the price it is now. I had a bit of a plantation myself once, in Upolu it was, but I had to sell it."

He looked round the room again, where all those books gave him a feeling of something incomprehensible and hostile.

"I guess you must find it a bit lonesome here though," he said.

"I've got used to it. I've been here for twenty-five years."

Now the captain could think of nothing more to say, and he smoked in silence. Neilson had apparently no wish to break it. He looked at his guest with a meditative eye.

決定訳

「ここは、なかなかいいお住まいですなあ」
「あれこれ手を入れたりしてきましたからな」
「周囲の椰子の木々もかなり儲かりましょうよ。立派に育っているようですから。最近はコプラの値段があがってきましたからな。実は、俺も以前はちっとばかり椰子林を持っていたんですよ。ウポル島でのことでしたがね。事情があり売ってしまいました」

解説

①I've done my best with it.　withの「～に関して」の用法を学ぶのに最適の例文として、What is the matter with him? He looks very sick.「彼はどうしたのかな？　気分がひどく悪そうだ」がありますね。念のために良い例文を追加しましょう。

1. I am not familiar with the word.
「その単語はよく知りません」
2. Don't be too strict with little children.
「小さな子にあまり厳しくするな」
3. With God nothing is impossible.
「神の場合には不可能なことはない」

②With copra at the price it is now.　このwithは、付帯状況を表す用法です。いくつかの例文で身に付けましょう。

1. He was busy working with his coat off.
「彼は上着を脱いで忙しく働いていた」
2. With prices so high, we'll have to cut down our living expenses.
「こんなに物価が高くては、生活費を切り詰めなく

精読

a bit of a（口語）「いくらかの」（反語）「相当の」

in Upolu it was「ウポル島でのことだったが」挿入句です。通常の語順でないのは、in Upolu をやや強調したためです。

He looked round the room again, where all those books gave him a feeling of something incomprehensible and hostile.

"I guess you must **find it a bit lonesome** here **though**," he said.

"I've got used to it. I've been here for twenty-five years."

語釈　find it a bit lonesome「さびしく思う」it は生活状態などを漠然と指します。

cf. How do you like it here?
「ここはいかがですか？」

これは新しい土地に引越してきた人に近所の人がする質問です。

though　接続詞でなく副詞で、文中や文尾に用いて、「～でも、しかし」などの意味。

cf. John liked the movie. I found it boring, though.
「ジョンはその映画が気に入ったが、ぼくは退屈だと思ったな」

試訳

船長は部屋を再度ぐるっと見渡した。沢山ある本が、彼に理解できない、敵意ある何かという感情を与えた。

「でも、少しさびしいのじゃないですかね、ここは」船長が言った。

「慣れましたよ。もう25年になりますからね」

決定訳

船長は改めて、部屋を眺めまわした。ぎっしり詰まった書物全体が、自分に理解できず、自分に敵意を抱く何かを持っているかのような感覚に襲われた。
「でも、ここじゃあ、少々さびしいのじゃありませんかな？」
「いやあ、もう慣れっこになりましたよ。25年になりますから」

解説

てはならない」

3. The bird landed with its wings extended.
「鳥は翼を広げて地上に降りた」

with については、「一緒に」や「によって」など、分かり易い用法に加えて、以上二つの用法を覚えれば、まず困らなくなりますよ。(江川 §283-284参照)

③ apparently　英和辞典で調べましたか？　長いこと、「明らかに」という意味が幅を利かせていたのです。ところが、「見たところでは、～のようだ」「らしい」という意味で使う方がずっと多いという意見が出てきました。この語はもともと He appears to be kind.「彼は親切のように見える」における appear から派生した副詞です。英和辞典の説明も、昔は「明白に」が一番目にあったのですが、今では「らしい」が一番目にあるでしょう。

同様に、以前は誤解されていたのが、今では修正された語句があります。その中で代表的なものをここで列挙しておきましょう。

1. had better

「したほうがいい」という意味は変わりませんが、これは命令口調なのだということが以前は注意されていませんでした。You had better go at once.「すぐに行きたまえ」

2. tell a lie

「嘘をつく」という意味は変わりませんが、非常に重い意味であり、人の人格全体を否定するようなことが注意されていませんでした。なお liar も同じことで、「嘘つき」というより「意図的に虚偽を行う者」という意味です。

3. quite

これはアメリカでなら very と同じでよいのですが、イギリスではそうでなく、「大体、ほぼ、まあまあ」のような意味合いで使うことが多いのです。この注意はたいていの英和辞典に書いてありますが、まだ知らない人も少なくないようです。Your lecture was quite interesting.「あなたの講義は、とても面白かった(アメリカ)、まあ面白かった(イギリス)」

4. you know

精読

Now the captain could think of nothing more to say, and he smoked in silence. Neilson had ③**apparently** no wish to break it. ④He looked at his guest with a meditative eye.

語釈　apparently　あなたの持っている英和辞典には、「〜のようだ」と「明らかに」のどちらが先に出ていますか？ ここではどっちがよいでしょうか？

試訳

船長はもうこれ以上言うことがなかったから、黙って葉巻をふかした。ニールスンもそれを破りたいと望まないのは明白だった。彼は客を瞑想的な目で眺めた。

決定訳

船長はもう言うべきことがなくなってしまい、黙々と葉巻をふかした。ニールスンも沈黙を破ろうという気持はないようだった。彼は客の様子をしげしげと眺めた。

解説

これは会話で頻繁に使います。自分の主張を強調する役目です。しばしばas you knowと混同されて、「知っての通り」などと訳す人がいますが、それは誤りです。強調ですから、「ね」「だよ」などという感じです。本来は命令形で、「君、知っておけ」という意味だという学者もいます。相手が知らなかったり、忘れたりしている場合に注意するのだと考えてもいいです。Alvin is a great scholar in his own way, you know.「アルビンは彼なりに立派な学者なのだよ」

5. quite a few

「多い」の意味で使うことが多いのですが、以前はその意味が英和辞典には載っていなかったのです。

6. perhaps

これは「多分」でなく、「もしかすると、ひょっとすると」です。つまり、可能性がかなり低いことを表す場合が非常に多いのです。「多分」ならprobablyが相当します。

7. Will you send me a copy of your paper?

日本の中学校用の英語の教科書をチェックしたトム・ガリーとマーク・ピーターセンという在日アメリカ人が、言い出したことです。これが命令口調だというのです。「君の論文のコピーを送ってくれないか」というのに相当するというのです。Pleaseを追加しても、やはり失礼であり、未知の他人に依頼するにはまずいと言います。Would you ～にすべきだと言うのです。

④ He looked at his guest with a meditative eye. こういう文の後には、そのようにしてじっと眺めてどうだったかという観察が具体的に続くのが慣例です。ここでも、読者はニールスンと一緒になって、訪ねてきた男の外観をチェックすることになります。

主人が船長をじろじろ見るので、読者も一緒によく観察して、船長のぶざまな外観を心に留めることになります。赤っぽい胸毛が見えると書いてあります。とても肥満しているようですが、主人は自分が痩せているので、余計、それが一番気になるようですね。

He was a tall man, more than six feet high, and very stout. His face was red and blotchy, with a network of little purple veins on the cheeks, and his features were sunk into its fatness. His eyes were bloodshot. His neck was

精読

He was a tall man, more than six feet high, and very stout. His face was red and **blotchy**, with a **network** of little purple veins on the cheeks, and his **features** were sunk into its fatness. His eyes were **bloodshot**. His neck was buried in **rolls of fat**.

語釈 blotchy「しみだらけの」
network「網細工」
features「目鼻立ち」
bloodshot「充血している」
rolls of fat「脂肪の盛り上がり」「盛り上がった脂肪」

試訳

彼は背が高く、6フィート以上で、非常に肥えていた。顔は赤ら顔でしみがあり、小さな紫色の静脈の網目が頬にあった。彼の特徴などは肉に埋もれていた。目は血走っていた。首は幾重もの脂肪に埋もれていた。

buried in rolls of fat. But for a fringe of long curly hair, nearly white, at the back of his head, he was quite bald; and that immense, shiny surface of forehead, which might have given him a false look of intelligence, on the contrary gave him one of peculiar imbecility. He wore a blue flannel shirt, open at the neck and showing his fat chest covered with a mat of reddish hair, and a very old pair of blue serge trousers. He sat in his chair in a heavy ungainly attitude, his great belly thrust forward and his fat legs uncrossed. All elasticity had gone from his limbs.

決定訳

背が高い。6フィートを超えているだろう。とても肥っている。顔は赤らんでいてしみがある。頬には細い紫色の静脈が網の目のように透いて見える。目も鼻も顔の肉に埋まってしまっている。目は充血している。首は部厚い肉に埋まっていて見えない。

解説

①he was quite bald　「すっかり禿げていた」この場合のquiteは、「ほどほどに」ではないのです。interesting、goodなどのように、程度が付けられる形容詞の場合は「ほどほど」ですが、perfect、impossibleのように程度がつけにくい形容詞の場合はveryと同じ、と言われています。baldの場合は後者に準じます。

②might have given him a false look of intelligence
「(広く光った額が) 彼に知的という誤った印象を与えたかもしれない」とありますが、条件部つまりifの部分が示されていませんね。そういう場合は、コンテクストからifの部分を想定するのが大事です。いくつか例文を検討しましょう。

1. A hundred year ago a girl would not have gone to college.
   「100年前ならば、女性は大学に進まなかったであろう」
2. A wise teacher would praise such a student.
   「賢い教師ならば、こういう学生を褒めるだろう」
3. To hear him talk, you would think he is a great thinker.
   「話だけ聞くならば、人は彼を偉大な思想家だと思

精読

But for a **fringe** of long curly hair, nearly white, at the back of his head, ①he was quite bald; and that immense, shiny surface of forehead, which ②**might have given him a false look of intelligence**, on the contrary gave him **one of peculiar imbecility**.

語釈 But for = except for「…がなければ」普通は仮定法で用い、he would have been quite bald となるのですが、ここは直接法になっています。

cf. The square was empty but for a few dogs.
「広場は数匹の犬を除けば誰もいなかった」

fringe「縁、縁取り」

might have given him a false look of intelligence
「(普通ならば) 彼に知的という誤った印象を与えたかもしれない」

one of peculiar imbecility　ここは one = look、imbecility「愚鈍さ」← imbecile「愚鈍な」

試訳

頭の後部のほとんど白髪の長い縮れ毛の縁を除けば、頭はまったく禿げていた。あの額の広いつやつやした表面は、彼に知的という誤った様子を与えたかもしれないが、逆に、独特の愚鈍の様子を与えた。

決定訳

後頭部に、ほとんど白くなった長い縮れた髪が端にある以外は、頭はすっかり禿げている。額は幅広く、てかてか光っていて、そこだけ見れば、あるいは知的な印象を与えたかもしれないけれど、今の場合は、逆に、極めて愚鈍だという印象を与えた。

解説

うだろう」

（江川 §177、拙著『身につく英語のためのA to Z』（岩波ジュニア新書）「subjunction」参照）

これらの文では、隠れている条件部は分かりやすいと思います。では、本文の場合、隠された条件部は何でしょうか？　コンテクストから「もっとまともな態度なり、身だしなみならば」と分かりますね。「そこだけ見れば」でもよいでしょう。一般に幅広い額は頭脳明晰の証拠だとされています。

精読

He wore a blue flannel **shirt**, open at the neck and showing his fat chest covered with **a mat of reddish hair**, and a very old pair of blue serge trousers. He sat in his chair in a heavy **ungainly** attitude, ③**his great belly thrust forward** and **his fat legs uncrossed**. All **elasticity** had gone from his limbs.

語釈 shirt ワイシャツ。ニールスンが着ていたのは singlet「シャツ」でしたね。

a mat of reddish hair「赤っぽいもじゃもじゃの毛」

ungainly「ぶざまな」

his great belly thrust forward ここでは belly と thrust との間に being が省略されています。

his fat legs uncrossed ここも legs と uncrossed との間に being が省略されています。

elasticity「弾力、柔軟性」

試訳

青いフランネルのワイシャツを着ていて、首元が開いていて、そこから、もじゃもじゃの赤毛で覆われた肥った胸が覗いていた。下には、とても古い紺のサージのズボンをはいている。重いぶざまな姿勢で、大きな腹を突き出し、太い両足は組まずに、椅子に座っていた。手足から弾力がすべて失われていた。

決定訳

服装は、上は青いフランネルの袖つきシャツで、首元があいているので、赤っぽいもじゃもじゃの毛に覆われた部厚い胸が見えている。下は古ぼけた青いサージのズボンをはいている。椅子に、さも重そうに不格好な姿勢で座っている。でかい腹は突き出ているし、両足は組めないほど太い。体中から弾力が失われてしまったのだ。

解説

③**his great belly thrust forward**　語釈で述べた省略を補って書くと、his great belly being thrust forwardとなります。これは分詞構文で、本文の主語（He）と従属文の主語（his great belly）が違うので、独立分詞構文と呼ばれています。易しい例文を出します。

1. Her work done, she sat down for a cup of tea.
   「仕事が終わると、彼女は座ってお茶を飲んだ」
2. She dashed out into the rain, her head only protected by her thin scarf.
   「彼女は薄いスカーフを頭にかぶっただけで、雨の中を飛び出していった」
3. They will send you the book for 20 dollars, postage included.
   「送料込みで、20ドルでその本を送ってくれる」

分詞構文は時、理由、付帯状況などを表しますが、ここの三つの例ではいずれも付帯状況を表しています。訳し方は例文から学んでください。his fat legs uncrossedも同じです。どうして太い足を組んでいないのか見当がつきますか？　組みたくても無理だからですよ！

コメント

作者は船長の醜さをこれでもか、これでもか、というように子細に描写しています。年齢は50くらいでしょうが、食べたいだけ食べると、このような姿になるのでしょうか。外面だけでなく、内面の貧困さも描かれていますね。この船長でも、昔は若者だったことがあるのでしょうか？

そんな疑問が読者の胸に浮かぶのを作者は意図しているようです。

Section 2-5

ニールスンが健康上の理由で南海の島にやってきたことが、明かされます。一時は余命1年だと宣告されたというのは、船長にも読者にも、新情報であり、興味をそそられますね。船長は、ニールスンが島内でもなぜこの場所を選んだのかを知りたがります。どうしてその点を知りたがるのでしょうか？

Neilson wondered idly what sort of man he had been in his youth. It was almost impossible to imagine that this creature of vast bulk had ever been a boy who ran about. The skipper finished his whisky, and Neilson pushed the bottle towards him.

"Help yourself."

精読

①Neilson wondered idly what sort of man he had been in his youth. It was almost impossible to imagine that ②this creature of vast bulk had ever been a boy who ran about. The skipper finished his whisky, and Neilson pushed the bottle towards him.

"**Help yourself**."

語釈　Help yourself「自分で好きに飲みなさい」

試訳

彼は若い頃は一体どういう種類の男だったのかなと、ニールスンは怠惰に考えた。こんな肉の巨大な塊のような男が、昔は子供でその辺を走り回っていたと想像するのはほとんど不可能だった。船長はウィスキーを飲んでしまった。するとニールスンはボトルを彼のほうに押しやった。「どうぞ好きに飲んでくれたまえ」

The skipper leaned forward and with his great hand seized it.

"And how come you in these parts anyways?" he said.

"Oh, I came out to the islands for my health. My lungs were bad and they said I hadn't a year to live. You see they were wrong."

"I meant, how come you to settle down right here?"

"I am a sentimentalist."

"Oh!"

Neilson knew that the skipper had not an idea what he meant, and he looked at him with an ironical twinkle in his dark eyes. Perhaps just because the skipper was so gross and dull a man the whim seized him to talk further.

決定訳

この男は若い頃はどんなだっただろうな、とニールスンは漠然と思った。こんな肉の塊が、昔は元気よく走りまわる少年だったとは、どうも想像できない。船長が注がれたウィスキーを飲みほすと、主人はボトルをそちらに押しやった。

「自分でどうぞやってください」

解説

①Neilson wondered ...　この一文の皮肉な面白みは後で分かります。作者が伏線を張っているのです。ここのwonderという動詞は、意味は分かっても訳すには工夫がいります。例文を見てみましょう。

1. I wonder what the big building is.
   「あの大きなビルは何かなあ」
2. She wondered where the dog was going.
   「あの犬はどこへゆくのかなあと彼女は考えた」
3. I wonder if I have seen him before.
   「彼に以前会ったことがあるのかな」

②this creature of vast bulk　「船長」の言い換えの一種ですが、この場合は、悪口、批判がたっぷり込められていて、単純な言い換えではありません。「この巨大な大きさの生き物」とは、何か化け物みたいな言い方ですね。

精読

The skipper leaned forward and with his great hand seized it.

"And ③how come you in these parts anyways?" he said.

"Oh, I came out to **the islands** for my health. My lungs were bad and they said I hadn't a year to live. ④You see **they were wrong**."

"⑤I meant, how come you to settle down right here?"

"I am a sentimentalist."

"Oh!"

語釈　the islands　南海諸島のことです。
they were wrong「誤った診断だった」

試訳

船長は体を乗り出して、大きな手でボトルを掴んだ。

「で、いったいどうしてこの辺りに住むようになったんですかな？」船長が尋ねた。

「健康上の理由で島に来たのです。肺を患いましてね。彼らは１年も生存しまいと言いました。ご覧のように、彼らは間違っていたのですな」

「俺が尋ねたのは、どうしてまた、まさにここに落ち着いたんだってことですよ」

「それはね、私がセンチメンタルだからです」

「ほう、そうですか」

決定訳

船長は前にかがんで、大きな手でボトルを掴んだ。
「で、何だってこっちにやってきたんですか？」と尋ねた。
「ああ、健康上の理由で南海諸島に来たんです。肺を患って、もう1年もない命だって言われました。まあ、この通り、診断ミスだったわけですがね」
「いや、他でなく、この土地をどうして選んだかって伺ったのですよ」
「私がセンチメンタルだからですな」
「はあ？」

解説

③how come you in these parts anyways?　正式には how did you come in these parts anyway?　となるところですが、船長は訛っていて正しくない英語を使います。anyway には s をつけません。

④You see they were wrong.　この you see は、「～のが分かるでしょう」ということですが、元来は「君、分かりなさい」という命令形だと考えていいです。

ニールスンの言う sentimentalist は「感傷家」という意味で、単語の意味は船長も知っていますが、それがこの地を選んだ理由であるというのが、見当もつきません。仕方なく、Oh!　と言ったのです。「へーえ！」という感じでしょう。

⑤I meant, how come you to settle down right here?

meant〔ment〕は、よく〔mi:nt〕と間違えるので注意。南海諸島に来た理由でなく、他ならぬここを選んだ理由を尋ねたのです、と質問の意図を説明しています。

また right here の right はすぐ後に来る語を強めるためによく使います。

cf. I am now right in front of the microphone.
「僕は今マイクの真ん前にいます」

精読

Neilson knew that the skipper had not an idea what he meant, and he looked at him with an ironical ⑥twinkle in his dark eyes. ⑦**Perhaps** just because the skipper was ⑧so **gross** and **dull** a man the whim seized him to talk further.

語釈　Perhaps「ひょっとすると」よく「多分」と間違えるので注意しましょう。(Section 2-3 ③ -6 参照)

gross「粗野な」

dull「鈍感な」

試訳

ニールスンは、船長が彼が何を意味したかを全く理解しないのを知っていた。そして、彼の黒い目に皮肉な輝きを込めて彼を見た。まさに船長がとても粗野で鈍感な人だったからこそ、かえってさらに話そうという気まぐれがたぶん彼に取りついたのであろう。

決定訳

ニールスンは、相手がこちらの言わんとすることを全く理解できないと分かり、黒い目を皮肉に光らせて船長を見た。打ち明け話をしてみようと言う気まぐれにニールスンが取りつかれたのは、もしかすると、相手があまりにも粗野で鈍感であったからなのかもしれない。

解説

⑥ twinkle in his dark eyes　この twinkle は happy twinkle など「幸福そうな輝き」の場合もありますが、相手を皮肉ったり、からかったりする目つきを言う場合もあります。ここでは ironical という形容詞がついていますが、ただ with a twinkle in his eyes で「からかうような目つきをして」という意味の場合があります。

⑦ Perhaps just because the skipper was ...　「もしかすると」というのですから、可能性は低いのですよ。the whim seized him to talk further「さらに先を話そうという気まぐれが彼を捉えた」理由が述べられているのです。ニールスンはこれから長い話を語るのです。自分のプライバシーを打ち明けるのです。初対面の、教養のない、難しい話は理解できない相手にどうして話すのか、読者が意外に思うかもしれません。そこで作者はこのような言い訳を述べているのです。不十分な言い訳なので、「多分こうです」ではなく、「もしかするとこうでしょう」という言い方をしているのです。

⑧ so gross and dull a man　不定冠詞が形容詞の後に来ているのに注意してください。このように so の他、too, as が形容詞の前に来ると、このような順序になります。例を見てみましょう。

1. It's too good a story to be true.
   「本当にしては話がうますぎる」
2. It was as pleasant a day as I have ever spent.
   「最高にいい日よりだった」
3. I've never known so wet a summer.
   「こんなに雨の多い夏は初めてだ」

コメント

物語の語り手として有名なモームだけに、ニールスンが一人でどんどん語り続けるのは不自然ではないか、という読者が抱きうる疑問への解答をちゃんと書いていますね。それもごく自然な形で。巧みさに感心しませんか。

主人は、最初にこの地点に来た時の強烈な印象を、まるでついこの間のように、語ります。クロトンの茂みや赤い花をつけた巨木、水辺の椰子の木々など、自然の描写に注目しましょう。

"You were too busy keeping your balance to notice, when you crossed the bridge, but this spot is generally considered rather pretty."

"It's a cute little house you've got here."

"Ah, that wasn't here when I first came. There was a native hut, with its

精読

"**You were too busy** keeping your balance to notice, when you crossed the bridge, but this spot is **generally considered** ①**rather pretty**."

"②It's a cute little house you've got here."

語釈　You were too busy ...　嫌味ですね。
generally considered rather pretty「誰からもかなり美しいと思われている」

試訳

「あなたは、橋を渡る時、注目するには、自分の体のバランスを取るので忙し過ぎたでしょうが、この場所は一般にややきれいだと思われているんですよ」
「確かにきれいで可愛いお宅ですなあ」

beehive roof and its pillars, overshadowed by a great tree with red flowers; and the croton bushes, their leaves yellow and red and golden, made a pied fence around it. And then all about were the coconut trees, as fanciful as women, and as vain. They stood at the water's edge and spent all day looking at their reflections. I was a young man then—Good Heavens, it's a quarter of a century ago—and I wanted to enjoy all the loveliness of the world in the short time allotted to me before I passed into the darkness. I thought it was the most beautiful spot I had ever seen.

決定訳

「あなたは橋を渡る時、身体のバランスを保つのに夢中だったから気付かなかったでしょうが、この辺りは、誰もがかなりきれいだと言っているんですよ」
「このお宅はこじんまりして、なかなかきれいですなあ」

解説

① **rather pretty**　rather を辞書で調べると、「かなり」「いくぶん」「とても」など、程度の異なる意味があって、判断に迷いますね。似た意味の fairly が好ましい意味の形容詞や副詞と共に使われるのに対して、rather は好ましくない意味の形容詞（bad、ugly、stupid）と共に使われる、と言われています。しかし、イギリスではしばしば、好ましい意味の形容詞と共に使われ、very と同じ意味になります。本文もそのケースですね。

とにかく、曖昧さが残る副詞ですから、コンテクストによって、判断するしかありません。（江川 §101 参照）

② **It's a cute little house you've got here.**　it ...that の強調文。you の前に that が省略されています。have got = have はもう大丈夫ですね。

精読

“Ah, that wasn’t here when I first came. There was a native hut, with its **beehive roof** and its pillars, **overshadowed by** a great tree with red flowers; and ③the croton bushes, their leaves yellow and red and golden, made a **pied fence** around it.

語釈 beehive roof「蜂の巣形の屋根」
overshadowed by ...「…に覆いかぶされている」
pied fence「まだらの垣根」

And then ④all about were the coconut trees, as fanciful as women, and ⑤**as vain**. They stood at the water’s edge and spent all day looking at their **reflections**.

語釈 as vain　後に省略されているのは何でしょう？
reflections「水に映る影」

I was a young man then—**Good Heavens**, it’s a quarter of a century ago—and I wanted to enjoy all the loveliness of the world in the short time allotted to me before I **passed into the darkness**. I thought it was the most beautiful spot I had ever seen.

語釈 Good Heavens　驚きを表す句です。
passed into the darkness = died

試訳

「いやこの家は初めて来たときは、なかったんです。蜂の巣の形の屋根と柱の原住民の掘っ立て小屋があり、その上を赤い花をつけた大きな樹木がおおいかぶさっていました。クロトンの茂み及びその黄色、赤、黄金色の葉が小屋の周囲にまだら模様の垣根を作っていました。

それから周囲一帯に椰子の木があり、それらは女と同じくらい空想的で、女と同じくらい無駄でした。彼らは水辺に立って、自分の影を見て一日中過ごしていましたな。

当時の私は若く——何と、もう4分の1世紀も前になる！——暗闇に入って行く前の僅かな時間内にこの世の美しさをすべて楽しみたいと願ったのです。ここが、それまで見たこともない最高の美しい場所だと思いました。

決定訳

「いや、この家は最初に来たときはなかったのです。あったのは、蜂の巣の形の屋根と丸太で出来た原住民の小屋だった。赤い花をつけた巨木が上から覆いかぶさっていた。黄色や赤や金色の葉をつけたクロトンの茂みがまだらの垣根になっていた。

それから、周囲一面に椰子の木々があったが、これが女みたいに夢見がちで、自惚れでね。水辺に立って、一日中水に映る自分の姿に見入っていました。

その頃の私は若かった——驚くなあ、もう25年前になる——死ぬ前に許された僅かな期間にこの世の美しさの全てを楽しみたいと願っていました。ここを見つけて、それまで見たこともなかった、この上なく美しい場所だと思いました。

解説

③the croton bushes, their leaves ...　「～の葉をつけたクロトンの茂み」their leaves yellow and red and golden は、the croton bushesについての描写です。ですから、theirの前にwithを補って考えてもいいし、独立分詞構文としてyellowの前にbeingが省略されていると考えてもいいです。(Section 2-4③参照)

④all about were the coconut trees　場所を示す副詞語句が冒頭に来ていますね。強調のための倒置構文です。周囲一帯に、ということを強めています。

cf. At the top of the hill stood a tiny chapel.
「丘の天辺に小さなチャペルがあった」
Just outside the door was a large sign which said "Danger!"
「ドアのすぐ外側に『危険!』という大きな標識があった」
(江川 §316参照)

⑤as vain　後ろにas womenを補うことが出来ましたか？　モームには椰子の木が女性に見えるようですね。姿形のみならず、内面まで似ていると感じたようです。fancifulは空想癖がある、という意味です。vainはいろいろな意味があって、相応しい意味を探すのに苦労しますが、やはりコンテクストから探るのです。fancifulと並ぶのと、次の文で水面に映る自分の姿にうっとりしている、と描写されていることから、「虚栄心が強い」が適切だと分かります。

上でas vainの次にas womenが省略されていると述べましたが、こんな場合はどうでしょう？　カップルがテーブルを買いに行って、選んでいるとしましょう。気に入ったものがあり、男がThis table is very good. と言います。その次に女がThis one is as good. と言います。男が選んだのと同じくらいよい、ということですね。念のため、次の例文を覚えましょう。

The first movie was exciting, but the second was not as good.
「最初の映画は面白かったが、二番目のはそれほどでもなかった」

Section 2-7

ニールスンが哲学の博士だとか、いかに病気で早死にする運命に抵抗したかとか、彼の過去が明かされてゆきます。この島で「実在」を獲得したなど、難しい話を船長はいったいどう思って、聞いているのでしょうね。最後の数行は英語も難しいですよ。よく考えましょう。

The first time I saw it I had a catch at my heart, and I was afraid I was going to cry. I wasn't more than twenty-five, and though I put the best face I could on it, I didn't want to die. And somehow it seemed to me that the very beauty of this place made it easier for me to accept my fate.

精読

The first time I saw it I **had a catch at my heart**, and ①I was afraid I was going to cry. I wasn't more than twenty-five, and though ②I put the best face I could on it, I didn't want to die. And somehow it seemed to me that **the very beauty** of this place **made it easier for me to accept** my fate.

語釈　had a catch at my heart「胸がきゅっと締め付けられた」
the very beauty「まさにその美」
made it easier for me to accept ...　it は to 以下を指します。

試訳

最初にここを見た時、心臓がきゅっと締め付けられました。泣き出すんじゃないかと恐れました。まだ25歳で、可能な限り最善の顔を装っていたものの、死にたくなかった。そして、何となく、この場所の非常な美しさが、自分の運命を甘受するのを容易にしてくれるように思えました。

I felt when I came here that all my past life had fallen away, Stockholm and its University, and then Bonn: it all seemed the life of somebody else, as though now at last I had achieved the reality which our doctors of philosophy—I am one myself, you know—had discussed so much. 'A year,' I cried to myself. 'I have a year. I will spend it here and then I am content to die.'

"We are foolish and sentimental and melodramatic at twenty-five, but if we weren't perhaps we should be less wise at fifty.

決定訳

最初にここを見た時、心臓がぎゅっと締め付けられるようで、自分が泣き出すのではないかと思いました。まだ25歳でしたし、出来るだけ平気を装っていたものの、実は死にたくなかったのです。ところが、この場所の美しさそのものが、かえって自分の運命を受け入れやすくしてくれそうな気がしたのです。

解説

①I was afraid　試訳では「恐れた」と訳していますが、軽く「思った」でよいのです。「思う」はI thinkが普通ですが、よいことを思うのなら、I hope、嫌なことなら、I am afraid を使うのが適切です。例えば、「明日天気だと思う」はI hope it will be fine tomorrow.「アリスは病気だと思う」はI am afraid Alice is ill.

②I put the best face I could on it　「出来るかぎり平静を装った」on itのitは余命1年という状況を指すのです。put a good face on ～「～に対して平気な顔をする」

cf. He put a good face on his son's divorce.

「彼は息子の離婚に動じなかった」

精読

I felt when I came here that all my past life **had fallen away**, **Stockholm** and its University, and then **Bonn**: it all seemed the life of somebody else, as though now at last I had **achieved the reality** which our doctors of philosophy—I am **one** myself, ③you know—had discussed so much.

語釈 had fallen away「消え去った」
Stockholm　ニールスンの母国スウェーデンの首都。
Bonn　ドイツの大都市。ニールスンはここの大学に留学したのでしょう。
achieved the reality「やっと『実在』を獲得した」
one = doctor of philosophy

'A year,' ④I cried to myself. 'I have a year. I will spend it here and then I am content to die.'

"We are foolish and sentimental and melodramatic at twenty-five, but ⑤**if we weren't** perhaps we **should be less wise** at fifty.

語釈 if we weren't　後に foolish and ... が省略されていますね。
should be less wise「より少なく賢いはず」→「これほど賢くないはず」

試訳

ここに来た時、自分の過去が全部消え去ったような気がしました。ストックホルムもそこの大学も、ボンも、それを含めて過去のすべてが、他人の人生だったような気がしました。あたかも、今ようやく自分が『実在』を獲得したかのようでした。哲学の博士たち——知っての通り、私もその一人だが——がそれほど多く議論していた『実在』を。

『1年、そうだ1年だけだが、それをここで送り、死ぬことに満足するのだ』と私は自分に向かって叫びました。
「25歳の時は我々は愚かで、センチメンタルで、大袈裟だ。でも、もしそうでなければ、50歳でより少なく賢くあるべきなのかもしれない。

決定訳

ここに来ると、過去の人生のすべてが、消え去ってしまったような気がしたのです。ストックホルムもそこの大学も、その後のボンも。過去は他人の人生のように思えました。そして、自分が、今ようやくあの『実在』を得たような気がしました。世の哲学の博士たちが――私もその一人なのですがね――あんなに夢中で論じ合ってきた『実在』をですよ。

『1年、まだ1年ある。ここで1年過ごすのだ。それで満足して死ねる』と私は自分にしっかり言い聞かせました。

「人は25歳の時には、愚かでセンチメンタルで大袈裟なのです。でも、もしそうでなかったならば、恐らく50歳で賢くなれないでしょうよ」

解説

③you know　Section 2-3③-4で学んだように、日本語なら、「～ですよ」とか、軽く「ね」「よ」と念を押す語に当たります。Section 2-5④で学んだYou see ... も参照してください。

④I cried to myself.　cryは「叫ぶ」「怒鳴る」という場合はむしろ少ないのです。19世紀イギリスの小説家Jane Austenの『高慢と偏見』などの作品に出てくる上品で穏やかな女性の描写で、criedを「叫んだ」と訳した例をよく見ます。しかし、実際の状況は「叫んで」いるのではなく、せいぜい「声を高めて言った」程度なのです。これも中学生の時、cry =「叫ぶ」と暗記したのが、頭に染みついてしまったせいなのです。ぜひ直してください。

⑤if we weren't perhaps we should be less wise　試訳では何のことか不明ですね。まず仮定法のshouldを「べき」としてはいけません。「でしょう」とすべきです。さて、less wiseとはどういうことでしょうか。50歳になって、ある程度賢くなっているのが実際の姿だが、それは、25歳の時に愚かだったおかげである。もし25歳で愚かでなかったならば、50歳で恐らくこれほど賢明でないのではないだろうか。こういう理屈です。なお、less wise の後に省略されているのは、than we are wise nowです。

コメント

哲学博士だったニールスンの告白は、無学な船長には理解できにくいものですね。特に「実在」を獲得した、という箇所は、だいたいの見当はつくものの、しかとは理解できないかもしれません。ニールスンが生来、観念的な人であったと、作者は読者に教えているのかもしれませんね。最後のless wiseの解釈は納得できましたか。

Section 2-8

船長が酒好きであるのに対して、主人は別のもので酔うと言いますね。ここでは船長の勘違いを、読者は主人と一緒に笑うことになります。ニールスンはインテリ特有の遠回しの言い方をするので、船長が誤解するわけです。皆さんは、どっちに共感を持ちますか？

"Now drink, my friend. Don't let the nonsense I talk interfere with you."

He waved his thin hand towards the bottle, and the skipper finished what remained in his glass.

"You ain't drinking nothin'," he said, reaching for the whisky.

精読

"Now drink, my friend. Don't let ①the nonsense I talk **interfere with you**."

He waved his thin hand towards the bottle, and the skipper finished what remained in his glass.

"②You ain't drinking nothin'," he said, **reaching for** the whisky.

"I am of a **sober habit**," smiled the Swede.

語釈　interfere with you　文字通りには「あなたの邪魔になる」ですが、あなたの飲酒の邪魔ということですね。

reaching for「～に手を伸ばす」

sober habit「しらふ、酒を飲まぬ習慣」

試訳

「さあさあ、飲んでください。私のくだらぬ話であなたの邪魔をさせないでくださいよ」

彼は、やせた手でボトルを指さした。船長はグラスの残りを飲み干した。

「あんたは全然やらんのですかな？」船長はウィスキーに手を伸ばしながら尋ねた。

「私は飲まない習慣でね」スウェーデン人は笑顔を浮かべた。

"I am of a sober habit," smiled the Swede. "I intoxicate myself in ways which I fancy are more subtle. But perhaps that is only vanity. Anyhow, the effects are more lasting and the results less deleterious."

"They say there's a deal of cocaine taken in the States now," said the captain.

Neilson chuckled.

"But I do not see a white man often," he continued, "and for once I don't think a drop of whisky can do me any harm."

He poured himself out a little, added some soda, and took a sip.

決定訳

「飲んでください。私のつまらぬ話などに構わず、さあ、どんどん飲んで」

主人はボトルの方に細い手をやった。船長はグラスに残っていた酒を飲みほした。

「あんたは全然飲まないじゃないですか」彼はボトルに手を伸ばしながら言った。

「酒は飲まない習慣でしてね」ニールスンは微笑を浮かべた。

解説

①**the nonsense I talk** 「私が語るたわごと」という意味であるのは、分かりますが、「語る」はtalkでなくてはいけないのでしょうか。sayやtellではいけませんかね。このような疑問を抱くのは自然なことですね。よい辞書が出ているので、紹介しましょう。『小学館オックスフォード英語コロケーション辞典』(小学館、2015)です。コロケーションというのは、「語と語の慣習的な結びつき」つまり「連語」のことです。この辞典は、例えば、nonsenseという名詞が、talkあるいはspout「まくしたてる」という動詞と一緒に使われることが多い、と教えてくれます。ついでながら、nonsenseを修飾する形容詞はpure、sheer、complete、utter、totalなどが多い、とも教えてくれます。しかし、say、tellとは相性がよくないようだと分かります。

他にも見てみましょう。「嘘」はa lieですが、「つく」は何でしょうか？　say、tell、talk、speak、utterのいずれでしょうか。この辞典は、正解はtellだけだと教えてくれます。tell a lieという連語を暗記していればよいのですが、そう出来ていない場合、こういう辞典が大いに役立ちま

精読

"I intoxicate myself in ways which ③I fancy are more subtle. But perhaps that is only vanity. Anyhow, the effects are more lasting and the results less **deleterious**."

"They say there's a deal of cocaine taken in the States now," said the captain.

④Neilson chuckled.

語釈　deleterious〔dèlitíəriəs〕「悪影響を及ぼすような」

試訳

「より微妙なやり方だと私が想像するやり方で酔うことにしていますよ。しかしまあ、それはたぶん私の自惚れに過ぎないのかもしれないけども。とにかく、効果はより長続きするし、結果は害が少ない」

「アメリカじゃあ、コカイン吸引がずいぶん流行っているという話ですな」船長が言った。

ニールスンはにやりとした。

"But I do not see a white man often," he continued, "and **for once** I don't think a drop of whisky can do me any harm."

He **poured himself out a little**, added some soda, and took a sip.

語釈　for once「一度に限って」

poured himself out a little = poured out a little for himself

「だが、白人に会うのは滅多にないことです。だから、今日だけは、少々飲んでも別に害はなかろう」

彼は自分のために少量を注ぎ、いくらかソーダを加え、一口すすった。

決定訳

「私が酔うのは、酒よりもっと繊細なものなんですよ。まあ、そういうのは単なる自惚れかもしれないな。とにかく効果はもっと長続きするし、後に残る害も少ないな」

「聞いた話だが、アメリカじゃあ、コカイン吸引が流行っているそうですな」船長が言った。

ニールスンはにやっとした。

「だが、白人の客は珍しい。今日だけ少し飲んでも害にはなるまい」そう言って、主人は自分のためにウィスキーを少量注ぎソーダで割り、一口すすった。

解説

す。

②You ain't drinking nothin'　二重否定になっていますね。文字を一語一語拾って訳すと、「何も飲まないのではない」となるから「飲んでいる」と肯定になりそうです。でも実際は、「あんたは全然飲んでいない」という否定です。俗語では、よくあることです。

1. I don't have no money.
　「一文無しだ」
2. He can't do nothing without his wife.
　「あの男、女房なしじゃあ、何にもできるもんか」

なお、俗語でなく、二重否定で肯定になる場合の例文も付け足しましょう。

3. You cannot commit a crime without being punished.
　「罪を犯せば罰せられる」

③I fancy　挿入構文について、類似の例文を学びましょう。

1. She is beautiful, everybody agrees, but beauty is not everything.
　「彼女が美人であるのは誰もが認めるが、美貌がすべてではない」
2. His wishes, it seems, have come true at last.
　「彼の願いはついに実現したようだ」

④Neilson chuckled.　なぜ「にやりとした」のでしょうか？　その前のやり取りを見ますと、ニールスンは酒ではなく、もっと繊細なやり方で酔うと言っています。つまり、読書や音楽によって「酔う」のですが、船長にはそんなことは理解できませんから、コカイン吸引を話題にしたのです。ニールスンは船長の鈍感ぶりを楽しんでいるようですね。

島のこの場所に神秘的な魅力があると語るニールスンの態度に注目しましょう。聞き手がどう思うかを顧慮せず、一方的に夢中で語ります。「愛が一瞬その足をとめた」云々の箇所を読んで、皆さん、どう思いましたか？　思わず話に引き込まれるのではありませんか？

"And presently I found out why the spot had such an unearthly loveliness. Here love had tarried for a moment like a migrant bird that happens on a ship in mid-ocean and for a little while folds its tired wings.

精読

"And presently I found out why the spot had ①such an unearthly loveliness. ②Here love had **tarried** for a moment like a **migrant bird** that **happens on** a ship in mid-ocean and for a little while folds its tired wings.

語釈　tarried = stayed longer than intended
migrant bird「渡り鳥」
happens on = finds by chance「偶然見つける」

試訳

「そして間もなく,この場所がどうしてこのような、地上的でない美しさを持っているのか、理由が分かりました。ここで愛が一瞬滞在したのでした。大洋の真ん中で船を見つけて、しばし、疲れた翼を折りたたむ渡り鳥のように。

The fragrance of a beautiful passion hovered over it like the fragrance of hawthorn in May in the meadows of my home. It seems to me that the places where men have loved or suffered keep about them always some faint aroma of something that has not wholly died. It is as though they had acquired a spiritual significance which mysteriously affects those who pass. I wish I could make myself clear." He smiled a little.

"Though I cannot imagine that if I did you would understand."

He paused.

決定訳

「しばらくして、この土地がどうして、この世ならぬ美しさを持っているのか分かりましたよ。そう、ここで、愛がひと時、足をとめたのです。渡り鳥が大洋の真っただ中で船を見つけ、しばらく疲れた翼をやすめるように、愛が足をとめたのです。

解説

①**such an unearthly loveliness**　「この世ならぬ美しさ」

このsuchは「このような」でなく、単なる強めです。

cf. She's such a kind woman.

「彼女はとっても親切な人だ」

②**Here love had tarried for a moment**　「ここで愛が一瞬とどまった」というように、無生物主語をそのまま訳しても、読者に抵抗なく受け入れ理解されるでしょうか？　「愛があれば、何とかなる」、「結局、愛がなかったから、惨めな最後になった」、「愛が若い二人をすぐに結びつけた」などの日本文は、誰もが使っていますね。それゆえ、直訳して大丈夫です。

皆さんの故郷のおばあちゃんでも理解してくれるでしょうか？　私が翻訳のお手本にしている中野好夫先生は、硬い直訳をする学生に、「君のおばあちゃんでも分かる訳文にしなさい」とよくおっしゃいました。

実は、『赤毛』の最初の翻訳は、中野好夫先生が1940年になさったものです。そこで、この箇所を調べました。「愛がその足を駐《と》めたことがあったのだ」となっていました。昔でもこれで通用したのなら、日本語が変化した今ならもちろん大丈夫ですね。

精読

③The fragrance of a beautiful passion hovered over it like the fragrance of **hawthorn** in May in the meadows of my home.

語釈　hawthorn「さんざし」

試訳

美しい情熱の香りが、私の故郷の牧場で5月に咲くさんざしの香りのように、ここに漂っていました。

It seems to me that the places where men have loved or suffered **keep about them** always some faint aroma of something that has not wholly died. It is as though **they had acquired** a spiritual significance which mysteriously affects those who pass.

語釈　keep about them「その土地の周辺に〜を保つ」ここは them = the places
they had acquired　ここは they = the places

私には人間が愛したり悩んだりした場所には、完全には無くならない何かの微かな香りが常に周囲に漂っているように思えるのです。そういう場所は精神的な意味合いを獲得し、それが近くを通過する人々に神秘的に影響するかのようです。

I wish I could **make myself clear**." He smiled a little.

"Though I cannot imagine that ④**if I did** you would understand."

He paused.

語釈　make myself clear「言いたいことを鮮明に表現する」
if I did = even if I did

もっと分かりやすく話せればいいなあ」彼は少しにやっとした。

「もっとも、たとえそうしたところで、あなたが理解するとは思えませんがね」

彼はそこで一息ついた。

決定訳

美しい情熱の香りが、私の故郷の野原で5月に咲くさんざしの香りのように、ここに漂っていたのです。

思うのですが、人が愛し悩んだ場所には、完全には消え去らない何ものかの微かな芳香が、いつも漂うのですね。そういう土地は何か霊的な生命を授かり、そばを通る者に神秘的な影響を与えるかのようです。

どうもうまく説明できませんがね」主人はそこで笑みをちょっと浮かべた。「説明しても、あなたに理解して頂けるとは思いませんが」
そこで息をついた。

解説

③The fragrance of a beautiful passion hovered over it like the fragrance of hawthorn ...　英語は同一語の繰り返しを嫌うので、ここもlike that of hawthornとしたり、あるいはfragranceをaromaと言い換えたりするのが自然でしょう。どうしてそうしていないのでしょうか。おそらく、作者がfragranceという単語の発音と意味とをとりわけ好んだからでしょう。

④ if I did you would understand　did は made myself clearの代わりの代動詞です。make myself clearのmyselfは「私の思い、考え」です。I cannot hear you. のyouが「君の言っていること」であるのと同じです。

コメント

Section 2-8① 解説でお話しした英語のコロケーション辞典といえば、昔は早稲田の勝俣銓吉郎教授が単独で膨大な用例集めをして編纂した、*Kenkyusha's New Dictionary of English Collocations*（1958）があり、英作文に必須の辞典として愛用されていました。これは名詞と動詞の連語が主でした。これが1995年に市川繁治郎教授によって増補されて、『新編 英和活用大辞典』（研究社）が出版されました。日本で英作文を書く際の参考文献が非常に充実しました。もちろん、英文解釈や英会話の際にも参考になります。

Column 2　翻訳と誤訳

もちろん誤訳のない訳書などありえません。どれほど優れた訳者でも分厚い書物ならいくつかの誤訳をするのは避けられません。問題は、質量ともに本当にひどい誤訳の場合です。
一口に誤訳といっても大きく分けて２種類。語学的には正確だが日本文として読めない場合と、日本文としては達意のようでも語学的には間違いだらけの場合です。両方とも有害ですね。後者の場合は、語学的間違いといっても、文法のみでなく、ある単語に皮肉な響きがあるのを見逃したとか、一登場人物の意見を著者の見解だと勘違いしたとかなども含まれます。原文を雰囲気を含めて的確に理解していないことが問題なのですね。本書では、このような点を含めて、英文を精密に深く読み訳す練習をしました。本書で勉強した人なら、今後はこのようなミスを犯さない筈です。日本語からほど遠い英語をマスターするのに、楽な方法はないのですけど、私としては、本書を繰り返し学べば、必ず英語力を伸ばし、さらに翻訳家への道を歩き出して頂けると期待し、信じています。

SECTION 3

They loaded the unstable canoe with them, and Red and the native boy who had brought them the news of the ship paddled along outside the reef. It was the last time she ever saw him.

そこでぐらぐらするカヌーに積み込み、レッドと捕鯨船の情報を知らせてきた島の少年がサンゴ礁の外に漕いで行きました。
それがサリーがレッドを見た最後になりました。

ここからロマンチックなラヴロマンスが展開します。20歳と16歳の男女で、共に並外れて美しい。背景は、エデンの園もこうであったかと思わせるような、大自然です。純情な若い恋人たちはサンゴ礁の間を熱帯魚と遊びながら泳ぎます。そういう情景を語るニールスンは、自分の言葉に酔って夢中で喋り、聞く相手の様子など目に入りません。読者である私たちも、しばらくニールスンの熱弁に耳を傾けましょう。

"I think this place was beautiful because here for a period the ecstasy of love had invested it with beauty." And now he shrugged his shoulders. "But perhaps it is only that my aesthetic sense is gratified by the happy conjunction of young love and a suitable setting."

Even a man less thick-witted than the skipper might have been forgiven if he were bewildered by Neilson's words. For he seemed faintly to laugh at what he said. It was as though he spoke from emotion which his intellect found ridiculous. He had said himself that he was a sentimentalist, and when sentimentality is joined with scepticism there is often the devil to pay.

He was silent for an instant and looked at the captain with eyes in which there was a sudden perplexity.

"You know, I can't help thinking that I've seen you before somewhere or other," he said.

"I couldn't say as I remember you," returned the skipper.

"I have a curious feeling as though your face were familiar to me. It's been puzzling me for some time. But I can't situate my recollection in any place or at any time."

The skipper massively shrugged his heavy shoulders.

"It's thirty years since I first come to the islands. A man can't figure on remembering all the folk he meets in a while like that."

The Swede shook his head.

"You know how one sometimes has the feeling that a place one has never been to before is strangely familiar. That's how I seem to see you." He gave a whimsical smile. "Perhaps I knew you in some past existence. Perhaps, perhaps you were the master of a galley in ancient Rome and I was a slave at the oar. Thirty years have you been here?"

"Every bit of thirty years."

"I wonder if you knew a man called Red?"

"Red?"

"That is the only name I've ever known him by. I never knew him personally. I never even set eyes on him. And yet I seem to see him more clearly than many men, my brothers, for instance, with whom I passed my daily life for many years. He lives in my imagination with the distinctness of a Paolo Malatesta or a Romeo. But I daresay you have never read Dante or Shakespeare?"

"I can't say as I have," said the captain.

Neilson, smoking a cigar, leaned back in his chair and looked vacantly at the ring of smoke which floated in the still air. A smile played on his lips, but his eyes were grave. Then he looked at the captain. There was in his gross obesity something extraordinarily repellent. He had the plethoric self-satisfaction of the very fat. It was an outrage. It set Neilson's nerves on edge. But the contrast between the man before him and the man he had in mind was pleasant.

精読

"I think this place **was beautiful** because here ①for a period the **ecstasy of love** had invested it with beauty." And now he **shrugged his shoulders**. "But perhaps **it is only that my aesthetic sense** is gratified by the happy conjunction of young love and a suitable setting."

語釈 was beautiful　今も美しいけれど、ここは最初に見た印象を述べているので過去形を使っています。／ecstasy of love「愛の恍惚」／shrugged his shoulders「肩をすくめた」無関心、諦め、困惑などを表すのですが、ここではどれでしょうか。
it is only that my aesthetic sense ...「単に私の美的感覚が…というだけのことだ」

②**Even a man less thick-witted than the skipper** might have been forgiven if he were bewildered by Neilson's words. For ③he seemed faintly to laugh at what he said. It was as though he spoke from ④**emotion which his intellect found ridiculous**. He had said himself that he was a sentimentalist, and when sentimentality is joined with **scepticism there is often** ⑤**the devil to pay**.

語釈 Even a man less thick-witted than the skipper「船長ほど鈍感でない人でさえ」thick-witted「頭の鈍い」／emotion which his intellect found ridiculous「彼の知性が滑稽だと思う感情」が直訳です。／scepticism〔sképtəsìzm〕「懐疑主義」ここでは自分への懐疑ですね。なお、アメリカではskepticismが普通です。／there is often the devil to pay「しばしばとても面倒なことになる」一種の決まり文句です。

He was silent for an instant and looked at the captain with ⑥eyes in which there was a sudden perplexity.

"You know, I can't help thinking that I've seen you before somewhere or other," he said.

"⑦I couldn't say **as I remember** you," returned the skipper.

語釈 as I remember　ここのasはthatと同じ。このようにasを使うのは俗語です。

試訳

「この場所が美しいのは、ある期間愛の恍惚がそれに美を付与したからだと思うのです」そう言ってから、主人は肩をすくめた。「しかし多分、それは私の美意識が若い恋と適切なセッティングの幸福な結合によって満足されたということだけなのかもしれない」

船長よりも少なく鈍感な人でさえ、もしニールスンの言葉によってその人が当惑したならば許されたであろう。なぜならば、彼は自分の言ったことを笑っているかのようにわずか見えたからだ。彼自身の知性が滑稽だと思っていた感情から語っているかのようだった。彼は彼自身がセンチメンタリストだと言った。センチメンタリズムが懐疑主義と結合した時は、しばしば支払うべき悪魔がいる。

彼は一瞬沈黙していて、そして船長を、突然の困惑が浮かんだ目で見た。
「知ってのように、どこかで以前あなたに会ったように思わざるをえないんですよ」主人が言った。
「こっちは、あんたを覚えているとは、言えないでしょうな」客が答えた。

決定訳

「この場所が美しいのは、恍惚とした愛が、ある期間、この場所に美を帯びさせたからだと思うのですよ」そう言うと、彼は肩をすくめた。「だが、こう思うのは、もしかすると、私の美意識が青春の恋と適切な背景との幸運な結合で満足したということだけかもしれませんなあ」

船長より敏感な人でも、ニールスンの言葉を聞いて、困惑したかもしれない。何しろ、ニールスンは、自分で発言したことを少々嘲笑しているように感じられたのだから。感情から発言したものの、その自分の感情を自分の知性が愚かしいと思っているようだった。自分はセンチメンタルだと言ったが、センチメンタルと自嘲が合わさると、処置なしだ。

主人は一時口を閉ざして、船長を見た。その目には突然、ある困惑の色が浮かんだ。
「あのねえ、以前どこかであなたと会った気がしてしょうがないんですよ」彼が言った。
「こっちは、覚えているって言えませんなあ」船長が答えた。

精読

ニールスンは船長に以前会ったような気がして仕方がありません。前世で接触があったかもしれない。船長が古代ローマのガレー船の親方で、自分は漕ぎ役の奴隷だったのかもしれない、と言います。ニールスンには勘が働くのでしょうか？

“I have a **curious** feeling as though your face were familiar to me. It’s been **puzzling me** for some time. But I can’t **situate** my recollection in any place or at any time.”

The skipper **massively** shrugged his heavy shoulders.

“It’s thirty years since I **first come** to the islands. A man can’t **figure on** remembering all the folk he meets **in a while like that**.”

語釈 curiousは「奇妙な」と「好奇心の強い」と二つの意味がありますね。ここではどっち？

puzzling me「私の頭を悩ましている」／situate「位置づける」やや硬い言葉。／massively「重そうに」／first come　ここのcomeは、正しくはcameとすべき。／figure on ...「〜を当てにする」／in a while like that = in such a long time

⑧The Swede **shook his head**.

“⑨You know how one sometimes has the feeling that **a place one has never been to before** is strangely familiar. **That’s** ⑩**how I seem to see you**.” He gave a ⑪**whimsical** smile.

語釈 shook his head「頭を横に振った」相手に賛成、それとも反対？　どっちでしょうか。／a place one has never been to before　いわゆるデジャヴ「既視感」です。「以前に一度も行った経験がない場所」　placeの次に関係代名詞が省略されています。これ全体が、次にあるisの主語。／That’s how I seem to see you「それが、私があなたをどうみているらしいかだ」→「私はあなたをそのように見ているみたいだ」→「あなたを見るとそのように感じるようだ」／whimsical「奇妙におどけたような」

試訳

「あなたの顔がまるで親しいものであるかのようだという奇妙な感じがしている。しばらく頭をひねっているけども、記憶をどの場所、どの時にも定められないんですよ」
船長は重い肩を重そうにすくめた。
「俺が初めてこの諸島に来て、30年になる。その長い間に出会った人間を、全部覚えているなんてことは、とても無理ですなあ」

スウェーデン人は頭を横に振った。
「自分が前に行ったことがない場所が、不思議にも親密に思える感情を、人が時々いかに持つかを、知っているでしょう。それが、どのようにあなたが私に思えるかです」主人は気まぐれの微笑を浮かべた。

決定訳

「あなたの顔に見覚えがあるかのような妙な感じがしているんです。さっきから頭を絞っているんだが、場所も時間も特定できないんですよ」
船長は大きな肩を重そうにすくめた。
「この諸島に来てから30年になるんですよ。その間に出会った人のこと、全部覚えているのは無理です」

主人は同意した。
「自分が一度も行ったことのない場所なのに、何だか見覚えがあるって感じることがあるでしょう？　あなたについて、そんな風に感じるのですよ」それから奇妙な笑みを浮かべた。

精読

"Perhaps I knew you in some **past existence**. Perhaps, perhaps you were the master of a **galley** in ancient Rome and I was a slave at the **oar**. **Thirty years have you been here?**"

"Every bit of thirty years."

語釈 past existence「地球上での昔の存在」→「前世」／galley「ガレー船」多数の奴隷に漕がせた船。／oar〔ɔ́:r〕「オール」／Thirty years have you been here? = Have you been here for thirty years?　倒置して「30年も」と強調しています。

ニールスンが船長にレッドという名前の男性を知らぬかと尋ねます。船長に答える余裕も与えずに、噂に聞いたレッドの話を始めます。会ったこともないのだが、ロミオのような鮮明さで自分の頭に生きている、と言います。船長に答える隙を与えなかったからこそ、この作品は成立するのですね。

"I wonder if you knew a man called Red?"

"Red?"

"That is ⑫the only name I've ever known him by. I **never knew him personally**. I never even set eyes on him. And yet I seem to see him more clearly than many men, my brothers, for instance, with whom I passed my daily life for many years.

語釈 never knew him personally「彼と個人的に知り合ったことは一度もない」

He lives in my imagination with the distinctness of ⑬a **Paolo Malatesta** or a **Romeo**. But **I daresay** you have never read Dante or Shakespeare?"

"I can't say **as I have**," said the captain.

語釈 Paolo Malatesta　ダンテの『神曲』地獄篇第五歌に出てくるフランチェスカの恋人。

試訳

「もしかすると、私は過去の存在であなたを知っていたのかもしれない。もしかすると、あなたは古代ローマのガレー船の親方で、私は漕ぎ手の奴隷だったのかもしれない。30年、ここらにいたんですって？」
「そう、30年全部ね」

「レッドっていう名前の男を知っていたでしょうか？」
「レッド？」
「それが私がこれまでそれによって彼を知った唯一の名前です。親しく彼を知ったことは一度もなかった。見たことすらなかったのです。しかし、彼のことを多くの人よりも、もっと鮮明に見ているように思えるんですよ。例えば、私が何年もの間日常生活をともにした自分の兄弟よりも鮮明に。

彼はパオロ・マラテスタやロミオの鮮明さで、私の想像の中で生きています。しかし、あなたはおそらくダンテやシェイクスピアは読んだことがないのでしょう？」
「ええ、読んだとは言えませんな」船長が言った。

決定訳

「もしかすればの話ですがね、前世で知っていたのかもしれない。ひょっとすると、古代ローマのガレー船の船長があなたで、私は漕がされている奴隷の一人だったのかもしれない。で、あなた当地にもう30年もいるんですって？」
「そう、30年の毎日ね」

「レッドという男をご存じなかったでしょうかね？」
「レッド？」
「その呼び方以外に名前は知らない。面識はなかったのです。一目見たこともないのです。それにもかかわらず、その男のことは、他の誰よりもはっきり脳裏に浮かぶのです。ずっと一緒に暮らしていた兄弟などよりも、目に見えるのです。

そう、私の頭の中では、あのパオロ・マラテスタかロミオのように鮮明に生きているのです。だが、あなたはダンテとかシェイクスピアとかは読んだことはないでしょうな？」
「はあ、読んだとは言えませんなあ」

精読

Romeo　シェイクスピアの『ロミオとジュリエット』に出るジュリエットの恋人。
I daresay = I dare say「おそらく」／ as I have = that I have

Neilson, smoking a cigar, leaned back in his chair and looked vacantly at the ring of smoke which floated in the still air. ⑭A smile played on his lips, but his eyes were grave. Then he looked at the captain. There was in his gross **obesity** something extraordinarily **repellent**.

語釈　obesity〔oubíːsəti〕「肥満」／ repellent = very unpleasant

He had ⑮the **plethoric** self-satisfaction of the very fat. It was **an outrage**. It **set Neilson's nerves on edge**. But the contrast between the man before him and the man he had in mind was pleasant.

語釈　plethoric「多血症の」「過剰の」
an outrage　ショックを与えるもの、出来事などで、数えられますから普通名詞です。
set Neilson's nerves on edge「ニールスンの神経に障った」　on edge「いらいら」

解説

①for a period the ecstasy of love had invested it with beauty　ここはアメリカ版では、two lovers had loved beautifullyとなっています。中野、朱牟田両氏の翻訳はアメリカ版に依っています。もちろん、原文でも翻訳でもわずかな違いですが、モームが表現を平易にしたのでしょう。

②Even a man less thick-witted than the skipper might have been forgiven if he were bewildered by Neilson's words.　ここの訳し方は、中野好夫流に、おばあちゃんでも耳で聞いて理解できる日本文にするのが一番ですよ。まずlessの訳し方です。日本語では、「～より少なく…である」と普通言いませんから、否定に訳すしかないのです。それが基本であり、後は工夫して、うまく訳せることもあります。Tea is less popular than coffee in this country.は「この国では紅茶はコーヒーに比べると人気がない」でも、「コーヒーの方が人気がある」でもいいですね。The rights of the individual are less important than the rights of society as a whole.は「個人の権利は社会全体の権利よりも大事でない」、「社会全体の権利は個人の権利

試訳	決定訳
ニールスンは葉巻をふかしながら、椅子の背に持たれ、静かな空気の中で漂う煙の輪をぼんやりと眺めた。微笑が口元で遊んだが、目は真剣だった。それから彼は船長を見た。彼の下品な肥満体には、極度に不愉快なものがあった。	ニールスンは葉巻をくゆらせながら椅子の背にもたれ、静かな空気に浮かぶ煙の輪をぼんやり眺めた。口元に笑みが浮かんだが、目は真面目だった。それから船長を見た。ぶざまな肥り方には、非常に不愉快なものがあった。
非常に肥っている人の多血症的な自己満足があった。それは無法だった。それはニールスンの神経をいらいらさせた。しかし、目の前にいる男と頭の中の男との対比は愉快だった。	肥満した連中ならではの過度の自己満足が見られた。許しがたい。ニールスンの神経に障った。しかし、目の前の男と頭の中の男との対照は愉快だった。

よりも大事だ」のいずれでもいいのです。

本文はもっと厄介ですが、「船長より鈍感でない人でも、ニールスンの言葉によって当惑しても、許されたでしょう」ではどうでしょうか？　更に分かり易くすれば、「船長より賢い人でも、ニールスンの言葉を聞いて面喰らったとしても、当然だったことでしょう」となりますね。更にくだけば、「船長は頭が悪いので、ニールスンの言葉によって困惑した。でも船長より利口な人でも、やはり困惑したとしても当然だったろう」となるでしょう。いろいろ工夫してみましょう。根本は意味が的確に理解できていることです。そこがはっきりしてさえいれば、きっとうまい訳文が生まれます。

might have been forgiven if he were bewilderedは「当惑したとしても、許されたでしょう」という典型的な仮定法ですから、もし、よく理解できなかったらば、この機会に仮定法の基礎を参考書で固めてください。

③ **he seemed faintly to laugh**　コンテクスト次第で、「彼はわずかに笑っている様子だっ

た」と「彼は、笑っているような様子がわずかにみられた」のいずれかの意味になります。副詞のfaintlyが前後いずれの動詞を修飾しているかという問題ですね。ここのコンテクストからは、どっちがよいでしょう？　まあ、大きな差はないと言えばないのですが、どうやら前者に軍配が上がるようです。しかし、このままでは曖昧ですので、少し考えてみましょう。

he faintly seemed to laugh. とすれば、seemedにかかります。一方、laughを修飾するのを確実にするには、he seemed to faintly laugh とすればよいのです。このように、toと動詞の原形の間に副詞を割り込ませる形は分割不定詞と呼ばれていて、文法学者は、言いにくいので「なるべく使うな」と言っていますが、結構見かけます。なお、he seemed to laugh faintlyでも、laughにかかると取られると思います。

④emotion which his intellect found ridiculous　感情と知性が矛盾するのは、インテリにあっては、珍しいことではありませんね。

⑤the devil to pay　試訳は熟語としての意味に気付かないで文字通りに訳したのでしょうが、自信がない場合は、辞書で調べましょう。英語熟語辞典でなくても、英和辞典でdevilを見れば出ています。

⑥eyes in which there was a sudden perplexity　「突然の困惑があった」という日本語は、分からないこともないでしょうが、違和感があるでしょう。「突然、困惑した」ならよく分かります。同じように、She is a quick cooker.も「彼女は手早く料理する」がいいですね。一般に英語は形容詞を、日本語は副詞を、よく使うと言われています。

⑦I couldn't say　これを「言えなかった」と過去に訳した人いますか？　さっそく仮定法の復習が必要ですよ！　ここはI can't say「言えない」という断定を避けて、やや遠慮し、控え目に「言えるとは言えませんなあ」と、その物ズバリの言い方の船長にしては珍しく、婉曲な言い方をしたのです。

⑧The Swede shook his head.　まず、the Swedeはニールスンの言い換えですね。他にも、主人、外国人、哲学博士、スウェーデン人などが訳としてあり得ますので、訳には工夫が要りますね。しかし日本文では奇妙な感じを与えるだけでなく、時には、「あれ、もう一人いたのか？」と勘違いされます。さて、shook his headは「頭を左右に振った」のですから、否定、反対を表しているかのようですね。でも、ここでは会話は意見の相違なく、滑らかに進行しているようです。ニールスンが動作でなく、言葉で相手の発言に対応したとしたら、どう答えたでしょうか？　船長は、A man can't figure on ... と言っていますので、これに同意するなら、No, he can't. となります。この言葉に動作をつければ、頭を左右に振ることになるでしょう？　つまり、「そうだ」と同意したのです。

⑨You know how　試訳では、how「いかに」「どのように」と律儀に訳していますが、thatと同じと思ってよいのです。

cf. She told me how she had always been a hard working girl.
「自分がいつもよく働く娘だったと、彼女が私に言った」

⑩how I seem to see you　ここのI seem to 〜を考えましょう。I see you in this way.は「私はあなたをこのように見ています」ですが、I seem to see you in this way.だと「私はあなたを

このように見ているようです」となります。つまり、断定を避けて、「らしい」と述べています。It seems that I see you in this way. と言い換えることができます。

⑪**whimsical smile**　古代ローマの奴隷船で顔見知りだったなどと、突飛な事を言うので、自分でもそれが滑稽だと気付いているのを示すsmile です。にやにやしながら、照れながら、という感じです。

⑫**the only name I've ever known him by**　省略されている関係代名詞を補うと、the only name by which I've ever known himとなります。ここで関係代名詞と前置詞とを同時に使う用法を学びましょう。次の四つの形があり、順に口語的になります。

「これが彼が働くオフィスです」

1. This is the office in which he works.
2. This is the office which he works in.
3. This is the office that he works in.
4. This is the office he works in.

(江川 §59参照)

ニールスンは四番目の口語的な用法を用いています。

⑬**a Paolo Malatesta or a Romeo**　不定冠詞がついているので、「のような人」という意味。

cf. She is said to be a Marilyn Monroe.

「彼女はマリリン・モンローの生まれ変わりだと言われている」

日本語に訳す場合は、気にしなくてもよいでしょう。

⑭**A smile played on his lips**　さてこのsmileはどういうものでしょう？　私もこうだと断定しにくいのですが、おそらくこれから美しい恋を語るのが、楽しいからでしょう。目が真面目なのは、その恋が真面目なものでもあるからでしょう。あるいは、そのロマンチックな恋が自分の到達できなかった理想であることを嘆いているのかもしれません。皆さんはどう解釈しますか？

⑮**the plethoric self-satisfaction**　この定冠詞は、読み手も「肥った人の過度の自己満足」というものをよく分かっているという前提で「例の、ほらあの」という意味合いです。

レッドの美男ぶりが克明に語られています。レッドの由来も説明されます。誰しも、一目見てはっと息をのむような美形でありながら、本人は純真で、自慢などしない。ギリシャのアポロ神に似ていて、女性のような肌をしていたそうですね。

"It appears that Red was the most comely thing you ever saw. I've talked to quite a number of people who knew him in those days, white men, and they all agree that the first time you saw him his beauty just took your breath away. They called him Red on account of his flaming hair. It had a natural wave and he wore it long. It must have been of that wonderful colour that the pre-Raphaelites raved over. I don't think he was vain of it, he was much too ingenuous for that, but no one could have blamed him if he had been. He was tall, six feet and an inch or two — in the native house that used to stand here was the mark of his height cut with a knife on the central trunk that supported the roof — and he was made like a Greek god, broad in the shoulders and thin in the flanks; he was like Apollo, with just that soft roundness which Praxiteles gave him, and that suave, feminine grace which has in it something troubling and mysterious. His skin was dazzling white, milky, like satin; his skin was like a woman's."

"I had kind of a white skin myself when I was a kiddie," said the skipper, with a twinkle in his bloodshot eyes.

But Neilson paid no attention to him. He was telling his story now and interruption made him impatient.

"And his face was just as beautiful as his body. He had large blue eyes, very dark, so that some say they were black, and unlike most red-haired people he had dark eyebrows and long dark lashes. His features were perfectly regular and his mouth was like a scarlet wound. He was twenty."

On these words the Swede stopped with a certain sense of the dramatic.

He took a sip of whisky.

"He was unique. There never was anyone more beautiful. There was no more reason for him than for a wonderful blossom to flower on a wild plant. He was a happy accident of nature.

"One day he landed at that cove into which you must have put this morning. He was an American sailor, and he had deserted from a man-of-war in Apia. He had induced some good-humoured native to give him a passage on a cutter that happened to be sailing from Apia to Safoto, and he had been put ashore here in a dugout. I do not know why he deserted. Perhaps life on a man-of-war with its restrictions irked him, perhaps he was in trouble, and perhaps it was the South Seas and these romantic islands that got into his bones. Every now and then they take a man strangely, and he finds himself like a fly in a spider's web. It may be that there was a softness of fibre in him, and these green hills with their soft airs, this blue sea, took the northern strength from him as Delilah took the Nazarite's. Anyhow, he wanted to hide himself, and he thought he would be safe in this secluded nook till his ship had sailed from Samoa.

精読

"It appears that Red was the most **comely thing you ever saw**. I've ①talked to **quite a number of** people who knew him in those days, **white men**, and they all agree that the first time you saw him his beauty just **took your breath away**.

語釈　comely〔kʌ́mli〕= beautiful、handsome「顔立ちのよい」「端正な」／thing 軽蔑、憐み、親愛などの気持を込めて「あいつ、人、者、あの子」／you ever saw「今まで見たうちで」最上級が前にあるので、「見たこともないほどの」という意味になります。／quite a number of「相当多くの」／white men　quite a number of people と同格。島の住民でないわけです。／took your breath away「息をとめさせた」→「息がとまる思いがした」

They called him Red on account of his **flaming hair**. It had a natural wave and he wore it long. It must have been ②of that wonderful colour that the **pre-Raphaelites raved over**. I don't think he was vain of it, he was much too **ingenuous** for that, but no one could have blamed him ③**if he had been**.

語釈　flaming hair「燃えるように赤い髪」／pre-Raphaelites「ラファエル前派の画家たち」／raved over「夢中になった」「激賞した」／ingenuous〔indʒénjuəs〕「無邪気な」　ingenious〔indʒíːnjəs〕「利口な」と混同しないように注意。／if he had been　後に省略されているのは？

He was tall, six feet and an inch or two—④in the native house that used to stand here was the mark of his height cut with a knife on the central trunk that supported the roof—and he was **made** like **a Greek god**, broad in the shoulders and thin in the flanks; he was like **Apollo**, with just that soft roundness which **Praxiteles** gave him, and that **suave**, feminine grace which has in it ⑤**something troubling** and mysterious. His skin was **dazzling white**, milky, like satin; his skin was like a woman's."

試訳

「レッドはどうやらあなたが見た中でもっともハンサムな男だったらしい。当時彼を知っていた何人もの人、白人だが、に話したんですが、初めて彼を見た時には、彼の美しさがあなたの息を奪ったと、皆賛成しています。

燃えるように赤い髪のせいでレッドと呼んだそうです。自然のウェーブがあり、彼はそれを長髪にしていました。それは、ラファエル前派が夢中だったあの素晴らしい色だったにちがいない。彼がそれを自慢したとは思いません。それには純真すぎたから。でももし純真だったとすれば、誰も彼を非難しなかったでしょう。

背は高く、6フィートと1、2インチでした。ここに立っていた原住民の小屋には、屋根を支える中央の幹にナイフで切った彼の身長の印がありました。彼はギリシャの神のように作られていました。肩幅において広く、脇腹において細いアポロ神のようでした。プラクシテレスが彼に与えた、まさにその柔らかな丸みがありました。そして、悩ましく神秘的な何かを中に持つ、あの優しい女性

決定訳

「どうやらレッドは世にも稀な美男子だったようです。当時の彼を知っていた何人もの人たち——白人連中ですが——に尋ねてみたのですが、皆異口同音に、初めて見た時は、思わず息をのんだと言いました。

髪が燃えるような赤色だったので、レッドとあだ名したそうです。天然ウェーヴの髪を長く伸ばしていました。ラファエル前派の画家が礼賛したあの見事な赤色だったのでしょう。彼がそれを自慢したとは思いませんな。無邪気な青年だったから。でも、自慢したとしても、誰も咎めなかったでしょう。

背は高く6フィート1、2インチ——ここに以前あった島の小屋には、屋根を支える生木の主柱があり、そこにナイフで身長が刻んでありましたよ。体は肩幅が広く脇腹は細い、ギリシャの神の像のようでした。プラクシテレス作アポロ像のようで、柔らかい丸みを帯び、優しい女性的な優雅さが秘められているので、見る者の心をかきみだす神秘的な魅力がありました。肌はまばゆいば

精読

[語釈] made　創造主によって作られた、ということ。／ a Greek god　多くいるギリシャの神々の一人なので、不定冠詞と小文字のgodになっています。／ Apollo　ギリシャ神話で太陽神。／ Praxiteles〔præksítliːz〕古代ギリシャの彫刻家。／ suave〔swáːv〕「物腰の柔らかな」／ something troubling「悩ますような何か」／ dazzling white「輝くように白い」

レッドの美男ぶりを夢中になって語るニールスンには、自分も色白だったという船長の発言は、雑音でしかなかったのです。さらに顔立ちの申し分なさを具体的に説明します。

"I had **kind of** a white skin myself when I was a **kiddie**," said the skipper, ⑥with a twinkle ⑦in his bloodshot eyes.

But Neilson paid no attention to him. He was telling his story now and ⑧interruption made him impatient.

[語釈] kind of　口語で「ほぼ、大体」という意味。

cf. He is kind of a gentleman.

「彼はまあ紳士といえるだろうな」

kiddie はkidの訛り。

"And his face was just as beautiful as his body. He had large blue eyes, very **dark**, so that some say they were black, and unlike most red-haired people he had dark eyebrows and long dark lashes. **His features were perfectly regular** and his mouth was ⑨like a scarlet wound. He was twenty."

[語釈] dark　色が濃い、ということです。／ His features were perfectly regular　このfeaturesは「目鼻立ち」ですよ。「特徴」などではありません。目鼻立ちが申し分なく整っているのです。

試訳	決定訳
的な優雅さ。肌は輝くほど白く、乳白色で、繻子のようでした。肌は女性の肌のようでした」	かりに白く、乳白色で、繻子のようでした。女性の肌に似ていました」
「俺もガキの時には、肌はまあ白いほうだったよ」船長は血走った目に輝きをもって言った。 しかし、ニールスンは彼を無視した。今は彼が彼自身の物語を語っているのだった、そして邪魔は彼を苛立たせた。	「俺もガキの頃は、色が白いだとか言われていましたがね」船長は充血した目を妙に光らせて言った。 しかしニールスンは知らぬ顔だった。一生懸命話している最中に邪魔が入るのは癪に障った。
「その上、彼の顔は体と同じく美しかった。大きな青い目で、非常に濃かったので、黒目だという人もいました。そして、ほとんどの赤毛の人間と違って、彼は黒い眉と長い黒いまつげを持っていました。目鼻立ちは完全に正常で、口は真赤な傷口でした。年は20歳」	「そのうえ、顔が体と劣らぬ美しさだったのです。大きな青い目で、濃紺なので、黒目だと言う人もいました。ほとんどの赤毛の人間とは違って、黒い眉毛でまつ毛も長くて黒かった。顔立ちは非の打ち所なく整っていて、唇は緋色の傷口のようでした。年は20歳でした」

精読

⑩On these words the Swede stopped with a certain **sense of the dramatic**.

He took a sip of whisky.

"He was unique. ⑪**There never was anyone more beautiful**. ⑫There was no more reason for him than for a wonderful blossom to flower on a wild plant. He was a **happy accident of nature**.

語釈 sense of the dramatic「劇的な感じ」／There never was anyone more beautiful この後にthan Redが省略されていると見当がつけば、「彼より美しい人は誰もいなかった」という意味だとわかるでしょう。／happy accident of nature「造化のめでたい偶然」

アメリカの水夫だったレッドがどうしてこの島に現れたか、その経緯が語られます。軍艦から脱走した理由について、ニールスンならではの、ロマンチックな説が展開されていることに注目しましょう。

"One day he landed at **that cove into which you must have put** this morning. He was an American sailor, and ⑬he had **deserted from** a **man-of-war** in Apia. ⑬He had induced some **good-humoured** native to ⑭give him a passage on a cutter that happened to be sailing from Apia to **Safoto**, and he had been put ashore here in a **dugout**.

語釈 that cove into which you must have put「入港したに違いないあの入り江」。このput intoは海事用語。／deserted from ...「…から脱走した」／man-of-war「軍艦」／good-humoured「気のいい」／Safoto　Safotuと書くのが普通。サモア諸島西部の島の一つであるサバイイ島の北側の港。／dugout「丸木舟」

試訳

これらの言葉を言った時、ニールスンは何か劇的な気持を覚えて止めた。
ウィスキーをすすった。
「彼はユニークでした。彼より美しい男はいませんでした。彼のために理由がなかったのは、野生の植物に咲く素晴らしい花のために理由がないのと同じでした。自然の幸運な偶然でした。

「ある日、彼は、あなたが今朝入港したに違いない、あの入り江に上陸しました。アメリカの水夫だったが、アピアで軍艦から脱走しました。ユーモアのセンスのいい現地人の誰かに頼んで、アピアからサフォトに偶然行くカッターに乗せてもらい、それから当地までは丸木舟でやって来て上陸したのです。

決定訳

ここまで語ると、ニールスンは劇的な感覚を覚えたように言葉を切った。
ウィスキーを一口飲んだ。
「類のない存在でした。彼は誰よりも美しかった。彼が美しかったのには理由などない。雑草に美しい花が咲くのに理由などないのと、同じですよ。造化の幸運な偶然です。

「ある日、彼は、あなたが今朝入ってきた、あの入り江に上陸しました。アメリカ人の水夫でしたが、アピアで軍艦から脱走したのです。そこで、たまたまアピアからサフォトに行く小さな帆船を見つけ、気のいい原住民に頼んで乗船させてもらいました。ここまでは丸木舟で連れて来てもらって上陸したのです。

精読

I do not know why he deserted. ⑮Perhaps life on a man-of-war with its restrictions irked him, perhaps he was ⑯**in trouble**, and perhaps **it was** ⑰the South Seas and these romantic islands **that got into his bones**. **Every now and then** ⑱**they take a man** strangely, and he finds himself like **a fly in a spider's web**.

語釈　in trouble「面倒に巻き込まれて」／it was ... that　典型的なit ... thatの強調文。
got into his bones「彼の骨に食い込んだ」→「すっかり虜にした」／Every now and then = often／they = the South Seas and these romantic islands／take a man「人の心をとらえる、虜にする」／a fly in a spider's web　英語にも日本語にも同じ言い方があるのですね。

It may be that there was a **softness of fibre** in him, and these green hills with their soft airs, this blue sea, took the **northern strength** from him ⑲as **Delilah took the Nazarite's**. Anyhow, he wanted to hide himself, and he thought he would be safe in this **secluded nook** till his ship had sailed from Samoa.

語釈　softness of fibre〔fáibər〕「生来の性質にある軟弱さ」「軟弱な素質」
northern strength　レッドはアメリカ人だから、南海の島から見れば、「北方」になるわけ。
Delilah took the Nazarite's　Delilah〔diláilə〕はSamson〔sǽmsn〕の愛人。さて、ナジル人とは誰のことでしょう？
secluded nook「人里離れた僻地」

試訳

なぜ脱走したのか知りません。おそらく軍艦の人生は制約があって、嫌になったのかもしれないし、あるいは、トラブルに巻き込まれたのかもしれないです。あるいは、彼の骨に食い込んだのは、たぶん、南海とこれらのロマンチックな島々だったのかもしれません。しばしば彼らは人を奇妙に捕まえて、人はクモの巣にかかった蝿みたいになった自分を見出すのです。

おそらくレッドは生来軟弱な性質で、柔らかい大気のあるここらの緑の丘や、この青い海が、彼の北方的な強さを、デリラがあのナジル人の力を奪ったように、奪ったのかもしれません。とにかく、彼は自分自身を隠すことを欲しました。そして軍艦がサモアから出航するまで、この隔絶した隅にいれば安全だと思ったのです。

決定訳

脱走の理由は分かりませんな。もしかすると、軍艦での生活に自由がなくて嫌になったのかもしれないし、あるいは、何か面倒なことに巻き込まれたのかもしれない。ひょっとすると、南海とロマンチックな島々に魅せられたのかもしれない。なに、よくあることです。ここらの風物が人の心を妙にとらえてしまい、まるでクモの巣にかかった蝿のように身動きできなくなるっていうのは。

もしかすると、生まれつき感じやすい軟弱な資質があり、そよ風の吹く、ここらの緑の丘やこの青い海によって、北国人らしい力を奪われたのかもしれない。あの勇士サムソンがデリラによって力を奪われたのと同じでね。とにかく、彼は身を隠さねばならず、この人里離れた片隅に、軍艦がサモア島から出て行くまで隠れていれば安全だろう、と思ったのです。

コメント

最後のパラグラフで試訳では英語が能動態なので「緑の丘や青い海が力を奪った」と訳しましたが、決定訳では「緑の丘や青い海によって力を奪われた」と受動態にしました。どちらが自然な日本語であるか、伝わり易いか、という判断によってです。しかし、非人称主語に慣れた若い読者が前者でも充分に分かるというのであれば、それでも結構です。

解説

①**talked to**　些細なことですが、試訳は「…に話した」となっていますが、レッドのことを尋ねたのですから、「…に尋ねた」とすべきです。実際talk toには両方の使い方があるのです。「…に尋ねた」とするのは一種の意訳ですが、コンテクストから自然にそうなるでしょう。

②**of that wonderful colour**　このofの用法は、of use = usefulというのを習ったでしょ？　いくつか例文をあげておきましょう。

1. The man is of normal height.
「その男の背丈は普通です」
2. The matter is of great importance.
「そのことはとても大事だ」
3. Her book is of great value.
「彼女の本は価値が高い」
（江川 §277参照）

ラファエル前派の画家は鮮やかな色彩を好みました。赤毛の婦人像も描いています。赤と言っても、日本人にはオレンジ色です。イギリスでは赤毛に対して偏見があり、虚弱体質だとして小学校でいじめられたり、からかわれることもあるようです。肌が白くて（本文で船長が自分は肌が白かった、と述べていますね）光線に弱くそばかすが出来やすいようです。今のイギリス王室ではウィリアム王子の弟ヘンリー王子は赤毛です。また『ハリー・ポッター』シリーズでハリーの親友ロンも赤毛で、よくからかわれます。しかしモームはその偏見を持たないようです。

③**if he had been ...**　省略されているのは、vainです。また、このifはeven if と同じで「たとえ～としても」の意味ですね。語句の繰り返しを避けるための省略は、見落とす場合があるので、練習しましょう。

1. You may be right, but I don't think you are.
「君は正しいかもしれないが、僕はそうは思わない」
2. She pretended to be surprised, but she wasn't really.
「彼女は驚いたふりをしたが、実際は驚いていなかった」
3. Riding a horse is not easy, though some people seem to think it is.
「乗馬はやさしくない。やさしいと思う人が結構いるらしいけど」

④**in the native house ...**　倒置文なので一読では構文が取りにくいかもしれません。まず主語はどこにありますか？　the mark of his height was in the native house「彼の身長の印が島の小屋にあった」が中核です。そして、印は屋根を支える主柱にナイフで付けたものであり、小屋は昔ここに立っていたのだ、と補足説明がくっついているのです。

⑤**something troubling**　このtroublingを考えましょう。語釈では「悩ますような」と簡潔にしておきましたね。もちろん他動詞trouble「（心を）悩ます、かきみだす」にingをつけた

現在分詞形で形容詞の役を果たしています。一般に、心理などを表す動詞は、英語では他動詞です。「驚く」という自動詞はないのです。だから、受身でbe surprisedというのです。「興奮する」もbe excitedとなります。ですから、「私は興奮している」という日本文は、I am excited. になります。興奮している最中だから、というので進行形にして、I am exciting. としてはいけません。では、I am exciting. というのは、どんな意味でしょうかね？　いいですか、気を付けてください。何しろ間違う人が山ほどいるのですから。「僕は人をわくわくさせるタイプだ」です。もし歌手なら、I am an exciting singer. となります。（拙著『身につく英語のためのA to Z』（岩波ジュニア新書）60－65頁参照）

⑥**with a twinkle**　これはどういう輝きでしょうね。皮肉でしょうか？

⑦**in his bloodshot eyes**　試訳で「血走った目」とありますが、ただ「充血した目」としましょう。大酒飲みだから、いつもそうなのでしょう。「血走った」は、興奮したり熱中したりした時に目が充血する状態ですから。Section 2-4 (p.72) でも出てきましたね。

⑧**interruption made him impatient**　ここのニールスンの苛立ちは読者にもよく伝わるでしょう。「邪魔は彼を苛立たせた」という直訳は日本語として誰にでも分かるでしょうか。どう工夫すれば誰にでも伝わりやすくなるか、考えてみてください。

⑨**like a scarlet wound**〔wú:nd〕「真赤な傷口のよう」もちろん褒め言葉です。口紅などつけないのに、きれいな赤で、肌の白さに映えるのでしょう。なお、scarletという語は、新約聖書の黙示録にscarlet woman「緋色の女」があり、「淫婦」の意味ですから、英語世界では好まれないこともあるのです。しかしモームはこのことに無頓着で、本文では、ただ綺麗な鮮明な色というだけです。

⑩**On these words**　前置詞のonは「するとすぐに」。いくつか例文を見ましょう。

1. On my arrival home, the telephone rang.
「帰宅するとすぐ、電話が鳴った」
2. On investigation we found he was blameless.
「調査して彼が無罪だと判明した」
（江川 §279-280参照）

⑪**There never was anyone more beautiful.**　語釈では「彼より美しい人は誰もいなかった」と訳しましたが、さらに一歩進めて、「彼は誰よりも美しかった」としてもいいですね。練習してみてください。では、応用で、富士山を見ながら、感心した人が、No other mountain is more beautiful. と言ったら、どう訳しますか？「富士山が一番美しい」とすぐに訳せますか？

比較級は案外訳しにくいのです。例えば、I couldn't agree with you more. が「もっと君に賛成しようにも、それは出来ないだろう」→「君に大賛成だ」となるのも理解して欲しいです。

⑫**There was no more reason for him than for a wonderful blossom to flower on a wild plant.**「クジラの公式」として有名なA whale is no more a fish than a horse is.「クジラが魚でないのは、馬が魚ではないのと同じ」を思い出すといいです。難しいので、ゆっくり順序立てて解釈して行きましょう。まずfor him の後にto be beautifulを補って考えましょ

う。さらに、不定詞の前のforの役目を思い出しましょう。例えば、It is necessary for John to see a doctor.「ジョンは、医者に診てもらうことが必要だ」という文で、不定詞の意味上の主語がforの次のJohnです。最後に、thanの前後を比較して、前も後も理由がなく、理由のなさの程度が同じだと述べていると知ってください。前は「彼が世界一の美男だったのに理由がない」、後は「綺麗な花が雑草に咲くのに理由がない」ですね。

⑬he had desertedとHe had induced　過去完了形が使われているのに注意しましょう。この節の冒頭が、he landedと過去形でしたね。それとの対比のためですよ。過去完了は昔の日本では大過去と呼んでいたのですが、過去よりもっと前の過去のことを述べるものです。この島への上陸、軍艦からの脱走、カッター乗船の時の順序を考えてください。

⑭give him a passage on a cutter　「彼を小帆船に乗せる」cutterは「1本マストの小帆船」

cf. Give me a ride on your car.

「君の車に乗せてくれ」

車ならrideで、船や飛行機だとpassageを使います。

⑮Perhaps　「たぶん」ではないですよ、と注意してきましたね。ここでは、ニールスンが勝手に想像をたくましくしているだけですから、どうしても「もしかすると…」でなくてはいけません。「たぶん」という日本語は可能性が相当高いのですから。

⑯in trouble　漠然としていますが、喧嘩とか、失敗して上官に叱られたとかいうことでしょう。

⑰the South Seas ...　南海諸島に限らず、エキゾチックな風物が人を魅了するという現象にモームは関心がありまして、そういう話をよく書いています。代表作の『月と六ペンス』はタヒチの自然に心を奪われるフランス人画家の話です。

彼が実際にタヒチに滞在し取材した上で書いたのです。モームが南海諸島を訪問したのは、1916年が最初です。42歳になっていました。多くの芝居を成功させ、さらに代表作の長編『人間の絆』を発表していました。前年のスイスでの諜報活動での無理がたたって肺結核を患い、その静養のためアメリカに赴き、そこからさらにタヒチ他の南海の島々に足を延ばしたのでした。南海はそのエキゾチックな大自然と、そこに住む人々の赤裸々な姿のゆえに、彼の心を魅了しました。ここを舞台にした短編小説をいくつも執筆しましたが、その1つが『赤毛』なのです。モーム自身もニールスンも、島々の風物、自然、素朴な島人に強く心を惹かれたのですが、レッドはどうだったでしょうね？

⑱they take a man strangely　ちょっと考えれば、theyはhe、sheだけでなくitの複数形だと思い出す筈なのですが、they =「彼ら」と訳す人が多いですよ。

⑲as Delilah took the Nazarite's　後にstrengthを補いましたか？　「ナジルの人」といえばサムソンのことだと、すぐ分かるのはインテリかもしれませんが、デリラとサムソンの話を知らない英米の読者は、まあいないでしょう。魅力的な女性デリラが剛腕の勇士サムソンの力を奪った話は旧約聖書「士師記」15章にあります。

比喩というのは、知らない人にとっては、話を分かり易くするのでなく、その逆ですね。「彼女ダンスうまいよ、ほら、山田君みたいに」と聞いて、山田君を知っている聞き手は、彼女のうまさを実感しますが、知らぬ人はかえって混乱します。だから、超訳では省くのが普通です。

Section 3-3

島に上陸した直後、レッドが運命的な出会いをした美しい娘。彼女のこの世ならぬ美しさをニールスンは、描写力の限りを尽くして説明します。微笑を見ただけで、膝の震えがとまらぬ、など最大級の賛辞が並びます。彼女の美貌に感心しながら、描写する文章の巧みさもじっくり鑑賞しましょう。

“There was a native hut at the cove and as he stood there, wondering where exactly he should turn his steps, a young girl came out and invited him to enter. He knew scarcely two words of the native tongue and she as little English. But he understood well enough what her smiles meant, and her pretty gestures, and he followed her. He sat down on a mat and she gave him slices of pineapple to eat. I can speak of Red only from hearsay, but I saw the girl three years after he first met her, and she was scarcely nineteen then. You cannot imagine how exquisite she was. She had the passionate grace of the hibiscus and the rich colour. She was rather tall, slim, with the delicate features of her race, and large eyes like pools of still water under the palm trees; her hair, black and curling, fell down her back, and she wore a wreath of scented flowers. Her hands were lovely. They were so small, so exquisitely formed, they gave your heart-strings a wrench. And in those days she laughed easily. Her smile was so delightful that it made your knees shake. Her skin was like a field of ripe corn on a summer day. Good Heavens, how can I describe her? She was too beautiful to be real.

“And these two young things, she was sixteen and he was twenty, fell in love with one another at first sight. That is the real love, not the love that comes from sympathy, common interests, or intellectual community, but love pure and simple. That is the love that Adam felt for Eve when he awoke and found her in the garden gazing at him with dewy eyes. That is the love that draws the beasts to one another, and the Gods. That is the love that makes the world a miracle. That is the love which gives life its pregnant meaning. You have never heard of the wise, cynical French duke who said that with two lovers there is always one who loves and one who lets himself be loved; it is a bitter truth to which most of us have to resign ourselves; but now and then there are two who love and two who let themselves be loved. Then one might fancy that the sun stands still as it stood when Joshua prayed to the God of Israel.

"And even now after all these years, when I think of these two, so young, so fair, so simple, and of their love, I feel a pang. It tears my heart just as my heart is torn when on certain nights I watch the full moon shining on the lagoon from an unclouded sky. There is always pain in the contemplation of perfect beauty.

"They were children. She was good and sweet and kind. I know nothing of him, and I like to think that then at all events he was ingenuous and frank. I like to think that his soul was as comely as his body. But I daresay he had no more soul than the creatures of the woods and forests who made pipes from reeds and bathed in the mountain streams when the world was young, and you might catch sight of little fauns galloping through the glade on the back of a bearded centaur. A soul is a troublesome possession and when man developed it he lost the Garden of Eden.

精読

"There was a native hut at the cove and as he stood there, wondering where **exactly** he should **turn his steps**, ①a young girl came out and invited him to enter. ②He knew scarcely two words of the native tongue and **she as little English**. But he **understood** well enough what her smiles meant, and her pretty gestures, and he followed her. He sat down on a mat and she gave him slices of pineapple to eat.

語釈 exactly「正確に」がどの語にかかるでしょう？　直前にあるwhereですね。／turn his steps　要するに、どの方向に向かって歩いてゆくか、ということ。／she as little English　省略を補ってください。she knew as little English as heですよ。／understood の目的語節はwhat her smiles meantだけでしょうか？

③I can speak of Red only from hearsay, but I saw the girl three years after he first met her, and she was scarcely nineteen then. ④You cannot imagine how **exquisite** she was. She had the ⑤passionate grace of the hibiscus and the rich colour. She was rather tall, slim, with the delicate features of **her race**, and large eyes like pools of still water under the palm trees; her hair, black and curling, fell down her back, and she wore a wreath of scented flowers. Her hands were lovely. They were so small, **so exquisitely formed, they gave your heart-strings a wrench**.

語釈 exquisite〔ékskwizit〕「このうえなく美しい」「極めて上品で繊細で優美な」／her race「彼女の種族」／so exquisitely formed, they　このコンマはthatと同じですから、ここは例のso ... thatの表現です。／gave your heart-strings a wrench　「人の心の琴線を揺さぶった」

試訳

「入り江には原住民の小屋があり,彼が正確にどこへ行こうかと思いながら立っていると、一人の若い娘が小屋から出て来て、入るように誘いました。彼は土地の言葉はほぼ知らず、娘も英語をほとんど知らなかったのです。でも、娘の微笑が何を意味するか、そして可愛い身振りは十分よく分かったので、娘の後について行きました。彼はむしろに座り、彼女は切ったパイナップルを出して食べさせました。

レッドのことは噂から語るしかできませんが、私は娘には、彼が出会って3年後に会いました。その時やっと19歳でした。彼女がどれほど美しかったか、あなたは想像できません。彼女はハイビスカスの情熱的な優雅さと豊かな色彩を持っていました。背はとても高く、スリムで、この人種の繊細な目鼻立ちでした。大きな目は椰子の木の下の静かな水のプールのようでした。黒くカールした髪は背中に垂れていました。香りよい花の花輪を髪につけていました。手は美しかったです。とても小さく、とても繊細な作りでした。それらは見る者の琴線に触れました。

決定訳

「入り江には原住民の小屋があり、彼がどっちの道を進むのが一番よいかと迷って立っていると、若い娘が出てきて、どうぞと誘いました。彼は土地の言葉はほとんど知らず、娘も英語は話しません。それでも、娘の微笑の意味や可愛らしい動作は十分に分かり、後からついて行きました。彼がわらに座ると、娘はパイナップルを切って、勧めました。

私がレッドについて語るのは、噂からだけですが、娘のことは、レッドが出会ってから3年後に実際にこの目で見ました。その時でもやっと19歳でした。彼女がどんなに美しく、品があったか、実際に見なければ分かりませんよ。ハイビスカスの花のような優雅な情熱、豊かな色彩がありました。背はすらっとして高いほうで、あの種族独特の端正な顔立ちで、大きな目は椰子の木の下の静かな水をたたえた泉のようでした。黒い巻き毛は長く、背中まで垂れていました。香りのよい花輪をつけていました。手も、それは優美で、ほっそりしてあまりによい形なので、見ていると心臓がきゅっと締まります。

精読

⑥And in those days she laughed easily. Her smile was so delightful that it **made your knees shake**. Her skin was like **a field of ripe corn** on a summer day. ⑦**Good Heavens**, ⑧how can I describe her? She was **too beautiful to be real**.

語釈　made your knees shake「人の膝を震わせた」／a field of ripe corn「実った麦畑」 cornはアメリカ英語では「とうもろこし」ここはイギリス英語ですので「麦」「穀物」を表します。／Good Heavens　驚きを表す「おやまあ！」／too beautiful to be real「現実であるには、美し過ぎる」この世のものとは思えない、ということ。

純粋で素朴な若い恋を褒め称えるニールスンの高揚した語り口に圧倒される箇所です。この世に滅多に生まれない、相思相愛の奇跡がこれから語られるのですから、読者も引き込まれてわくわくしますね。どういう英語表現によって作者が強調しているのか、この点にも関心がわくでしょう。

"And these two **young things**, she was sixteen and he was twenty, **fell in love with one another** ⑨at first sight. ⑩That is the real love, **not the love** that comes from **sympathy**, **common interests**, or **intellectual community**, **but** love ⑪pure and simple.

語釈　young things　人間のことをthingと呼ぶのは、Section 3-2語釈（p.116）でも学びましたが、親愛や軽蔑、憐みの気持などがあります。本文はどれでしょうか、答えるまでもありませんね。／fell in love with one another　互いに、というのは、もちろん二人ですから、どうしてeach otherとしないのでしょうか？ これはモームの癖で、数行下も同じです。普通、one anotherは三人以上の場合に使う、と教えています。／not the love ... but ～「…という恋でなくて、～だ」／sympathy「同情」と「共感」の意味がありますが、ここでは「共感」だと次の二つに似ているので、「同情」としましょう。／common interests「共通の利害」／intellectual community「知的交流」

試訳

そしてその当時は容易に笑いました。その微笑は、この上なく愉快なので、あなたの膝を震えさせました。肌は、夏の日の実った麦畑のようでした。ああ、どうすれば私に彼女を描くことができましょうか？　彼女は、現実であるには美しすぎたのです。

「そして、この二人の若い者たちは――女は16歳、男は20歳――相互に一目惚れしました。あれは本当の恋でした。同情や、共通の利害や、知的交流などから生まれる恋でなく、純粋素朴な恋でした。

決定訳

それから、あの頃はすぐ笑ったものです。笑顔が素晴らしくて、見ているとこちらの膝ががくがくしました。肌は夏の日の実った小麦の畑のようです。いやいや、私ごときが描写などできるものですか！　この世のものとは思えないほど美しかったのです。

「で、この二人の若者は、彼女は16、彼は20だったが、一目見て恋に落ちました。これこそが、真実の恋です。同情したからとか、利害が一致したからとか、知的能力が等しいからとか、そんな理由で恋するのでなく、純粋素朴な恋です。

コメント

ニールスンとしては、客観的な描写を意図しているのでしょうが、聞く者、読んだ者はそのように受けとるでしょうかね。彼女を愛する者ならではの、多分に主観に傾斜した描写ではないでしょうか？　聞いている船長はどんな印象を受けたのでしょう？

精読

⑩That is the love that Adam felt for Eve when he awoke and found her in **the garden** gazing at him with dewy eyes. ⑩That is the love that **draws the beasts to one another, and the Gods**. ⑩That is the love that makes the world a miracle. ⑩That is the love which gives life its **pregnant** meaning.

語釈　the garden「エデンの園」／draws the beasts to one another, and the Gods「動物を相互に引き付け、また、神々をさえ相互に引き付ける」ギリシャ、ローマの神話では、いろんな神々が恋愛をした、とされています。／pregnant「意味深長な、含蓄ある」

You have never heard of **the wise, cynical French duke** who said that ⑫**with two lovers** there is always one who loves and one who lets himself be loved; it is **a bitter truth to which most of us have to resign ourselves**; but now and then there are two who love and two who let themselves be loved. ⑬Then one might fancy that ⑭the sun stands still as it stood ⑮when Joshua prayed to the God of Israel.

語釈　the wise, cynical French duke「賢明で皮肉なフランスの公爵」有名な『箴言集』の著者ラ・ロシュフコー（1613-80）のこと。／with two lovers「二人の恋する者の場合」／who lets himself be loved　理屈では、himself or herselfとすべき。くどくなるので簡略化したのでしょう。／a bitter truth to which ... ourselves「大部分の人間が受け入れねばならない苦い真実」resign oneself to ～「諦める、～を受けいれる」

試訳	決定訳
あれは、エデンの園で目を開けたアダムが、濡れた目でイヴがこちらを見つめているのを知って、彼女に感じた恋でした。あれは動物を相互に引き付け合う恋でした、そして神々たち。あれは世界を奇跡にする恋でした。あれは人生に深い意味を与える恋でした。	アダムがエデンの園で目を覚まし、うるんだ目でじっと見つめるイヴを見た時に感じたのが、まさにこの恋です。動物を、いや神々を、互いに引きつけるのもこの恋です。この恋こそ、この世を奇跡に変え、人生に深い意味を付与するのです。
あなたは、「二人の恋人と共に、常に愛する一方と愛させてあげる一方がいる」と言った、あの利口で皮肉なフランスの公爵について聞いたことがありません。これは大部分の人間が、そうだと諦めなくてはならない苦い真実ですな。しかし、相互に愛し、又愛される二人も、時々います。その時には、人は、ヨシュアがイスラエルの神に祈った時に太陽が止まったように、太陽が止まると、想像してもいいでしょう。	あなたは、あの賢い皮肉なフランス公爵のことを聞いたことがないでしょうが、その人はこんなことを言っているのです。「愛する二人と言っても、常に片方が愛し、もう一方は愛されるのみだ」とね。ほとんどの人間は、この苦々しい真実を受け入れざるをえません。だが、時には、二人とも愛し愛されるということもないではない。そのような場合には、あのヨシュアがエホバの神に祈った時に太陽が動きをとめたように、太陽が運行をとめるのではないでしょうか。そのように想像しますよ。

コメント

ごく若い男女の純粋素朴な恋を賛美するニールスンの弁舌に読者は引きこまれてしまいますね。この辺りの文章は、声を出して読んでみてください。発音が下手でも構いませんから。どうです？　響きがよくて、格調があり、思わず「そうだ！」と賛成してしまうのではありませんか。作者の文章が冴えています。

精読

ニールスンの弁舌が続きます。二人の恋人のことを思うと、胸が苦しくなる、と彼は告白します。完璧な美の観照は常にそうだと言い、二人の恋を美化しています。娘はやさしく善良であり、男も無邪気で近代人らしい魂などなかったと想像しています。

"And even now after all these years, when I think of these two, so young, ⑯**so fair**, so simple, and **of their love**, ⑰I feel a pang. It **tears my heart** just as my heart is torn when **on certain nights** I watch the full moon shining on the lagoon from an unclouded sky. There is always pain in **the contemplation of perfect beauty**.

語釈　so fair「あんなに美しく」／ of their love　前の think に続きます。／ tears my heart「私の心を引き裂く、かきむしる」／ on certain nights「何かある夜などに」／ the contemplation of perfect beauty「完璧な美の観照」

"⑱They were children. She was good and sweet and kind. I know nothing of him, and I like to think that ⑲**then at all events** he was ingenuous and frank. I like to think that his soul was as **comely** as his body.

語釈　then at all events「とにかく、その時には」その後のことは不明だが、という含みがあります。／ comely　Section 3-2 語釈（p.116）にありましたね。

But **I daresay** ⑳he had no more soul than the **creatures of the woods and forests who made pipes from reeds and bathed in the mountain streams** ㉑when the world was young, and you might catch sight of little **fauns** galloping through the glade on the back of a bearded **centaur**. ㉒A soul is **a troublesome possession** and when man developed it he lost the Garden of Eden.

語釈　I daresay　Section 3-1 語釈（p.110）にありましたね。／ creatures of the

試訳

「そして、これだけ何年も経過した後の今でも、あれほど若く、あれほど綺麗で、あれほど素朴だったあの二人及び二人の恋について思うと、私は胸が苦しくなりますよ。私の心は、ある夜満月が雲の無い空から礁湖の上を照らしているのを眺める時に引き裂かれるように、あの二人の恋によって引き裂かれます。完全な美の観照には常に痛みがありますから。

「二人は子供だった。彼女は善良で優しく親切でした。彼については何も知りませんが、その当時は、少なくとも彼が無邪気でフランクだったと考えたいです。彼の魂は彼の肉体と同じくきれいであったと考えたいです。

しかし、この世がまだ若い時代に、葦で笛を作り山の流れで水浴していた森林の原始人が、魂を持っていなかったのと同じように、おそらく彼も魂を持っていなかったのでしょう。あなたも、髭を生やした半身半馬のケンタウロスの背中の上で、林間を飛び回る小ファウヌスを眺められたかもしれない。魂とは面倒な所有物ですよ。人は、魂を発達させた時、エデンの園を失いました。

決定訳

「そして今、あれからもう何年にもなる今でさえ、あんなに若くて美しく素朴な二人のこと、それから二人の恋のことを思うと胸が締め付けられます。私は、夜時々雲一つない空から満月が礁湖を照らすのを眺めていて、胸が苦しくなるのですが、あれと同じように胸が締め付けられるのです。完璧な美を見れば、人はいつでも胸が痛むものなのですねえ。

「二人はまあ子供のようでした。娘は善良で優しくて思いやりがありました。男については何も知らないのですが、少なくとも当時は無邪気で率直だったと思いたい。彼の魂が体と同じくきれいだったと思いたいです。

というか、彼には魂など多分なかったのかもしれません。この世が若いころ、森林に暮らして葦で笛を作り、山のせせらぎで水浴していた原始人と同じだったのでしょう。太古の人は、髭面のケンタウロスにまたがって林間を跳ね回る子供のファウヌスを眺めていたのでしょうな。彼は、そういう時代の先住民と同じだったのでしょう。いやあ、魂っていうのは、やっかいな代物で、人類は魂を所持した時からエデンの園を失ったのです。

精読

woods and forests ... streams「葦から笛を作り、山の流れで水浴した森林に住む原始人」／ centaur〔séntɔːr〕ケンタウロス／ fauns（ローマ神話）ファウヌス／ a troublesome possession「面倒臭い所有物」→「所有すると面倒なことになる物」

解説

①**a young girl** 「若い娘」だと理解できましたか？　もし少女と訳した人は、改めてください。基本として、girl だけでも「女性」、とりわけ「若い女性」だということです。

②**He knew scarcely two words of the native tongue and she as little English.** ここを読むと、外国語の学習を頑張ってやっていて、なかなか成果の上がらない人は、羨ましがるかもしれませんね。knew scarcely two words は、「やっと二語も知らない」、つまり「ほとんど知らない」という意味ですね。愛の奇跡というのでしょうか、外国語を知らなくても心がこのように通うこともあるのでしょう。

③**I can speak of Red only from hearsay, but I saw the girl** 読者としては、ニールスンのレッドの描写も迫力があると感じたのですが、娘の場合は、さらに真実味を増すのかと、期待が高まりますね。事実、そばで観察した者、しかも魅了された者ならではの、ビビッドな描写になっています。

④**You cannot imagine how ...** 英語の表現に beyond all imagination という句があります。「まったく想像もつかないほど」という意味です。beyond description「描写できない」という句もあります。すべて類似の言い方ですね。

⑤**passionate grace** 「情熱的な優雅さ」と訳してみて、座りが悪いと思ったら、「優雅な情熱」のように、語順を変えると適切な訳になることがあります。裏ワザというのでしょうか？

⑥**And in those days she laughed easily.** この一文をちょっと覚えておいてください。後のシーンで納得しますよ。

⑦**Good Heavens,** 誰にも描写が不可能なのに、自分はあれこれ描写してしまったことへの驚き、反省が「おやまあ！　私としたことが」にこめられています。

⑧**how can I describe her?** 修辞疑問、修辞学上の疑問。反語になる疑問文です。「どうして私などに彼女を描写できようか、無理だ」

cf. How can I take your picture if you don't hold still?

「じっとしていなければ、写真が撮れないじゃあないか」

What's the use of worrying?

「心配しても仕方がない」

（江川 §53 (3) 参照）

⑨**at first sight** first の前が無冠詞なのは、慣用句だからです。無冠詞の使用法は、今まで

コメント

ニールスンが実際の歴史とギリシャ神話をごっちゃにしていますね。これはモームが、ニールスンのセンチメンタルな性質の例証として、意図的にそうさせている可能性もあります。でも、実際はモーム自身の勘違いでしょう。この程度の勘違いはどの作家にも結構あるのです。

何度か出てきましたから、ここで簡潔にまとめておきましょう。

1. bed、schoolなど特定の名詞が本来の目的を表す時。

   School starts in April.

   「学校は4月に始まる」

2. 交通手段

   I go to the station by bus.

   「私はバスで駅へ行く」

3. 食事、病気、季節、ラジオの名前

   We had sandwiches for lunch.

   「私たちは昼食にサンドイッチを食べる」

4. 役職

   Tom is captain of the team.

   「トムはチームのキャプテンです」

5. 慣用句

   They walked side by side.

   「彼らは横に並んで歩いた」

   We worked day and night.

   「私たちは昼も夜も働いた」

   I only know him by name.

   「彼のことは名前しか知らない」

   She got the information at first hand.

   「彼女は情報を直接入手した」

   (江川 §87-89参照)

⑩ That is ...　Thatを主語にした同じ構文が五つも続きます。同じ単語・表現・構文を嫌うのが英語の常識であるのに、ここでは、その常識にあえて逆らって、効果を上げています。「正にこの二人の恋こそが」という強調が生きています。

⑪ pure and simple　「純然たる」慣用句的に名詞の後に置きます。

⑫ with two lovers there is always ... be loved　モームの随想録『サミング・アップ』の77章でも、「ラ・ロシュフコーは、『二人の恋人の間には愛する者と愛される者がいる』こと

を発見したとき、人間が愛において完全な幸福を得るのに障害となる不一致があることを、警句の形で述べた」と記しています。この公爵もモームも相思相愛はまず存在しないと考えたのでしょうね。

⑬ Then one might fancy　「そういう時には、～ではないだろうかと人は空想するかもしれない」このoneは「一般の人を指す用法」ですから、you、we、peopleなどと同じような意味です。ただし、やや改まった、硬い感じがあります。

cf. One should always obey traffic rules.
「交通規則には常に従うべきだ」
(江川 §45参照)

might fancyについても考えましょう。仮定法で、mightは推量の意味のmayの過去形ですね。mayよりも推量の程度が大きくなります。

⑭ the sun stands still　「太陽がじっと止まって動かない」Joshuaの故事は、太陽が沈み暗くなると戦いが不都合になるので、エホバの神に太陽の運行をとめるように祈ったら、叶えられたという話です。相思相愛は、それに匹敵するほど、まずあり得ないことであり、万一あれば、神に心からの感謝を奉げるべきだ、というのです。

⑮ when Joshua prayed to the God of Israel　旧約聖書『ヨシュア記』10章にある故事。Joshuaはイスラエル民族の指導者としてMosesモーセの後継者です。ある時「太陽の動きを止めてください」とエホバの神に祈ると、止まったと言います。なお、the God of Israelは、唯一の存在なので定冠詞を用い、かつ大文字のGodになっています。

⑯ so fair　この機会に、欧米人の外見を表す場合のfairについて学びましょう。まず「美しい」という意味があります。本文の場合はこれです。もう一つの用法として、darkとの対比で意味合いを覚えましょう。fairは髪の色を指すのならブロンド、目ならブルー、肌なら白です。ついでにdarkは、髪は濃い茶か黒、目は茶か黒、肌はベージュです。例えば、コンテクストなしで、Is Alice fair? という文は、「美人ですか」、「髪はブロンドですか」、「目はブルーですか」、「肌は白いですか」、と四種類の訳のどれが正しいのか不明です。

⑰ I feel a pang.　「胸がドキドキする、痛む、かき乱される」ニールスンが自分はセンチメンタルだと船長に言っていたのを、読者は思い出すでしょう。

⑱ They were children.　「彼らは子供だった」と直訳して意味合いが伝わるでしょうか。文明社会で生きる人間は、子供から大人になると、自我や自意識を持つようになるが、二人にはそれがないので、大人になっていなかった、という意味でしょう。「まだ子供とも言えた」「ある意味で子供だった」「子供同然だった」など、訳し方を工夫するのがよい、と私は思います。でも、これは私のこだわり過ぎかもしれませんが。

⑲ then at all events　ニールスンは彼のことは何も知らないわけですが、美しい恋の主人公である以上、他の時期はいざ知らず、とにかく娘を愛した頃は、無邪気で率直だった、と言うのです。

⑳ he had no more soul than ...　ここでいうsoul「魂」は、上のchildrenの説明で述べたように、近代人らしい、あれこれ悩み迷う複雑な心のことを指しています。また、no more

...thanという「クジラの公式」でレッドと比較されているのは、原始人ですね。ところが、when以下ではケンタウロスにまたがって跳び回る子供のファウヌスの姿を見物している頃とあります。ケンタウロスはギリシャ神話に登場する上半身は人間で下半身は馬の架空の生き物です。つまり、ニールスンは、ここでは、実際の歴史の事実と、神話の作り話とをごっちゃにしているようです。

㉑ **when the world was young, and you might catch sight of little fauns galloping through the glade on the back of a bearded centaur** 「世界が若く、髭面のケンタウロスにまたがって林間を飛び跳ねる子供のファウヌスを目撃できたかもしれないころ」whenが最後まで続くのに注意すること。こういう原始人が魂を持たなかったと同様に、レッドも魂を持たなかった、という意味です。

㉒ **A soul is ...** これ以下は、哲学博士としてのニールスンの発言ですね。聞いている船長が頭をひねったとしても、無理ありません。

ここから恋人たちの生活ぶりが描かれます。白人が持ち込んだ伝染病のせいで、島人の3分の1が亡くなったというような事実にさらりと触れながら、二人が一緒に暮らすことになった小屋を見つけた経緯など、具体的な描写が続きます。

"Well, when Red came to the island it had recently been visited by one of those epidemics which the white man has brought to the South Seas, and one third of the inhabitants had died. It seems that the girl had lost all her near kin and she lived now in the house of distant cousins.

The household consisted of two ancient crones, bowed and wrinkled, two younger women, and a man and a boy. For a few days he stayed there. But perhaps he felt himself too near the shore, with the possibility that he might fall in with white men who would reveal his hiding-place; perhaps the lovers could not bear that the company of others should rob them for an instant of the delight of being together.

One morning they set out, the pair of them, with the few things that belonged to the girl, and walked along a grassy path under the coconuts, till they came to the creek you see. They had to cross the bridge you crossed, and the girl laughed gleefully because he was afraid. She held his hand till they came to the end of the first tree, and then his courage failed him and he had to go back. He was obliged to take off all his clothes before he could risk it, and she carried them over for him on her head. They settled down in the empty hut that stood here. Whether she had any rights over it (land tenure is a complicated business in the islands), or whether the owner had died during the epidemic, I do not know, but anyhow no one questioned them, and they took possession. Their furniture consisted of a couple of grass-mats on which they slept, a fragment of looking-glass, and a bowl or two. In this pleasant land that is enough to start housekeeping on.

"They say that happy people have no history, and certainly a happy love has none. They did nothing all day long and yet the days seemed all too short. The girl had a native name, but Red called her Sally. He picked up the easy language very quickly, and he used to lie on the mat for hours while she chattered gaily to him. He was a silent fellow, and perhaps his mind was lethargic. He smoked incessantly the cigarettes which she made him out of the native tobacco and pandanus leaf, and he watched her while with deft fingers she made grass mats. Often natives would come in and tell long stories of the old days when the island was disturbed by tribal wars. Sometimes he would go fishing on the reef, and bring home a basket full of coloured fish. Sometimes at night he would go out with a lantern to catch lobster. There were plantains round the hut and Sally would roast them for their frugal meal.

精読

"Well, when Red came to the island it **had recently been visited** by one of those **epidemics** which ①**the white man** has brought to the South Seas, and one third of the **inhabitants** had died. ②It seems that the girl had lost all her **near kin** and she lived now in the house of distant cousins.

語釈 had recently been visited　まず過去完了に気付いてください。レッドが島にやって来た時を過去として、そこから遡るわけですね。recentlyとあるので、少しだけ遡るのだと分かります。このvisitは「(病気、災害が)襲う」です。／epidemics「流行病」「伝染病」／the white man「白人」／inhabitants「住民たち」／near kin「身近な縁者」「親兄弟」

The household consisted of two **ancient crones**, **bowed** and wrinkled, ③two younger women, and a man and a boy. For a few days he stayed there. But perhaps he felt himself too near the shore, **with the possibility** that he might **fall in with** white men who would reveal his hiding-place; perhaps the lovers could not **bear that** ④**the company of others** ⑤should **rob them** ⑥**for an instant of the delight** of being together.

語釈 ancient = very old／crones「老婆たち」／bowed〔báud〕「(腰などが)曲がった」／with the possibility「可能性があって」付帯状況を表すwithです。Section 2-3②で復習してください。／fall in with「ふと出くわす」／bear that ...「我慢する、耐える」の目的語節はthat以下です。／the company of others「他人と一緒にいること」／rob them ... of the delight「彼らから喜びを奪う」／for an instant「一瞬の間でも」

試訳

「ところで、レッドが島に来た時、白人が南の海にもたらした流行病の一つによって最近、島が襲われたところでした。住民の３分の１が亡くなってしまったのです。どうやら娘も近親者は皆失くしてしまったようです。そして、今は遠縁の従兄たちの家に住んでいました。

一家は、腰が曲がった皺くちゃの老婆が二人、もっと若い女が二人、男と少年が一人ずつで成り立っていました。レッドは、数日はそこで暮らしました。しかし、もしかすると、彼が白人たちと出くわして、その人が彼の隠れ場所を暴露する可能性があるため、自分自身が海岸に近すぎたところにいると思ったのかもしれません。あるいは、恋人たちは、他の人たちと一緒に暮らすことによって、二人でいる楽しみの瞬間を奪われるかもしれないことに耐えられなかったのかもしれません。

決定訳

「さて、レッドが島に来たのは、白人が南海諸島に持ち込んだ伝染病の一つに島が見舞われて住民の３分の１が亡くなった直後でした。娘の近親者は皆亡くなり、そのときは遠縁の親類の家に同居していたようです。

この一家には、腰の曲がった皺くちゃの老婆が二人、中年の女が二人、男一人、少年一人がいました。レッドは数日ここに滞在しました。でも、そこは海岸に近すぎるので、白人と出くわして、隠れ家を密告される恐れがあると思ったのかもしれません。あるいは、恋人たちは、他人と一緒のため、二人でいる喜びを一瞬でも奪われることがあるなんて我慢できなかったのかもしれません。

精読

二人は親類の家を出て、小川にかかった丸太の粗末な橋を渡って、空いていた小屋を見つけて暮らし始めます。レッドが橋を渡るのを怖がると、娘は嬉しそうに笑います。彼は服を脱いで、娘が頭に載せて運びます。

One morning they **set out**, **the pair of them**, with the few things that belonged to the girl, and ⑦walked along a grassy path under the coconuts, till they came to ⑧the creek **you** see. They had to cross the bridge you crossed, and the girl laughed gleefully because he was afraid.

語釈 set out = started ／ the pair of them　前のtheyと同格で、「theyというのはあの二人のことです」と説明したものです。／ the creek you see さて、このyouは「一般の人」？それとも？

She held his hand till they came to the end of **the first tree**, and then ⑨**his courage failed him** and he had to go back. He was obliged to take off all his clothes before he could ⑩**risk it**, and she **carried them over** for him on her head.

語釈 the first tree　丸太をつないで作った橋の一本目の丸太のこと。(Section 1-7②参照) ／ his courage failed him「彼の勇気がくじけた」／ risk it「一か八かやってみる」itは何を指しますか？　「渡ること」ですね。／ carried them over「それらを対岸まで運んだ」overは「向こう側に」の意味。

They settled down in the empty hut that stood here. Whether she had **any rights over it** (**land tenure** is **a complicated business** in the islands), or whether the owner had died during the epidemic, **I do not know**, but anyhow no one questioned them, and they **took possession**.

語釈 any rights over it「その小屋への何らかの権利」／ land tenure「土地の保有権」／ a complicated business　「込み入ったこと」「面倒なこと」　このbusiness

試訳

ある朝、彼ら二人は、娘のわずかばかりの所持品を持って出発しました。ココ椰子の木の下の草の生えた道に沿って、あなたが見ている小川まで歩きました。あなたが渡ったあの橋を渡らなければならなかったのですが、彼が怖がるので娘は楽しそうに笑いました。

最初の木の端に来るまで、娘が彼の手を引いてきたら、そこで、彼の勇気がくじけて、彼は戻らざるをえなかったのです。思い切って渡る前に、彼は服を全部脱がねばなりませんでした。娘がそれを頭に載せて、向こうまで運びました。

二人は、ここに立っていた空いた小屋に落ち着きました。娘が小屋に何か権利があったのか(この辺りの島では土地保有権は面倒なことなのですよ)、あるいは所有主が伝染病の間に死んでしまったのか、分かりません。しかし、とにかく誰も質問せず、彼らはその小屋を占拠しました。

決定訳

ある朝、二人の恋人は手に手を取って娘のわずかばかりの所持品を持ち親類の家を後にしました。椰子の木の下の草原の道を進み、そこの小川までやって来ました。あなたも渡った丸木橋を渡らねばなりませんでした。彼が怖がるので、娘ははしゃいで笑いました。

娘に手を引いて貰って、一本目の丸太の端までくると、そこで彼は勇気がくじけ、戻らねばなりませんでした。再度挑戦した時は、服を全部脱ぎ、娘が頭に載せて対岸まで運ぶことになりました。

彼らは、ここに立っていた空っぽの小屋に落ち着きました。娘に何か権利でもあったかどうか(島では土地所有権は厄介なことですからなあ)、所有主が伝染病の蔓延した時に死亡したのかどうか、私は一切知りません。が、とにかく、二人に文句を言う者もなく、そこに住みついたのです。

は「ビジネス、業務、商取引」でないのです。コンテクストからは「商取引」じゃあないか、と思う人もいそうですので、注意しましょう。主に口語で、漠然と「こと、もの」の意味でよく使います。／I do not know　目的語は前の二つのwhether節です。／took possession「手に入れた」後につくのはof the hutですね。

Their furniture consisted of a couple of grass-mats on which they slept, a fragment of looking-glass, and a bowl or two. In this pleasant land that is enough to start housekeeping on.

レッドは娘をサリーと呼びました。小屋での楽しい生活が語られます。サリーが島の植物で作った巻きタバコを吹かしながら、彼は、娘が器用にござを編む姿を眺め、時々、魚やロブスターを獲りにサンゴ礁に出ました。穏やかな満たされた日々の様子が淡々と語られています。

“⑪They say that happy people have no history, and certainly a happy love has **none**. They did nothing all day long and yet the days seemed **all too short**. The girl had a **native name**, but Red called her Sally.

語釈　none = no history／all too short　このallはtoo shortを強める役目です。前のall day longと似た表現にして、対照性を際立させています。／native name「土地の言語による名前」

He **picked up** ⑫the easy language very quickly, and ⑬he used to lie on the mat ⑭for hours while she chattered gaily to him. ⑮He was a silent fellow, and perhaps his mind was **lethargic**. He smoked incessantly the cigarettes which she made him out of the native tobacco and **pandanus** leaf, and he watched her while **with deft fingers** she made grass mats.

語釈　picked up the easy language「平易な言葉を覚えた」／lethargic〔ləθɑ́ːrdʒik〕「不活発な、ぼんやりした」／pandanus「パンダナス」タコノキ属の植物。／with

試訳

二人の家具としては、寝るための草のむしろ２枚と、鏡の破片、椀が一つか二つだけでした。この快適な土地では、それで、所帯を始めるのに十分です。

「彼らは、幸福な人びとには歴史がない、と言いますが、確かに幸福な恋には歴史はありません。長い一日中彼らは何もしませんでした。それでも日々はあまりにも短すぎるように思えました。娘には生来の名前があったのですが、彼はサリーと呼びました。

彼はそのやさしい言語をすぐに覚えてしまい、彼女が快活に彼に向かってお喋りする間、何時間もむしろの上に横たわっていたものです。彼は無口な奴でした。そしてひょっとすると、彼の心はぼんやりしていたのかもしれません。土地にあるタバコとパンダナスの葉で彼女が作ってくれた巻きタバコをひっきりなしに吸っていました。巧みな指で彼女

決定訳

家具といっても、寝るための２枚のわら布団、壊れた鏡、１、２個の椀しかありませんでした。だが、この快適な島では、暮らしてゆくのに、それで十分でした。

「幸福な人々には歴史がない、と言われていますが、幸福な恋に歴史がないのは確かです。二人は日がな一日何もしませんでしたが、それでも毎日はとても短く感じられました。娘には土地の名前がありましたが、レッドはサリーと呼びました。

彼は土地のやさしい言葉をすぐに覚えてしまい、何時間も、ござに横たわって娘が快活にあれこれ喋りかけてくるのに耳を傾けていました。元来、口数の少ない男でしたし、それに頭がぼんやりしていたのかもしれません。土地に生えるタバコとパンダナスの葉を巻いて、娘が作ってくれたタバコをひっきりなしに吹かしながら、彼女が器用な手つき

精読

deft fingers「器用な手先で」

Often natives **would** come in and tell long stories of the old days when the island was disturbed by tribal wars. Sometimes he would go fishing on the reef, and bring home a basket full of coloured fish. Sometimes at night he would go out with a lantern to catch **lobster**. There were **plantains round the hut** and Sally would ⑯roast them for their **frugal meal**.

語釈　would「よく〜したものだ」過去の習慣的な行為を表します。／lobster　当然、ここは複数ですが、この語は複数でもsをつけないこともあります。／plantain〔plǽntn〕料理用のバナナです。／round the hut「小屋の周囲に」このような場合、アメリカではaroundをより多く使います。／frugal meal「つつましい食事」

解説

①the white man　定冠詞の特殊用法で、種族全体を指し、やや抽象性を帯びた表現です。集合的に「白人」を表しています。「白人」の悪い影響の例として病気の流行を持ち出しています。(江川 §86参照)

②It seems that ...　試訳では、she lived now以下がIt seems thatの中に含まれていないように訳されていますが、どうでしょうか？　曖昧です。まあ、大きな差はありませんけど。それに、次のThe household以下だって、ニールスンが直接見て知っていたわけではないので、断定しないで、「〜のようです」と書くのが、正確といえば正確ですね。

③two younger women　直訳すれば「二人のもっと若い女」ですが、はたして、「若い女」としてもよいものでしょうか。比較級ですから、比較の対象を考える癖をつけておかないといけません。すぐ前の老婆と比較するのですから、老婆より若いというのなら、「中年女」だと思います。その点、レッドの恋人は常にgirlであって、一度もwomanとなっていませんね。

④the company of others　ここはコンテクストがよく分かるので、companyの感じが把握しやすいと思います。「一緒にいること」というのが基本的な意味です。例文を見てみましょう。状況は、高校生のTomが父と相性が悪いので、母は困っており、次のように発言します。

Tom always feels ill at ease in his father's company.

このcompanyを「会社」だと考えた人いますか？　feel ill at ease　は「気づまりに感じる」ですから、「トムは父親と一緒だといつも気づまりなのよ」が正確な意味です。では、もう一つ。

試訳	決定訳
がむしろを編むのを眺めていました。 よく、原住民がやって来て、島が種族間の戦争によって煩わされた昔の日々の長い物語をしたものでした。時々、彼はサンゴ礁に魚を取りに行き、色のきれいな魚でいっぱいの籠を家に持ち帰ったものです。時には夜ランタンを持って出て行き、ロブスターを取ってきたものです。小屋の周囲には料理用のバナナが生えていて、サリーはそれを二人のつつましい食事に焼いたものでした。	でござを編むのを眺めていました。 島の住人がよく遊びに来て、部族間の争いで大混乱だった昔について長話を語って聞かせたものでした。時には、彼がサンゴ礁に釣りに行き、きれいな色の魚を籠いっぱい持ち帰ってきたものです。夜には、ランタンを持ってロブスター漁に出かけることも時々ありました。小屋の周辺には野生のバナナが自生していて、サリーが焼いて、二人の質素な食事にしました。

She loves her own company best.
「彼女はひとりでいるのが一番いい」
と正しく訳せましたか。

⑤**should rob them の should**　意外、驚き、不満などの感情を表し、「～なんて」と訳す場合が多いです。

1. It is strange that there should be so many complaints about such a good teacher.
   「こんな良い先生について沢山不満があるなんて意外だ」
2. We are sorry that you should feel disappointed in your son.
   「ご令息について失望されておられるとは遺憾です」

なお、本文でも例文でもそうですが、shouldがなくても大体同じ意味になりますね。

⑥**for an instant**　この副詞はrob them of the delight「彼らから喜びを奪う」という分かり易い文の間に割り込んで来たのですね。rob x of y「xからyを奪う」に類似の表現は、clear x of y「xからy を除去する」、deprive x of y「xからyを奪う」、strip x of y「xからyをはぎとる」などがあります。

⑦**walked ... till they came to the creek you see**　ここを二通りに訳してみましょう。「そこの小川に来るまで、～に沿って歩いた」と「～に沿って歩き、そこの小川まで来た」です。同じ内容ですが、時系列を追い易いのは後者ですね。同じように、数行下のHe was obliged ... before he could risk itの場合も、「服を全部脱いでから、再挑戦せねばならなかった」とし

た方が、実際に物事が起きた順序を追い易いですね。

till の訳し方の例をもう一つ。

Her dance grew wilder and wilder till she fell to the ground exhausted.

に、江川泰一郎先生は「踊りはだんだん激しくなり、とうとう彼女は疲れ切って地面に倒れてしまった」という名訳をつけておられます。皆さん、この英文と日本文をセットで暗記して、コツを身に付けられたらいかがですか。

さて、英文の意味を正確に理解するのと、うまく訳すのは別だ、と主張する人がいます。確かに、意味は分かっていても、適切な日本語が思いつかないことはあります。でも、私の学生として、教師としての体験では、原文が本当に充分に理解できていれば、まず日本語で意味を伝えることができます。「日本語にならない」というのは、しばしば原文理解が不十分なことが多いのです。でも、日本語にしにくい場合もあり、コツを身につけておくと便利だと思うので、訳し方のコツを紹介した次第です。

⑧ the creek you see　この文全体は「あなたが見ている、ここから見える小川」という意味ですが、you は一般の人でなく、船長を指すと考えていいです。ニールスンの家から、実際に見えるのでしょう。

⑨ his courage failed him　全体の意味は見当がつくのですが、日本人には分かりにくい表現ですね。fail は「(人の) 役に立たない」という意味です。「彼の勇気が彼の役に立たなかった」というわけです。

cf. At the last moment her courage failed her and she turned to her father for help.
「最後の瞬間に彼女は勇気を出せず、父に助けを求めた」

⑩ risk it　動詞の risk には、次の二つの意味があります。

1. (命などを) 危険にさらす
   He risked his life to save his dog.
   「彼は自分の犬を救うために命を賭けた」
2. 思い切ってやる、～の危険を冒す
   Alex risked crossing the desert.
   「アレックスは思い切って砂漠を横断した」

本文は 2 ですね。

⑪ They say that happy people have no history ...　「歴史を持たない」とはどういう意味でしょうか。浮き沈み、大きな変化などがないということぐらいに考えていいでしょう。事実、この二人は争いもなく、仲直りもないし、別の異性が現れて三角関係もないですね。類似の表現で有名なのは、トルストイの小説『アンナ・カレーニナ』冒頭の、Happy families are all alike; every unhappy family is unhappy in its own way.「幸福な家族はみな似ているが、不幸な家族はそれぞれに不幸である」という文です。なお、本文の They say というのは、It is said that ～とほぼ同じで、「ということだ」「と言われている」ということ。内容が諺になっていれば、The proverb says that ～と言います。

⑫ the easy language　この土地の言語が、他の言語と比べて平易で外国人がすぐに覚えら

れたのか、それとも、レッドがやさしい表現を覚えたのか、曖昧です。

⑬**he used to lie**　過去の習慣を表す言い方として、このused toと数行下で数回出てくるwouldがあります。この二つは同じでしょうか、違いがあるのでしょうか。used toは過去だけで、今は違う場合に使います。例えば、

I used to go there on foot, but now I take the bus.

「以前はそこに歩いて行ったものだったが、今はバスに乗る」

used toは動作にも状態にも使います。

Life here is not as easy as it used to be.

「ここでの生活は前ほど楽ではありません」

それに対して、wouldは過去の習慣的な動作を表すだけで、今との対比もないし、状態を表しません。本文でも、used to lieと状態を表す動詞lieの場合のみ、used toが使われ、他の動作の動詞come、tell、go、bring、roastではwouldが使われていますね。(江川 §208-209参照)

⑭**for hours**　「何時間も」minute、day、week、month、yearなども同じで、具体的に数が明示されていなければ、someを補えばよいのです。

⑮**He was a silent fellow**　「口数の少ない男」試訳で「奴」とあるのは誤りです。ところで、この短編を初めて読んだ時は気付きませんが、数回読むと、「なるほど、そうだったのか」とここで合点するでしょう。彼が自分はレッドだと喋らないので、この物語は成立したわけですね。

⑯**roast them**　料理用のバナナは蒸したり焼いたりして食べるのです。普通のバナナでも、お湯につけたり、皮ごと焼いたりして食べることもあります。

二人の愛の生活の具体的な描写が続きます。時間によって色彩の変化する礁湖の目の覚めるような美しさ、魔法の庭のような様子。サンゴの間の水の流れぬ、まぶしいほど澄んだ水の中を、蝶のように飛び交う熱帯魚と遊びながら泳ぐ美男美女の映像が目に浮かびます。

She knew how to make delicious messes from coconuts, and the breadfruit tree by the side of the creek gave them its fruit. On feast-days they killed a little pig and cooked it on hot stones. They bathed together in the creek; and in the evening they went down to the lagoon and paddled about in a dugout, with its great outrigger. The sea was deep blue, wine-coloured at sundown, like the sea of Homeric Greece; but in the lagoon the colour had an infinite variety, aquamarine and amethyst and emerald; and the setting sun turned it for a short moment to liquid gold. Then there was the colour of the coral, brown, white, pink, red, purple; and the shapes it took were marvellous. It was like a magic garden, and the hurrying fish were like butterflies. It strangely lacked reality. Among the coral were pools with a floor of white sand and here, where the water was dazzling clear, it was very good to bathe. Then, cool and happy, they wandered back in the gloaming over the soft grass road to the creek, walking hand in hand, and now the mynah birds filled the coconut trees with their clamour. And then the night, with that great sky shining with gold, that seemed to stretch more widely than the skies of Europe, and the soft airs that blew gently through the open hut, the long night again was all too short.

She was sixteen and he was barely twenty. The dawn crept in among the wooden pillars of the hut and looked at those lovely children sleeping in one another's arms. The sun hid behind the great tattered leaves of the plantains so that it might not disturb them, and then, with playful malice, shot a golden ray, like the outstretched paw of a Persian cat, on their faces. They opened their sleepy eyes and they smiled to welcome another day. The weeks lengthened into months, and a year passed. They seemed to love one another as—I hesitate to say passionately, for passion has in it always a shade of sadness, a touch of bitterness or anguish, but as whole heartedly, as simply and naturally as on that first day on which, meeting, they had recognised that a god was in them.

If you had asked them I have no doubt that they would have thought it impossible to suppose their love could ever cease. Do we not know that the essential element of love is a belief in its own eternity? And yet perhaps in Red there was already a very little seed, unknown to himself and unsuspected by the girl, which would in time have grown to weariness. For one day one of the natives from the cove told them that some way down the coast at the anchorage was a British whaling-ship.

精読

She knew how to make delicious **messes** from coconuts, and the **breadfruit tree** by the side of the creek gave them its fruit. On feast-days they killed a little pig and cooked it on hot stones.

語釈　messes = dishes「料理」／ breadfruit tree「パンの木」パンのような味がする果物の木です。

They bathed together in the creek; and in the evening they went down to the lagoon and paddled about in a dugout, with its great **outrigger**. The sea was deep blue, wine-coloured at sundown, like the sea of **Homeric Greece**; ①but in the lagoon the colour had an infinite variety, aquamarine and amethyst and emerald; and the setting sun turned it for a short moment to **liquid gold**. Then there was the colour of the coral, brown, white, pink, red, purple; and ②the shapes it took were marvellous.

語釈　outrigger（海事）「舷外浮材」カヌーなどの舷外に突き出した腕木の先に取り付けた安定用の浮材です。アウトリガーとカタカナのままでもよいでしょう。／ Homeric Greece「（古代ギリシャの詩人の）ホメロスが描いた古代ギリシャ」／ liquid gold　窯業の専門用語で「水金、光沢金」の意味があります。陶磁器の金彩飾を施すのに使うものです。しかしここはそうではなく、「金色の液体、水、海」のことでしょう。

It was like a magic garden, and the hurrying fish were like butterflies. It strangely ③lacked reality. Among the coral were **pools** with a floor of white sand and here, where the water was **dazzling clear**, it was very good to bathe.

語釈　pools「水の流れない深い池、よどみ」／ dazzling clear「まぶしいほど澄んだ」

試訳

彼女はココナツから美味しい料理を作る方法を知っていたし、小川の側のパンの木からは実が収穫できました。祭の日には彼らは子豚を殺して熱した石で調理しました。

小川で一緒に水浴びし、夕方は礁湖に出かけて、大きな舷外浮材のついた丸木舟で漕ぎまわりました。外海は濃紺色で、日没時には、ホメロスの描いたギリシャの海のように葡萄酒色に変化しました。しかし礁湖では、アクアマリーン、アメジスト、エメラルドなど無限の変化があり、日没時には、ほんの一瞬だが液体のような金色に変わるのです。それから茶、白、ピンク、赤、紫などのサンゴの色があり、サンゴの形も素晴らしい。

まさに魔法の庭です。急ぐ魚は蝶のようです。妙に現実感を欠いています。サンゴの間には、底が白砂の水の流れぬ場所があり、ここの水はまぶしいほど澄んでいます。ここは泳ぐのに最適でした。

決定訳

娘はココナツを使って美味しい食事を作るこつを心得ていました。小川近くのパンの木からは実が採れました。祭の日には子豚をさばいて、熱した石で調理しました。

小川で一緒に泳ぎました。また夕方には礁湖まで出掛け、大きなアウトリガーのついた丸木舟で舟遊びをしました。外海は濃紺で、日没時には、ホメロスの描いた古代ギリシャの海のような葡萄酒色に変わりました。礁湖はさらに素晴らしくて、藍玉、紫水晶、緑玉など色は無限に変化し、日没時には、ほんの一瞬、揺れ動く黄金色に見えるのです。さらにサンゴが素晴らしく、色は茶、白、ピンク、赤、紫があり、形も見事です。

まさに魔法の庭園です。素早く動く魚は蝶のようです。とても現実のものとは思えません。サンゴとサンゴの間のあちこちに、底が白砂の水に流れぬ場所があり、そこは息をのむほど水が透明で、泳ぐと実によい気分になれました。

精読

Then, cool and happy, they wandered back in **the gloaming** over the soft grass road to the creek, walking hand in hand, and now ④the **mynah birds** filled the coconut trees with their clamour.

語釈　the gloaming「黄昏（たそがれ）」詩的な語です。／mynah bird「マイナ鳥」ムクドリの一種で、鳴き声が大きくやかましい。mynahの発音は〔máinə〕。

⑤And then the night, with that great sky shining with gold, that seemed to stretch more widely than the skies of Europe, and the soft airs that blew gently through the open hut, **the long night** again was all too short.

語釈　the long night　Section 3-4にthe days seemed all too shortとあったので、昼間のみならず、夜も短く感じられた、というわけです。楽しい時間は、あっという間に過ぎると感じるのは誰しも経験することですね。

二人は、終わることのない相互への愛を信じて暮らし、1年が経過しました。二人とも幸福そのもののようでしたが、少なくともレッドの心には、いずれ倦怠に成長しかねない種が生じたらしい、とニールスンは語ります。夢のような愛の生活に影が差してきたようです。

She was sixteen and he was barely twenty. The dawn crept in among the wooden pillars of the hut and looked at those lovely children sleeping in one another's arms. The sun hid behind the **great tattered leaves** of the plantains so that it might not disturb them, and then, with playful malice, shot a golden ray, **like the outstretched paw of a Persian cat**, on their faces. They opened their sleepy eyes and they smiled to welcome another day. The weeks lengthened into months, and a year passed.

語釈　great tattered leaves「大きな破れた葉」great＝「偉大」としては困りますよ。／like the outstretched paw of a Persian cat「ペルシャ猫の伸ばされた前足のように」

試訳

それから、涼しくなり幸福で、黄昏になると、手に手を取って、柔らかい草の道を通って小川まで帰ってきました。その時刻にはマイナ鳥がやかましい鳴き声で椰子の木を満たします。

それから夜ですが、金色に輝く大きな空は、ヨーロッパの空より広々としているように思えますし、開いた小屋には柔らかなそよ風がそっと通り抜けます。長い夜がやはりあまりにも短く感じられました。

決定訳

黄昏になると、二人は、すっかり涼しくなり幸せな気分で、手に手を取って、柔らかい草地を歩いて小川まで帰ってきました。その時分には椰子の木はマイナ鳥どもの騒がしい鳴き声に包まれていました。

それから夜です。黄金に輝く島の夜空はヨーロッパの空より広々と延びているようですし、開いた小屋の中をそよ風が静かに通り抜けてゆき、実に気分がよいのです。長い夜も、昼と同じく、あまりにも短く感じられました。

コメント

決定訳では紫水晶、緑玉など敢えてカタカナ表記を避けました。字面でロマンチックな雰囲気を出すのに、それがよいと思ったのですが、いかがでしょう？

最後のパラグラフの And then the night で始まる長い文は、正直言って、未整理な書き方とも言えましょう。入試問題などでは、未整理な文は避けるのですが、実際の世界では、こういう分かりにくい文はあるので、この機会に慣れておきましょう。

娘は16歳、彼は20歳になるかならぬかだったのです。小屋の木の柱の間から曙が忍び込んできて、互いの腕に抱き合って寝ている愛らしい子供たちを眺めました。太陽は二人の邪魔をしないように、バナナの大きな破れた葉の後ろに隠れていましたが、やがて、いたずらの悪意と共に、ペルシャ猫の伸ばした前足のように、金色の光線を二人の顔に放ちました。二人は眠い目を開いて、微笑み、別の日を迎えました。週は月になり、1年が経ちました。

娘は16、彼は20歳になるかならないかでした。曙が小屋の木の柱の間から忍びよってきて、抱き合って寝ている子供のような可愛い二人を見ました。太陽は、二人の眠りを妨げないように、大きな切れたバナナの葉の影に潜んでいましたが、やがて、ペルシャ猫が前足でするように、悪ふざけをして、金色の光線を二人の顔に浴びせました。彼らは眠い目を開けて微笑み、新しい日を迎えました。週が月になり、いつしか1年が経ちました。

精読

They seemed ⑥to love one another as — I hesitate to say passionately, **for passion has in it always a shade of sadness, a touch of bitterness or anguish**, ⑦but as whole heartedly, as simply and naturally as on that first day on which, **meeting**, they had ⑧recognised that a god was in them.

語釈　for passion ... or anguish この箇所全体を括弧に入れて考えるといいです。説明の挿入句です。／meeting　時を表す分詞構文ですから、as soon as they met と言い換えられます。they had recognised にかかります。「出会った瞬間に〜を認めた」のです。

If you had asked them **I have no doubt that** they would have thought it impossible to suppose their love could ever cease. Do we not know that the essential element of love is **a belief in its own eternity**?

語釈　I have no doubt that　この挿入句は括弧に入れて考えるといいです。／a belief in its own eternity「恋愛が永遠に続くと信じること」

And yet perhaps in Red there was already a very little seed, ⑨unknown to himself and unsuspected by the girl, which would **in time** have grown to weariness. For one day one of the natives from the cove told them that ⑩some way down the coast at the anchorage was a British whaling-ship.

語釈　in time「しばらく時が経つと」

試訳	決定訳
彼らは、初めて出会い、お互いの中に神を認めた最初の日と同じくらい…私は情熱的にと言うのをためらいます、というのは、情熱という言葉は悲哀の影、辛さと苦悩の感じを常に内蔵しているからです。心を込めて、素朴に、ごく自然に愛し合っているようでした。	でも二人は、出会って恋に落ちたあの日と変わらず、情熱的に——と言うのをためらいますな。何しろ、情熱という言葉には、常に一抹の苦悩、悲哀、辛さが含まれますから。あの日と変わらず、素朴に、自然に、心を込めて愛し合っているようでした。
もし人が彼らに尋ねたとしたら、彼らの愛が終わることがあるのは不可能だと彼らが思っただろうということに、私は疑問を抱きません。恋愛の根本的な要素は愛の永遠性への信頼だと私たちは知っているのではありませんか？	もし人が彼らに尋ねたら、愛が終わりになるなんてありえないと思います、と答えたのは間違いありません。恋愛は相互の愛の永続性への信頼が根底にあるのですから当然です。
しかし、レッドの内部には、彼自身気付かず、娘も察しなかったけれど、いずれ倦怠に成長するようなごく小さい種が、もしかするとすでにあったかもしれませんね。というのは、ある日、入り江に住む原住民の一人がどこか下の方にある停泊所の海岸にイギリスの捕鯨船がいると彼らに話したのです。	がしかし、もしかするとレッドの心には、いつか倦怠へと成長しかねないごく小さな種が、本人も気付かず、娘も疑わずに、すでに生じていたのかもしれません。というのは、ある日、入り江に住む原住民の一人が、イギリスの捕鯨船が海岸を少し行ったところの停泊所に来ている、と知らせに来たのです。

コメント

相思相愛の二人ですが、愛を危うくする「小さな種」がレッドの心に生じたのかもしれない、と書かれていますね。レッドとサリーの間にも、あの皮肉なフランスの公爵の悲観的な恋愛論(Section 3-3, p.135)が真実になるのだと、作者は言いたいのでしょうか？

解説

①**but in the lagoon**　このbutを試訳のように「しかし」と訳すと、前と対立しているようですが、この場合のように、対立的な意味合いが少なく、補足説明を加えたり、一般論から個別論に移る場合にも使います。「そして、それも」などと訳します。

cf. I'd like you to give a speech, but a brief one.

「あなたにスピーチをお願いしたい、そして短いのを」

②**the shapes it took**　このitはthe coralです。サンゴの形がその色彩に劣らず見事だというのです。

③**lacked reality**　「現実にあるとは信じられない」目の前に見ているのだが、実際に存在するのでなく、夢の世界、魔法の世界にあるかのような錯覚を起こさせるのです。

④**the mynah birds filled the coconut trees with their clamour**　具体的には、椰子の木にたくさん留まっているマイナ鳥がいっせいに鳴き出すので、木全体が鳴き声になる感じです。

⑤ **And then the night, with that great sky shining with gold, that seemed to stretch more widely than the skies of Europe, and the soft airs that blew gently through the open hut, the long night again was all too short.**　最初のwithは状況を表すwithです。shining with goldは形容詞句でskyにかかります。that seemed ... Europeは関係代名詞thatに導かれる形容詞節で、skyを修飾しています。

この文は長い上にやや込み入っていますね。まず枝葉を省いて大幹を見つけましょう。with that great sky ... open hutまで、すべて付帯状況、つまり、島の夜の様子を説明する枝葉ですね。そこを括弧で囲んでみて下さい。すると、And then the night,（枝葉）the long night again was all too short.となります。主語はどれでしょう？　そう、最初にAnd then the night,と文を始めたものの、枝葉が長いために、もう一度改めてthe long nightと言い換えています。さあ、もうお分かりですね。この文の大幹はthe night was all too shortです。

⑥**to love one another as — I hesitate to say passionately**　ここはしっかり勉強しましょう。分析してみますと、語り手は「1年経っても、最初の出会いの日と同じくらいに情熱的に愛していました」と言いかけたのですが、急に迷いが生じたので、「情熱的に」をやめて、「心を込めて、素朴に、自然に」と言いました。そして、迷いの理由がforからanguishの挿入節で述べられています。日本語でも、話している途中で、何か言いかけて、その語が不適切だと気付き、言い直すことはありますね。英語の場合ももちろんあるのです。しかし、母語でない場合は、その躊躇を察するのが、結構難しいので、本文の例で解釈のコツを覚えてほしいです。

⑦**but as whole heartedly**　「そうではなくて」という感じのbutです。passionatelyは使いたくないので、その代わりに、whole heartedlyを使います、ということ。This is not an apple but a pear.の場合の、butと同じです。

⑧**recognised that a god was in them**　「互いの中に神がいるのを認めた」相手が自分の

最愛の人だと認識するという意味で、こんな表現をすることがよくあります。

⑨ **unknown to himself and unsuspected by the girl**　「本人に気付かれず、娘に疑われずに」unknownの前にbeingが省略されている分詞構文で、状態を表す用法です。suspectなら「(悪いことが)あるんじゃないかと疑う」です。

⑩ **some way down the coast at the anchorage**　試訳では、英語の癖である、まず大まかに述べてから、細かく言う、という表現方法が忘れられています。まず「海岸を少し下った辺り」と述べ、次に「そこに停泊所があり、その停泊所に」と細かく説明されています。

cf. I went down to the swimming pool.

「私は階下にあるプールへ行った」

downは「下った」「南方に」「辺鄙な」などコンテクストで変わります。本文は停泊所が南方にあるのか、下ったところにあるのかはっきりとは書いてありません。Section1-5①で詳しく学びましたね。

イギリスの捕鯨船が停泊したと知って、レッドは急に本物のタバコが吸いたくなり、島の果物と交換してタバコを入手しようとします。バナナ、オレンジ、椰子の実、マンゴーなどを積み込んだカヌーは、出たまま、帰りません。ロマンチックな牧歌的な恋物語はここで暗転します。

'Gee,' he said, 'I wonder if I could make a trade of some nuts and plantains for a pound or two of tobacco.'

The pandanus cigarettes that Sally made him with untiring hands were strong and pleasant enough to smoke, but they left him unsatisfied; and he yearned on a sudden for real tobacco, hard, rank, and pungent. He had not smoked a pipe for many months. His mouth watered at the thought of it. One would have thought some premonition of harm would have made Sally seek to dissuade him, but love possessed her so completely that it never occurred to her any power on earth could take him from her. They went up into the hills together and gathered a great basket of wild oranges, green, but sweet and juicy; and they picked plantains from around the hut, and coconuts from their trees, and breadfruit and mangoes; and they carried them down to the cove. They loaded the unstable canoe with them, and Red and the native boy who had brought them the news of the ship paddled along outside the reef.

It was the last time she ever saw him.

Next day the boy came back alone. He was all in tears. This is the story he told. When after their long paddle they reached the ship and Red hailed it, a white man looked over the side and told them to come on board. They took the fruit they had brought with them and Red piled it up on the deck. The white man and he began to talk, and they seemed to come to some agreement. One of them went below and brought up tobacco. Red took some at once and lit a pipe. The boy imitated the zest with which he blew a great cloud of smoke from his mouth. Then they said something to him and he went into the cabin. Through the open door the boy, watching curiously, saw a bottle brought out and glasses. Red drank and smoked. They seemed to ask him something, for he shook his head and laughed.

The man, the first man who had spoken to them, laughed too, and he filled Red's glass once more. They went on talking and drinking, and presently, growing tired of watching a sight that meant nothing to him, the boy curled himself up on the deck and slept. He was awakened by a kick; and, jumping to his feet, he saw that the ship was slowly sailing out of the lagoon. He caught sight of Red seated at the table, with his head resting heavily on his arms, fast asleep. He made a movement towards him, intending to wake him, but a rough hand seized his arm, and a man, with a scowl and words which he did not understand, pointed to the side. He shouted to Red, but in a moment he was seized and flung overboard. Helpless, he swam round to his canoe which was drifting a little way off, and pushed it on to the reef. He climbed in and, sobbing all the way, paddled back to shore.

精読

‘**Gee**,’ he said, ‘①**I wonder if I could make a trade** of some nuts and plantains for a pound or two of tobacco.’

The pandanus cigarettes that Sally made him with untiring hands were strong and pleasant enough to smoke, but they left him unsatisfied; and he yearned **on a sudden** for ②real tobacco, hard, rank, and pungent.

語釈 Gee　驚き、喜びなどを表す感嘆詞です。／ I wonder if ...「…はどうかな？」／ if I could make a trade　これは if I can make a trade とどう違うでしょうか？　仮定法ですね。／ on a sudden = suddenly

He had not smoked a pipe for many months. His mouth watered ③**at the thought of it**. ④**One would have thought** ⑤**some premonition of harm** would have made Sally seek to dissuade him, but love possessed her so completely that **it never occurred to her** any power on earth could take him from her.

語釈 at the thought of it「思っただけで」／ One would have thought ...「人は…だと思っただろう」仮定法過去完了形で、断定を避けた、控え目な言い方の用法です。／ some premonition of harm「何か悪いことがあるのではという予感」／ it never occurred to her ...「…は決して彼女の頭に浮かばなかった」

They ⑥went up into the hills together and gathered a great basket of wild oranges, green, but sweet and juicy; and they picked plantains from around the hut, and coconuts from their trees, and breadfruit and mangoes; and they carried them down to the cove. They loaded the unstable canoe with them, and Red and the native boy who had brought them the news of the ship paddled along outside the reef.

It was the last time she ever saw him.

試訳

『これはこれは』とレッドは言いました。『椰子の実とバナナと１、２ポンドのタバコを交換できないかなあ』と。
サリーが彼のために疲れを知らずに巻いてくれたパンダナスのタバコは、吸えば強いしうまかったけれど、どこか不満でした。今突然、本物のタバコ、強い、匂いのある、ピリッとしたタバコが吸いたくなりました。

何か月もパイプタバコを吸っていなかったのです。考えただけで、口によだれがたまりました。悪いことのある予感が、サリーに思いとどまるように彼を説得しようと思わせたのではないかと、人は思ったでしょう。でも、愛が彼女をあまりにも完全に捉えていたので、地球上の何かの力が彼を彼女から奪うことが出来るという考えは頭に浮かびませんでした。

二人は一緒に丘に登り、緑色でも甘くてジューシーな野生のオレンジを大きな籠いっぱい集め、小屋の周囲からバナナを採り、椰子の木から実を採り、パンの木の実やマンゴーも採りました。これらを入り江まで運び、不安定なカヌーに積み込みました。レッドと、捕鯨船のことを知らせにきた原住民の少年がサンゴ礁の外まで漕いで行きました。
それがサリーがレッドを見た最後とな

決定訳

『ほう、そうか』彼が言いました。『椰子の実とバナナをタバコ１、２ポンドと交換できないもんかなあ』
サリーがたゆまず彼のために作ってくれたパンダナスの葉の巻きタバコも吸えば強くてうまかったけれど、満足出来なかったのです。突然、本当のタバコ、強くて香りがあり、ピリッとする本物のタバコが吸いたくてたまらなくなりました。

何か月もパイプタバコは吸っていませんでした。思っただけで口からよだれが出ました。虫の知らせでサリーが不安になり、彼に思いとどまるように説いてもよかったのに、と他人は思ったかもしれません。しかし、彼女は恋に溺れていましたので、地球上の何らかの力が彼を奪うようなことがありうるなどと、夢にも思わなかったのです。

二人は一緒に丘に行き、野生のオレンジ──緑色でも甘くてジューシーなのです──を大きな籠いっぱい集め、小屋の周辺からバナナを、椰子の木から実を、さらにパンの実、マンゴーも集めました。これを入り江まで運び、そこでぐらぐらするカヌーに積み込み、レッドと捕鯨船の情報を知らせてきた島の少年がサンゴ礁の外に漕いで行きました。
それがサリーがレッドを見た最後にな

精読

翌日泣きながら一人で戻った少年の報告によると、果物と交換に成功して、もらったタバコをレッドはさもうまそうに吸い、酒もふるまわれて、いい気分で船の乗員と何か相談しているようでした。どんな話し合いなのでしょう？

Next day the boy came back alone. He was **all in tears**. This is the story he told. **When after their long paddle** they reached the ship and Red **hailed it**, a white man looked over the side and told them to come on board. They took the fruit they had brought with them and Red piled it up on the deck.

語釈　all in tears「泣いてばかり」allは強めです。／Whenに導かれる副詞節はhailed itまで続きます。／after their long paddle「長いこと漕いでから」後ろのreachedにかかる副詞句です。／hailed it「船に挨拶した」

The white man and he began to talk, and they seemed to come to ⑦some agreement. ⑧One of them went below and brought up tobacco. Red took some at once and lit a pipe. The boy imitated the **zest with which he blew** a great cloud of smoke from his mouth.

語釈　zest with which he blew「彼が吹かしたときの熱心さ」
cf. Mary ate the cake with zest.「メアリはさもおいしそうにケーキを食べた」

Then ⑨they said something to him and he went into the cabin. Through the open door the boy, watching curiously, ⑩saw a bottle brought out and glasses. Red drank and smoked. They seemed to ⑪ask him something, for he shook his head and ⑫laughed.

試訳

りました。

翌日少年が一人で帰ってきました。少年は泣くばかりでした。彼はこんな話をしました。丸木舟を長いこと漕いで、捕鯨船に接近した時、そしてレッドが声を掛けると、一人の白人が舷側から見て、乗船してこいと言いました。彼らは持参した果物を持って行き、レッドが甲板にそれを山積みにしました。

さっきの白人とレッドは話し始め、二人は何かの取り決めに同意したようでした。乗員の一人が下に行き、タバコを持ってきました。レッドはすぐさま少し取って、パイプに火をつけました。少年は、レッドがどんなに美味しそうに口から煙を大量に出して吸っていたかを真似しました。

それから、彼らは彼に何か言い、彼は船室に入りました。開いているドアを通して、少年は好奇心から眺めると、瓶が出され、それとグラスが見えました。レッドは飲み、吸いました。彼らは何事かを彼に尋ねたようでした。というのは、彼は頭を横に振り、笑ったのです。

決定訳

りました。

翌日少年一人が帰ってきました。少年は泣いてばかりいました。これが彼が伝えた話です。長いこと丸木舟を漕いでようやく船に着き、レッドが声を掛けると、白人の男が舷側から下をのぞいて、乗船してくるように言いました。レッドと少年は持ってきた果物を持って乗船し、レッドがそれを甲板に山積にしました。

さっきの白人とレッドは話し出し、何か話が決まったようでした。乗組員の誰かが階下に降りてゆき、タバコを持って戻ってきました。レッドはすぐさま少量取ってパイプに火をつけました。彼が実にうまそうに吸い、口からもくもくと煙を吐きだす様子を少年は真似てみせました。

それから船の人がレッドに何か言い、レッドは船室に入ってゆきました。少年は好奇心に駆られ、開いているドアから覗くと、酒瓶とグラスが出ていました。レッドは飲んだり吸ったりしていました。男たちは彼に何か言い、彼は頭を横に振り、笑いました。

精読

少年の報告が続きます。戸の開いている船室では、男たちと酒を飲み、談笑しているレッドの姿が見えます。寝込んでしまった少年が、蹴飛ばされて目覚めた時には、船は動き出し、見るとレッドは熟睡した様子。少年は、男に海に放り込まれ、泣きながらカヌーで戻るしかありませんでした。

The man, the first man who had spoken to them, laughed too, and he filled Red's glass once more. They went on talking and drinking, and **presently**, growing tired of watching a sight that meant nothing to him, the boy curled himself up on the deck and slept.

語釈　presently「しばらくして」アメリカとカナダでは「いま直ぐに」の意味で使うことをSection 1-4語釈（p.20）で書きました。覚えていましたか？

He was awakened by a kick; and, ⑬jumping to his feet, he saw that the ship was slowly sailing out of the lagoon. He caught sight of Red ⑭seated at the table, with his head resting heavily on his arms, ⑮fast asleep. He **made a movement towards him**, intending to wake him, but ⑯a rough hand seized his arm, and a man, with a **scowl** and words which he did not understand, pointed to the side.

語釈　made a movement towards him「彼の方へ動いた」／ scowl「しかめ面」

He shouted to Red, but in a moment he was seized and ⑰flung **overboard**. **Helpless**, he swam round to his canoe which was drifting a little way off, and **pushed it on to the reef**. He ⑱climbed in and, sobbing all the way, paddled back to shore.

語釈　overboard「船から海中へ」「甲板から舷側越しに」
Helpless「仕方なく」これもbeingを略した分詞構文です。付帯状況を表します。
pushed it on to the reef「サンゴ礁まで押して行った」外海でカヌーに乗り込むのは危険なのです。

試訳

男、最初彼らに話しかけた男、も笑い、レッドのグラスにもう一度満たしました。男たちは、喋り飲み続けました。まもなく少年は、自分には何の意味もない情景を眺めているのに飽きて、甲板で体を丸めて寝てしまいました。

蹴飛ばされて目を覚まし、飛び起きると、船は礁湖からゆっくりと出航しているところでした。テーブルに座っているレッドをちらっと見たら、両腕に頭を重そうに載せて、ぐっすり寝ていました。少年は起こそうと思って、レッドに近づこうとしましたが、乱暴な手が腕をつかみ、しかめ面で少年に分からぬ言葉を使う男が、舷側を指さしました。

少年はレッドに向かって叫びましたが、すぐに捕まり、甲板から海へ放りこまれました。仕方なく、少年は少し離れたところで揺れていた丸木舟まで泳いで行き、サンゴ礁まで押して行きました。丸木舟によじ登り、ずっと泣きながら、岸まで漕いで来たのです。

決定訳

男、最初に乗れと言った男も笑い、レッドにもっと飲むように勧めました。船室では喋ったり飲んだりしているので、少年は自分には意味のない情景を見るのにやがて飽きてしまい、甲板で丸くなって寝込んでしまいました。

蹴飛ばされて目が覚め、飛び起きると、捕鯨船は礁湖からゆっくりと出航しているではありませんか。テーブルに座ったレッドをちらと見ると、両腕の上にどさっと突っ伏して熟睡していました。起こそうと思ってそちらに行きかけると、乱暴に腕をつかまれ、男が怖い顔をして、何か分からない言葉で、舷側を指さしました。

少年がレッドに向かって何か叫んだのですが、すぐに捕まって、海に放り込まれてしまいました。どうしようもなく、船からちょっと離れて浮かんでいた丸木舟までたどり着き、サンゴ礁まで押して行きました。そこで這い上がり、ずっと泣きながら岸まで漕いできたのです。

コメント

肝心な部分を述べるのに、英語を知らぬ少年の報告という形をとるので、曖昧な部分が残り、そのため読者の想像が刺激されますね。これは作者の作戦でしょうか？

解説

①**I wonder if I could**　ここのcouldは仮定法ですから、canより可能性が低いのです。「できるかなあ」と思いつつ、「大丈夫できるだろう」というならcan、「まあ無理かもしれないが」というならcouldを使う。だいたいこう考えていいです。

②**real tobacco, hard, rank, and pungent**　語順に注目しましょう。まず「本物のタバコ」と述べ、より具体的にhard以下の三つの形容詞で説明しているのですね。「強く、匂いがきつく、ぴりっとする」。rankは普通は「いやな臭い」ですが、ここはタバコ好きには「いい匂い」なのでしょう。

③**at the thought of it**　類似の英語らしい表現として、at the sight of itがあります。「一目ぼれ」に使われるのはat first sightでしたね。

1. Tom blushed at the sight of the girl he secretly adored.
   「トムは密かに憧れていた娘を見ると赤くなった」
2. At the thought of his loving her she was excited.
   「彼が自分を愛していると考えると彼女はわくわくした」

④**One would have thought**　仮定法ですが、if節に相当する語句がないのです。コンテクストで考えれば、if one had thought about it「もし誰かがそのことについて考えたとしたならば」などが考えられます。

⑤**some premonition of harm would have**　ここもif節がないのですが、実は、premonitionという語に隠されているのです。つまり、「もし虫の知らせがあったならば」ということです。(Section2-4②参照)

試訳で「サリーに思いとどまるように彼を説得しようと思わせた」とあるのは、「思いとどまるように彼を説得しようとサリーに思わせた」という語順にしないと、誤解されます。思いとどまるのが誰だか曖昧になってしまうのです。

⑥**went up into the hills**　ここも、まず「上の方へ」と大まかに述べ、それから「丘の奥へと」と細かく述べています。

⑦**some agreement**　同意した中身は、果物とタバコの交換でしょうね。乗員が階下にタバコを取りに行ったのですから。agreementは「協定」ですから、数量について、何ポンド分と決めたのでしょう。

⑧**One of them**　「彼らの一人」でよいのですが、他に「彼らの誰か」のようにして変化をつけてもいいですよ。

⑨**they said something to him**　どんなことを言ったのでしょう？　船室に入り、酒瓶とグラスが出たのですから、「酒を飲もう」と誘われたのでしょう。

⑩**saw a bottle brought out and glasses**　この語順だと、酒瓶は見た時点で持ち出されたけれど、コップはすでに置いてあったと取れますね。そうかもしれませんが、そうではなく、作者が厳密にはsaw a bottle and glasses brought outと書くべきを怠ったのかも知れません。私は後者だと想像しますけど。

⑪ask him something　質問とも依頼ともとれます。いずれにせよ、彼の答えは、ノーです。shook his head「頭を横に振った」とありますから。

⑫laughed　どうして笑ったのでしょうか。船の者たちは、レッドのタバコの吸い方を見て、彼の文明社会復帰への憧れに気付き、更に飲みたがっていそうな酒も勧めてみました。その上で、船に残ったらどうだと言ったのかもしれませんね。レッドは拒絶したのですが、笑ったのは、そんな提案はお話にならない笑うべきものだ、というのか、それとも「恋人が待っていますので」と快活に嬉しそうに笑ったのか、不明です。英語を知らぬ少年が観察しただけですからね。この辺り、作者は意図的に曖昧にして読者の解釈をいざなっているように、私には思えます。

⑬jumping to his feet　「飛び起きて」　類似の表現として、spring to one's feet「飛び起きる」、struggle to one's feet「よろよろと立ちあがった」などがあります。これらは、rise to one's feet「立ち上がる」を基本として、そのバリエーションです。

⑭seated at the table　tableに定冠詞がついていることを問題にします。Section 3-3⑨で学んだように、bed、schoolなど特定の名詞が本来の目的を表す場合は無冠詞が原則ですね。だから、食事中というのは無冠詞のはずです。

It is bad manners to discuss politics at table.
「食事中に政治を論じるのは不作法だ」

が例文です。最後の行のpaddled back to shoreのshoreが無冠詞なのも同じ事情ですね。さて、本文のここは、飲食という本来の目的でテーブルが使われているのでなく、話し合いの目的だから、冠詞がついている、と説明することは可能でしょう。さらに、少年がさっき見たのと同じテーブルで、というので定冠詞がついているのかもしれません。

⑮fast asleep　being fast asleepと状態を表す分詞構文で、beingが略されているのです。

⑯a rough hand seized his arm　試訳は、直訳していますが、これでおばあちゃんも分かる自然な日本語でしょうか。「乱暴な手で腕をつかまれた」とか「乱暴に腕をつかまれた」とすれば、もっと自然です。

⑰flung overboard　この時代、つまり20世紀の第一次大戦前後の頃は、人種差別のひどい、今から見ると野蛮な時代でしたから、原住民に対して白人の船員は平気でこんな扱いをしたのです。

⑱climbed in　「よじ登って乗った」山やビルや塀などでなく、こんな場合にも使うのか、感じはよくわかる、と私は思いました。

コメント

あまりにも儚い幕切れですねえ。倦怠に成長するような種がレッドの心中に潜んでいた、とニールスンは話していました。女より男のほうがずるいのでしょうか。レッドとサリーは今後、一体全体どうなるのだろうかと、読者は話の続きが知りたいと切望します。モームはイギリスの小説家のジェイン・オースティンが好きで、彼女の小説は「大した事件も起きないのに、読者は次のページを捲らされてしまう」と言って感嘆しています。モームの作品の場合は、何か大きな出来事がある点が違いますが、どうしてもページを捲ってしまうのは同じです。実力派の物語の語り手の絶妙な語り口です。

ロマンスの主人公の片方が消えてしまったので、ここでレッドとサリーの相思相愛の話は終わり、別の男女関係の話に移っていきます。ニールスンが声に出して語る話から、次の物語はどのような形で読者に伝えられるのでしょうか？　作者は意図的に語り方を変化させていくようです。次のセクションでは語り方の変化にも注目しましょう。

SECTION 4

But the day after when, exultant, he went to see her he found that in the night she had burnt down the hut in which she and Red had lived together.

しかしその翌日、彼が意気揚々と訪ねて行くと、
彼女が晩の中にレッドと暮らしていた小屋を
焼き払ってしまったのを知った。

一人残されたサリーがどうであったか。悲しみのあまり気が狂ったようになりました。親切な島の人々がいくら慰めようとしても、それに応じません。次第にむっとして冷淡になり、毎日浜辺で泣きながら、レッドの帰りを待つばかりでした。

“What had happened was obvious enough. The whaler, by desertion or sickness, was short of hands, and the captain when Red came aboard had asked him to sign on; on his refusal he had made him drunk and kidnapped him.

“Sally was beside herself with grief. For three days she screamed and cried. The natives did what they could to comfort her, but she would not be comforted. She would not eat. And then, exhausted, she sank into a sullen apathy. She spent long days at the cove, watching the lagoon, in the vain hope that Red somehow or other would manage to escape. She sat on the white sand, hour after hour, with the tears running down her cheeks, and at night dragged herself wearily back across the creek to the little hut where she had been happy.

The people with whom she had lived before Red came to the island wished her to return to them, but she would not; she was convinced that Red would come back, and she wanted him to find her where he had left her. Four months later she was delivered of a still-born child, and the old woman who had come to help her through her confinement remained with her in the hut. All joy was taken from her life. If her anguish with time became less intolerable it was replaced by a settled melancholy. You would not have thought that among these people, whose emotions, though so violent, are very transient, a woman could be found capable of so enduring a passion. She never lost the profound conviction that sooner or later Red would come back. She watched for him, and every time someone crossed this slender little bridge of coconut trees she looked. It might at last be he."

Neilson stopped talking and gave a faint sigh.

"And what happened to her in the end?" asked the skipper.

Neilson smiled bitterly.

"Oh, three years afterwards she took up with another white man."

The skipper gave a fat, cynical chuckle.

"That's generally what happens to them," he said.

The Swede shot him a look of hatred. He did not know why that gross, obese man excited in him so violent a repulsion. But his thoughts wandered and he found his mind filled with memories of the past. He went back five and twenty years. It was when he first came to the island, weary of Apia, with its heavy drinking, its gambling and coarse sensuality, a sick man, trying to resign himself to the loss of the career which had fired his imagination with ambitious thoughts.

精読

"①What had happened was **obvious enough**. The **whaler, by desertion or sickness**, was **short of hands**, and ②the captain when Red came aboard had asked him to **sign on**; on his refusal he had made him drunk and kidnapped him.

語釈 obvious enough　このenoughは形容詞の後につけて強めます。／whaler Section 3-5ではwhaling-shipとなっていましたから、これも言い換えです。なお「(捕鯨船の)船員」という意味もあります。／by desertion or sickness「脱走か病気で」意味がよく伝わる簡潔な表現ですね。／short of hands「人手不足」これも簡潔な表現ですが、日常会話でも使います。／sign on「署名して就職する」

"Sally was **beside herself with grief**. For three days she ③screamed and cried. The natives did ④what they could to comfort her, but she **would not be comforted**. She ⑤would not eat. And then, ⑥exhausted, she sank into a sullen **apathy**.

語釈 beside herself with grief「気が狂わんばかりに悲しんで」／would not be comforted「慰められるのを拒絶した」wouldは過去の強い意志を表します。／apathy「無感動」「無関心、冷淡」

She spent long days at the cove, watching the lagoon, in the vain hope that Red somehow or other would manage to escape. She sat on the white sand, ⑦hour after hour, with the tears running down her cheeks, and at night **dragged herself** wearily back across the creek to the little hut where she had been happy.

語釈 dragged herself「身体を無理に引きずるようにした」

試訳

「起きたことは十分に明白でした。捕鯨船は、脱走者や病人が出て手不足になり、船長は、レッドが乗船した時、契約を求めました。断られたので、酒で酔わせて連れ去ったのです。

「サリーは悲しみで気がおかしくなりました。三日間は叫び泣いていました。原住民たちは彼女を慰めるためにできるだけのことはしてやりましたが、彼女は慰められるのを断りました。食べようともしませんでした。それから、疲れ果てたので、むっとして無感動に陥りました。

入り江で長時間を過ごし、レッドがどうにかして逃げ帰らないかと、はかない期待を抱きながら、礁湖を眺めていました。何時間も白い砂浜に涙が頬に垂れるままに、座っていました。夜になると、ものうげに、身体を引きずって、小川を渡って、幸福だった小さな小屋へと戻って行きました。

決定訳

「事情は非常に明白でした。捕鯨船は、脱走者や病人が出たために人出不足になり、船長は、レッドが船に現れたとき、契約させようとし、拒否されると、酒に酔わせて誘拐したのでした。

「サリーは悲嘆に暮れて、気も狂わんばかりでした。三日間激しく泣き叫んでいました。島の人々は慰めようとあれこれ手を尽くしたのですが、彼女はどうしてもそれに応じようとしません。食事も一切断りました。しばらくして、疲れ果てると不機嫌で無感動になりました。

日がな一日入り江で過ごしました。礁湖を眺め、レッドがどうにかして逃げ帰るのをはかなくも期待しました。何時間も白浜に座り込んで、涙が頬を伝わるに任せていました。夜になると、小川を渡り、幸福だった小さな小屋へと、大儀そうに重い身体を引きずるようにして帰って行きました。

精読

レッドの帰りをいつかいつかと待ち続けるサリー。別れの苦痛が今は慢性的な憂鬱症に移行しましたが、彼の帰宅への確信は変わらぬようです。

The people with whom she had lived before Red came to the island wished her to return to them, but she would not; **she was convinced** that Red would come back, and she wanted him to find her **where he had left her**.

語釈 she was convinced「彼女は確信していた」／where he had left her「彼が彼女を置いた場所に」が直訳で、二人の住んでいた小屋のことです。

Four months later she **was delivered of a still-born child**, and the old woman who had come to help her through her **confinement** remained with her in the hut. All joy was taken from her life.

語釈 was delivered of a still-born child「死産の子を分娩した」このofはI was robbed of my purse.「財布を盗まれた」のofと同じく、「除去、奪い取り」の意味です。／confinement「出産」

⑧If her anguish with time became less intolerable it was replaced by **a settled melancholy**. ⑨You would not have thought that among these people, whose emotions, though so violent, are very **transient**, ⑩a woman could be found capable of ⑪so enduring a passion.

語釈 a settled melancholy「固定した憂鬱」／transient「一時的な」

She never lost the profound conviction that sooner or later Red would come back. She **watched for him**, and every time someone crossed this slender little bridge of coconut trees she looked. ⑫It might at last be he."

語釈 watched for him「彼を待ち構えた」

試訳

レッドが島に来る前に一緒に住んでいた人々が、戻ってくるように願いましたが、彼女は断りました。レッドが戻って来ると確信していて、彼が、彼女を残していった場所で彼女を見つけることを望みました。

４か月後に死児を分娩し、出産の間手伝ってくれた老婆が小屋に留まりました。すべての喜びが彼女の生活から奪われました。

彼女の時間に関しての苦しみが、耐えやすくなったとすれば、それは固定した憂鬱に取って代わられました。感情が激しやすいけれど、とても短期間だけである、ここの人々の中に、そんなに永続的な情熱を持つことの出来る女性が見つかるとは、誰も思わなかったでしょう。

彼が遅かれ早かれ戻るという深い確信を彼女は一度も失いませんでした。彼を待ち構えていて、誰かがあの椰子の木で作った小さな細い橋を渡ってくると毎回見ました。遂に、彼かもしれない、と思ったのです」

決定訳

レッドが島に現れる前まで一緒に暮らしていた一家が戻ってくるように言ったけれど、彼女は聞き入れなかった。レッドが戻ってくると確信し、戻って来た時は彼が出発した小屋にいなくてはと言うのです。

４か月後に子供を死産しました。出産の間世話してくれた老婆が小屋に残りました。サリーの人生から喜びがすべて消えました。

時が経つにつれて、苦痛が薄らいだとしても、慢性的な憂鬱症が取って代わっただけでした。この島の種族は感情的に燃え上がるのですが、冷めやすい性質なのです。サリーのように長続きする恋心を持つ娘がいるとは誰も思わなかったことでしょう。

彼女は、レッドがいずれ帰るという深い信頼を決して失いませんでした。帰りを待ち構えていましたから、誰かがあの椰子の木で出来た丸木橋を渡ってくる度に、視線を走らせました。今度こそレッドだわ、と思ったのです」

精読

サリーのその後について、別の白人と親しくなったと聞いた船長は、皮肉に笑います。ニールスンは船長に激しい憎悪を覚えます。しかし、いつしか、25年前にアピアからこの島にやって来た時の自分自身の思い出が浮かび上がってきます。『赤毛』はここから重点が哲学博士ニールスンへと移って行きます。

Neilson stopped talking and gave a faint sigh.

"And what happened to her in the end?" asked the skipper.

Neilson smiled bitterly.

"Oh, three years afterwards she **took up with** another white man."

The skipper gave a ⑬fat, cynical chuckle.

"That's generally ⑭what happens to **them**," he said.

語釈 took up with「と親しくなった」望ましくない相手との場合が少なくない。／what happens to them　この them は島の娘たちを漠然と指します。

The Swede ⑮shot him a look of hatred. He did not know why that gross, obese man **excited** in him so violent a **repulsion**. But ⑯his thoughts wandered and he found his mind filled with memories of the past.

語釈 excited 他動詞で「(ある感情を) 起こさせた」／repulsion = very strong dislike

He went back ⑰five and twenty years. It was when he first came to the island, weary of Apia, with its heavy drinking, its gambling and **coarse sensuality**, ⑱a sick man, trying to **resign himself to** the loss of the ⑲career which had fired his imagination with ambitious thoughts.

語釈 coarse sensuality「粗野な性生活」／resign himself to ...「諦めて…を受け入れる」

試訳

ニールスンは話を止めて微かに溜息をついた。
「で、その女は最後はどうなったのですか」船長が尋ねた。
ニールスンは苦笑した。
「ああ、3年後に別の白人とねんごろになりました」
船長は肥った、皮肉な含み笑いをした。
「それが彼女たちに普通起こることですな」船長が言った。

ニールスンは彼に憎悪の眼差しを送った。このがさつなデブっちょがどうして自分にこんな激しい嫌悪感を与えるのか不明だった。が、彼の思いはさまよい、頭が過去の思い出であふれるのに気付いた。

25年前のことだ。大酒と賭博と粗野なセックスのアピアに飽きて、この島に初めてやってきた時だ。病気ゆえに、野心的な思いで想像力を興奮させた一生の仕事の喪失をやむなく受け入れようと努めていた時だ。

決定訳

ニールスンは話をやめ、溜息をもらした。
「で、その女は結局どうなったんで？」
船長が尋ねた。
ニールスンは苦笑いをした。
「いや、3年後に他の白人と仲よくなりましたよ」
船長は無神経に皮肉なくすくす笑いをした。
「まあ、大体そんなとこですよ、あの手の女どもは」

ニールスンは憎悪の眼差しを相手に向けた。このがさつなデブがどうして、これほど強い嫌悪感を覚えさせるのか不思議だった。だが、ニールスンの頭は別の方向へと逸れて行き、ふと気が付くと、頭は自分の過去の思い出でいっぱいになっていた。

アピアでの深酒、博打、下卑たセックスに飽き、この島に初めて足を踏み入れた25年前のことだ。不治の病のために、野望で想像力を燃え立たせていた輝かしい将来が、突然喪失した運命を、何とか受けいれようと必死になって頑張っていた。

解説

①What had happened 「起きたこと」 whatは関係代名詞ですが、先行詞を兼ねているので、先行詞なしで使います。名詞節を導いて、文全体の主語、目的語、補語になります。本文では主語になっています。

②the captain when Red came aboard ここは、the captain had asked Red to sign on when he came aboardとするのが普通です。when Red came aboardは一種の挿入節なので、前後にコンマを入れるか、括弧で囲むと分かりやすいでしょう。

③screamed and cried 「泣き叫んだ」 cryは「叫ぶ」と「泣く」と2つの意味があり、Section 2-7④で解説したのは「叫ぶ」についてでした。今回は「泣く」という意味のほうです。この場合も、幅広く「泣く」ですから、「泣き叫ぶ」から「静かに涙を流す」まであります。コンテクストで意味を選ばねばなりません。今回の場合は、scream「悲鳴をあげる、金切り声をあげる」と並んでいますから、「泣き叫ぶ」が妥当です。つまりscreamとほぼ同じ意味合いになり、二語合わせて、「ものすごく泣き叫んだ」の意味になります。Section 3-6最後で島の少年は泣きながら帰ってきますが、sobとなっていましたから「泣きじゃくる、すすり泣く」でしたね。

④what they could 「出来ることを」①と同じ関係代名詞whatで、本文ではdidの目的語になっています。次のような例文があります。

1. This town is quite a different place from what it was ten years ago.
   「この町は10年前とはまったく違う所ですよ」
2. I'll do what I can for you.
   「出来るだけのことはしてあげよう」
   (江川 §62参照)

⑤would not eat wouldは過去の強い意志、固執、拒絶を示すことがあります。

1. I tried to refuse his invitation, but he would insist on my coming.
   「私は招待を断ろうとしたが、彼はぜひ来いと言った」
2. He gave several knocks at the door, but she wouldn't let him in.
   「彼はドアを数回ノックしたが、彼女はどうしても入れなかった」
   (江川 §205参照)

⑥exhausted 「疲れ果てたので」「疲れ果てて」 前にbeingが省略された分詞構文で、理由を表します。

⑦hour after hour この無冠詞は、Section 3-3⑨でも学習した慣用句、とくに対句となっている場合にあたります。他には、

1. It is not advisable to translate word for word.
   「逐語訳は好ましくない」
2. They went from door to door for a donation.
   「寄付を募って一軒一軒歩いた」

⑧**If her anguish with time became less intolerable**　このwith timeはbecameを修飾しているので、anguishとwithとの間が切れます。もしここを音読すれば、ポーズが入ります。became less intolerableは「耐え難さが減じた」→「多少とも耐えやすくなった」。またこのifは、仮定法ではありません。直説法です。仮定法であれば、過去のことは過去完了形のhad becomeとなっているはずです。それが見分け方です。Ifと見れば、仮定法と思い込む人は注意してください。本文の意味合いは、「たとえ、苦悩がその耐え難さを前より減じたとしても、今は（苦痛は）慢性的な憂鬱によって取って代わられた」となります。苦悩も慢性的な憂鬱も彼女にとって苦しいものですから、暗い日々は変わらないのです。

⑨**You would not have thought ...**　「人は思わなかったでしょうに」 if節に相当する語句が無い場合の仮定法です。if節がないので、補えば、if you had not thought about it「もしそんなことについて、思いを致すことがなければ」です。Section 3-6⑤の解説も復習してください。

⑩**a woman could be found capable of ...**　「ある女性が…ができると発見された」が文字通りの直訳です。次の二つの似た表現の英文で訳出方法を考えてみましょう。

1. We found a kind girl capable of taking care of our sick baby.
   「病気の赤ん坊の世話ができる親切な娘を見つけた」
2. A kind girl was found capable of taking care of our sick baby.
   「ある親切な娘が病気の赤ん坊の世話ができると分かった」

⑪**so enduring a passion**　不定冠詞の置かれた位置に注意。too/as/so＋形容詞＋a＋名詞の順序になります。

cf. I have never met so kind a nurse.
「こんなに親切な看護師に出会ったのは初めてです」

⑫**It might at last be he.**　サリーの気持を語るニールスンは、真に迫ったように彼女の内面を伝えようとしてここで描出話法を用いたのです。Section 1-1⑧で学びましたね。She thought that it might at last be he. あるいは、She said to herself,"It may at last be he."と言い換えることもできます。なお、at lastは強調のために語順が通常と違ってbeの前に来ています。（拙著『英語の発想がよくわかる表現50』「描出話法を見分ける！」参照）

⑬**fat**　このfatは「鈍感な」という意味もあり、船長は肥っているので、両方の意味を兼ねているのでしょう。

⑭**what happens to them**　サリーという個人についてニールスンは答えたのですが、船長は、十把一絡げに「そういう女ども」とさも馬鹿にした言い方をしたのです。

⑮**shot him a look of hatred**　これはshot a look of hatred at himと同じです。

⑯**his thoughts wandered**　このwanderは「（考えが）集中できなくなり、（横道へ）逸れる」という意味です。レッドとサリーの話から逸れていったのです。

⑰**five and twenty years**　ここからニールスンの回想になります。twenty-fiveとせず、このように書く癖がモームにあります。やや古風なようです。

⑱**a sick man**　これは、試訳のように、as a sick manとasを補ってもいいのですが、heと同

格とも取れますし、また、前にbeingを補って、状況を表す分詞構文とも考えられます。要は、島にやって来た時の彼の状態の説明だと分かればよいのです。

⑲ **career**　学者として有名になろうと野心を燃やしていたのでしょうから、ヨーロッパーの哲学者となる将来のことです。なおcareerの発音は〔kəríər〕です。日本語で「キャリア」になっているので特に注意しましょう。

コメント

ロマンチックな恋物語が終わると、一気にニールスンのまるで異なる別の恋物語が、違った提示の仕方で読者の前に現れます。その変化が、無理なく読者に受け入れられるように、作者は工夫を凝らしていますね。船長にサリーがその後どうなったかと聞かれ、他の白人と一緒になった、と答えた時点から、船長への嫌悪感を忘れて、自分がサリーを見初めた過去を懐かしく回想し始めた、と作者は書いています。そこから読者は否応なしにニールスンの恋物語に付き合うことになります。

Column 3　翻訳へのステップ

決定訳は、英文解釈の訳文としては、文句のつけられないほど英語の意味を正確に伝える日本語になっています。学校の期末試験や入試での解答ならば、満点でしょう。その一方、やや硬いとか、不自然な日本語だとか、くどいとかいうようなことはないでしょうか？　もっとこなれた日本語にできないものか、と考え工夫して生まれるのが翻訳です。せっかく訳文を書くならば、最終的に翻訳を目指そうと思うのは当然ですね。ただ決定訳との差は微妙で僅かですから、こうすればよい翻訳になりますと、一般論を理論的に説くのは難しいです。日頃から一つのことを何種類もの言い方で表現する練習をするのも役立ちます。本書の決定訳と翻訳を毎回子細に比べて、主語を省略したり、原文にない接続詞を加えたりして、訳文の流れがスムーズになった経過を検討すれば、翻訳のコツが自然に身に付いてきます。名翻訳者の中野好夫氏の「鳩が豆を啄むようにしないで、自分のおばあちゃんが耳で聞いて分かるような日本語にせよ」という助言を常に思い出しましょう。

ニールスンはアピアでの乱れた日々の後、島に移り、有名人になろうという夢を捨て、残された数か月を自然観照の落ち着いた生活で過ごそうと心に決めます。ある日サリーの小屋に出くわし、周囲の美しさに心を奪われ、さらにそこに住むサリーの可憐な姿を初めて見て、心の震えを抑えきれません。これまで会ったことのない美女だと思いました。さらに彼女が悲恋の主人公だと知ります。

He set behind him resolutely all his hopes of making a great name for himself and strove to content himself with the few poor months of careful life which was all that he could count on. He was boarding with a half-caste trader who had a store a couple of miles along the coast at the edge of a native village; and one day, wandering aimlessly along the grassy paths of the coconut groves, he had come upon the hut in which Sally lived. The beauty of the spot had filled him with a rapture so great that it was almost painful, and then he had seen Sally. She was the loveliest creature he had ever seen, and the sadness in those dark, magnificent eyes of hers affected him strangely. The Kanakas were a handsome race, and beauty was not rare among them, but it was the beauty of shapely animals. It was empty. But those tragic eyes were dark with mystery, and you felt in them the bitter complexity of the groping, human soul. The trader told him the story and it moved him.

"Do you think he'll ever come back?" asked Neilson.

"No fear. Why, it'll be a couple of years before the ship is paid off, and by then he'll have forgotten all about her. I bet he was pretty mad when he woke up and found he'd been shanghaied, and I shouldn't wonder but he wanted to fight somebody. But he'd got to grin and bear it, and I guess in a month he was thinking it the best thing that had ever happened to him that he got away from the island."

But Neilson could not get the story out of his head. Perhaps because he was sick and weakly, the radiant health of Red appealed to his imagination. Himself an ugly man, insignificant of appearance, he prized very highly comeliness in others. He had never been passionately in love, and certainly he had never been passionately loved. The mutual attraction of those two young things gave him a singular delight. It had the ineffable beauty of the Absolute.

He went again to the little hut by the creek. He had a gift for languages and an energetic mind, accustomed to work, and he had already given much time to the study of the local tongue. Old habit was strong in him and he was gathering together material for a paper on the Samoan speech. The old crone who shared the hut with Sally invited him to come in and sit down. She gave him *kava* to drink and cigarettes to smoke. She was glad to have someone to chat with and while she talked he looked at Sally. She reminded him of the Psyche in the museum at Naples. Her features had the same clear purity of line, and though she had borne a child she had still a virginal aspect.

It was not till he had seen her two or three times that he induced her to speak. Then it was only to ask him if he had seen in Apia a man called Red. Two years had passed since his disappearance, but it was plain that she still thought of him incessantly.

精読

He **set behind him resolutely** all his hopes of **making a great name** for himself and strove to content himself with the few poor months of careful life which was all that he could **count on**.

語釈　set behind him　「彼の背後に置く」→「すっかり忘れる」／resolutely「断固として」／making a great name「名声を上げる」／count on = depend on

He ①was boarding with ②a half-caste trader who had a store a couple of miles along the coast at the edge of a native village; and one day, wandering aimlessly along the grassy paths of the coconut groves, ③he had come upon the hut in which Sally lived. The beauty of the spot had filled him with **a rapture so great that it was almost painful**, and then he had seen Sally.

語釈　a rapture so great that it was almost painful「あまりにも激しいので、苦痛に近いような歓喜」が直訳です。

She was the loveliest creature he had ever seen, and the sadness in those dark, magnificent eyes of hers affected him strangely. The Kanakas were a handsome race, and beauty was not rare among them, but it was the beauty of **shapely animals**. It was empty.

語釈　shapely animals「形のよい動物」

But those tragic eyes were dark with mystery, and you felt in them ④the bitter complexity of the **groping**, **human** soul. The trader told him the story and it moved him.

"Do you think he'll ever come back?" asked Neilson.

語釈　groping「（何ものかを）探し求めている」／human　つまり、上のanimalsと違い、文明人と同じだということです。

試訳

有名になろうという願いは全部決然と追い払い、数か月のつまらぬ、注意深い生活しか期待できないのなら、それで満足しようと努力した。

彼は混血の商人の家に下宿した。彼は、海岸沿いに数マイル行った、原住民の村のはずれに店を持っていた。ある日の事、椰子の木林の草路をあてもなく散歩していた時、サリーが住んでいる小屋に出くわした。その場所の美しさは彼の心をあまりに大きな歓喜で満たしたので、ほとんど苦痛を覚えたくらいだった。それからサリーを見た。

彼女は見たこともない美人だった。大きな黒い目に浮かぶ悲哀は彼を妙にゆすぶった。カナカ人は顔立ちのよい種族だったから、美人は珍しくなかったが、それは恰好のよい動物の美だった。空っぽだったのだ。

しかしサリーの悲劇的な目は暗く神秘的で、何かを探し求めている人間的な魂の辛い複雑さが感じられた。商人は例の話をしてくれ、これがニールスンを感動させた。
「彼はいずれ帰ってくるでしょうかね？」ニールスンが尋ねた。

決定訳

彼は、著名人になろうという夢を決然として捨て去り、これからの無念な数か月を健康に注意しつつ大人しく暮らそう、それしかないのだから、それで満足しようと努めた。

混血の商人の家に下宿した。店は海岸沿いに数マイル先の、原住民の村の端にあった。ある日、椰子の木の林で草路をあてどもなく歩いていると、ふとサリーの住む小屋のそばに出た。その辺りの土地の美しさに歓喜を覚えたが、あまり激しい歓喜なので苦しくなるほどだった。それからサリーに会った。

これまで出会ったどんな女性よりも美しかった。黒い、大きな目に浮かぶ悲哀が奇妙に彼の心を捉えた。カナカ人は顔立ちのよい種族で、美形は稀ではなかった。しかし、多くは綺麗な動物の美だった。空虚な美だった。

しかし、サリーの悲劇的な目は神秘的に暗く、そこには何かを求める、人間らしい魂の複雑な苦痛があるように感じられた。商人は例の話を聞かせてくれ、ニールスンはすっかり感動した。
「彼、戻ってくるでしょうか？」ニールスンが尋ねた。

精読

下宿の主人は、レッドが誘拐された当初は憤慨しても、じきに、島から逃れて幸いだと思い、サリーのこともすぐ忘れると言います。しかしニールスンは美しい二人の相思相愛に深く感動し、話を聞いただけでも大きな喜びを得ました。彼が、今後どうなるのか気になりますね。

"⑤No fear. **Why**, it'll be a couple of years before ⑥the ship is paid off, and by then **he'll have forgotten** all about her. **I bet** he was **pretty mad** when he woke up and found he'd been **shanghaied**, and ⑦I shouldn't wonder but he wanted to ⑧fight somebody. But **he'd got to grin and bear it**, and I guess in a month he was **thinking it** the best thing that had ever happened to him that he got away from the island."

語釈　Why「なぜ」と思った人いますか？　感嘆詞ですよ。／ he'll have forgotten 未来完了形です。「彼はすっかり忘れてしまっているだろう」／ I bet = I am sure ／ pretty mad「相当に怒った」／ shanghaied　海事・俗語「酔っぱらわせて誘拐し、無理やり水夫にさせる」の意味です。上海から出た単語。／ he'd got to = had to ／ grin and bear it「文句を言わずに耐える」／ thinking it　この it は that he got away from the island です。

But Neilson could not get the story out of his head. Perhaps because he was sick and weakly, the radiant health of Red appealed to his imagination. **Himself an ugly man**, **insignificant of** appearance, he prized very highly comeliness in others. He had never been passionately in love, and certainly he had never been passionately loved. The mutual attraction of those two young things gave him a singular delight. It had **the ineffable beauty of** ⑨**the Absolute**.

語釈　Himself an ugly man 前に being を補って考えると分かります。／ insignificant of「の点で」　ここは of = in point of ／ the ineffable beauty of the Absolute「『絶対』の神聖な美」ineffable は「畏れ多くて口に出せないほど神聖な」という意味です。

試訳

「心配なしですよ。船の契約が終わるまでに２、３年あるでしょう。で、その時までに彼は女のことを全部忘れてしまっていますよ。目覚めて、自分が酒に酔わされて誘拐されたと知った時は、彼が相当狂ったと私は賭けます。驚きませんが、しかし誰かと喧嘩したがったのです。でも、じっと我慢せねばなりませんでした。そして一月後には、島から逃れたのは、彼の身に起きた最善のことだったと考えていたと思いますな」

だが、ニールスンはその話を頭から追い払うことができなかった。もしかすると、彼は病気で弱いので、レッドの輝くばかりの健康が彼の想像にアピールしたのかも知れない。彼自身は醜く、外見がぱっとしなかった。他人における美しさをとても高く評価した。彼は激しく愛した経験はなかったし、激しく愛されたことは本当にはなかった。この二人の若者の相互の惹かれ合いは彼に独特の喜びを与えた。それは「絶対」の聖なる美を持っていた。

決定訳

「心配無用ですよ。水夫の契約が終わるのはまだ２年先のことだし、その頃までには、彼は女のことなどすっかり忘れていますよ。目を覚まして、自分が酒を飲まされて誘拐されたと知った時は、相当に腹を立てて、きっと誰かと取っ組み合いの喧嘩でもやりたかったでしょうな。でも、ぐっと我慢するしかなかった。まあ、ひと月も経った頃には、島から逃れたのは、自分が体験したもっとも幸運な出来事だったと考えていたでしょうよ」

しかし、ニールスンはその話が忘れられなかった。もしかすると、彼自身は病弱であったから、レッドの素晴らしい健康が彼の想像力を刺激したのかもしれない。彼自身は醜い男であり、外見が取るに足らなかったので、他人の美しさを非常に高く買っていた。これまで熱烈な恋をしたことがなかったし、もちろん熱烈に愛されたこともなかった。この若い男女が相互に惹かれ合ったことに、ニールスンは独特の喜びを覚えた。神の神聖な美を見いだした気がしたのだ。

精読

ニールスンはサリーの小屋を再び訪ねます。小屋に同居する老婆と喋りながら無口なサリーを眺め、ナポリの博物館のプシュケー像を思い出します。清純な感じがあのキューピッドに愛された美少女と同じなのです。しかし、彼女がレッドと別れて2年が経つのに、絶えず彼を思っているのは明らかでした。

He went again to the little hut by the creek. He had a gift for languages and an energetic mind, ⑩accustomed to work, and he had already given much time to the study of the local tongue. **Old habit was strong in him** and he was gathering together material for **a paper** on the Samoan speech.

語釈　Old habit was strong in him「昔の習性が彼に強く働いた」学者だったから資料を集めて研究し論文を書くのです。／ a paper「論文」

The old crone who shared the hut with Sally invited him to come in and sit down. She gave him ***kava*** to drink and cigarettes to smoke. She was glad to have someone to chat with and while she talked he looked at Sally. She reminded him of ⑪the Psyche in the museum at Naples. Her features had the same clear purity of **line**, and though she had borne a child she had still a **virginal aspect**.

語釈　kava　カバの木の根で作る酒のような飲み物。／ line「輪郭」「身体の線」linesと複数形を使うことが多い。／ virginal aspect「処女のような様子、雰囲気」

It was not till he had seen her two or three times that he induced her to speak. Then ⑫it was only to ask him if he had seen in Apia a man called Red. Two years had passed since his disappearance, but it was plain that she still thought of him incessantly.

試訳

彼は再び小川近くの小さな小屋に行った。語学の才能と精力的な精神を持っていた。いつも働く習慣だった。それで、彼は既に土地の言葉の研究に多くの時間を与えたのだった。昔の習慣が彼の中で強く、サモア語に関する新聞のための資料を纏めていた。

小屋でサリーと同居していた老婆が小屋の中に入ってすわるように彼に勧めた。カバを飲み、巻きタバコを吸うようにと言った。彼女は話し相手が来たのを喜び、彼女が喋っている間、彼はサリーを眺めた。彼女は、ナポリの博物館にあるプシュケー像を彼に思い出させた。彼女の顔立ちは同じ線の鮮明な純粋さを持っていた。そして一人の子供を産んだにもかかわらず、処女の局面をまだ持っていた。

彼がサリーに話すようにさせたのは、数回会ってからだった。その時、それは、アピアでレッドという男に会ったかどうかを質問するためのみだった。レッドが消えてから２年経っていたが、彼女がまだ絶え間なく彼のことを思っているのは明白だった。

決定訳

彼はまた小川近くの小さな小屋に行った。語学の天分があり、勉学に慣れた熱心な心があったので、すでに相当の時間を費やして土地の言葉を研究していた。昔の習性がまだしっかり残っていて、いずれサモア語に関する論文を書くための資料を収集していたくらいだった。

サリーと同居していた老婆は彼を招じ入れて座らせた。カバを飲ませ、巻きタバコを吸うように勧めた。話し相手ができて喜んでいたのだ。老婆が喋り続ける間、彼はサリーを眺めていた。彼女は、ナポリの博物館にあるプシュケー像を思い出させた。目鼻立ちがあれと同じく、澄んで清らかな輪郭をしている。子供を産んでいるのだが、処女の姿だ。

ようやく彼女に話させることが出来たのは、数回会ってからだった。しかも口をきいたのは、アピアでレッドという男と会わなかったかと尋ねるためだけだった。失踪してから２年も経つのに、いまだに彼のことを絶えず思っているのは明白だった。

解説

①was boarding with ...　ここはちょっと問題ありですよ。「～の家に下宿していた」だけでなく、「～と一緒に下宿している」と訳しても、コンテクストによって正解かもしれないからです。昔の高校での英作文で、「東京の叔父さんの家に滞在した」という問題の解答に、I stayed at my uncle's house in Tokyo. と生徒が書けば、先生が、それでも誤りではないけど、英米人ならI stayed with my uncle in Tokyo. という人が多いですよ、とコメントしました。今でもその通りです。慣用のことですから、理屈ではありません。

②a half-caste trader　「混血の商人」half-casteは、白人目線の差別的な言葉です。イギリスではヨーロッパ人とインド人の混血を指します。casteはインドの階級制度「カースト」のことで、発音は〔ká:st〕あるいは〔kǽst〕です。

③he had come upon　過去完了であることに注目しましょう。過去完了は、知っての通り、過去よりもっと前のことを表すのでしたね。どうやら、ニールスンがサリーと口をきくような関係になった時点を過去とし、初めて小屋を発見し、彼女に初めて出会ったのは、その前だからというので過去完了を使用しているようです。

④the bitter complexity of the groping, human soul　ここを読むと、島の人達を動物並みに低く見ていたのが感じられます。この時代はモームだけでなく、白人優位の考え方が普通だったのです。サリーだけには、何かを探し求めている、人間らしい魂のつらい複雑性がある、というニールスンの印象は、いかにも西洋のインテリらしいものだと思います。

⑤No fear.　「その心配はない」商人は、ニールスンがレッドが帰ってくることを心配しているのかと思ってこう答えたのでしょう。仮にサリーの立場に立って商人が答えれば、No hope「その希望はありえない」と言うはずです。

⑥the ship is paid off　「乗員の契約が終了する」。pay off は「給料を全部払って解雇する」という意味です。

cf. The servants were paid off.

「使用人たちは給料を貰い、解雇された」

その時点で契約期間が終了するのです。本文のthe shipは集合的に乗組員を指します。

⑦I shouldn't wonder but　このbutはthatと同じです。「wonder、doubt、denyなどの否定形に続くbutは接続詞thatと同じ」という規則があるのです。

cf. I don't doubt but he is telling the truth.

「彼が真実を語っているのを疑わない」

しかしこれはやや古風な用法です。I shouldn'tは仮定法の婉曲用法ですね。つまり断定を避けた表現です。but以下は仮定法ではありません。なお、同じ内容を仮定法を使って表現すると、I shouldn't wonder if he had wanted to fight somebody.「彼が誰かと喧嘩したがったとしても、何ら不思議ではないでしょうな」などになりましょう。

⑧fight somebody　「誰かと喧嘩する」。ここではfightは他動詞ですので、against、withなどの前置詞なしでよいのです。

⑨**the Absolute**　定冠詞のtheを伴って大文字で書いたAbsoluteといえば「絶対者」「神様」です。神様の神聖なる美ですから、これ以上美しいものは存在しません。
⑩**accustomed to work**　直前のenergetic mindを形容しています。workは仕事ですが、彼の場合は特に勉学、研究でしょうね。余命の知れた健康状態ですから、土地の言葉を覚えても仕方がないのですけれど、ずっと勉学していた習性が出てしまうのです。
⑪**the Psyche**　ナポリの博物館にあるキューピッドに愛された美少女プシュケー像です。プシュケーは背中に蝶の羽をつけて表されることが多いです。Psycheはラテン語読みでプシュケー、英語読みは〔sáiki〕です。Naplesの英語読みは〔néiplz〕です。
　生身の女性を見ても、すぐに博物館の大理石像の清純な神話の美少女にたとえるあたり、ニールスンの観念主義、現実遊離の傾向、理想主義がうかがわれますね。
⑫**it was only to ask**　「ただ尋ねるためだけだった」。itは「口をきいた」という行為を漠然と指します。

Section 4-3

ニールスンは自分がサリーに恋していると気付きます。しかし死に行く病人ですから、最初は彼女を眺め、声を聞くだけで満足でした。プラトニックな純粋な恋を誇っていました。しかし、島での生活環境で健康が徐々に改善し、生き伸びる可能性が見えてきます。

It did not take Neilson long to discover that he was in love with her. It was only by an effort of will now that he prevented himself from going every day to the creek, and when he was not with Sally his thoughts were. At first, looking upon himself as a dying man, he asked only to look at her, and occasionally hear her speak, and his love gave him a wonderful happiness. He exulted in its purity. He wanted nothing from her but the opportunity to weave around her graceful person a web of beautiful fancies. But the open air, the equable temperature, the rest, the simple fare, began to have an unexpected effect on his health. His temperature did not soar at night to such alarming heights, he coughed less and began to put on weight; six months passed without his having a haemorrhage; and on a sudden he saw the possibility that he might live.

He had studied his disease carefully, and the hope dawned upon him that with great care he might arrest its course. It exhilarated him to look forward once more to the future. He made plans. It was evident that any active life was out of the question, but he could live on the islands, and the small income he had, insufficient elsewhere, would be ample to keep him.

He could grow coconuts; that would give him an occupation; and he would send for his books and a piano; but his quick mind saw that in all this he was merely trying to conceal from himself the desire which obsessed him.

He wanted Sally. He loved not only her beauty, but that dim soul which he divined behind her suffering eyes. He would intoxicate her with his passion. In the end he would make her forget. And in an ecstasy of surrender he fancied himself giving her too the happiness which he had thought never to know again, but had now so miraculously achieved.

He asked her to live with him. She refused. He had expected that and did not let it depress him, for he was sure that sooner or later she would yield. His love was irresistible. He told the old woman of his wishes, and found somewhat to his surprise that she and the neighbours, long aware of them, were strongly urging Sally to accept his offer. After all, every native was glad to keep house for a white man, and Neilson according to the standards of the island was a rich one. The trader with whom he boarded went to her and told her not to be a fool; such an opportunity would not come again, and after so long she could not still believe that Red would ever return. The girl's resistance only increased Neilson's desire, and what had been a very pure love now became an agonising passion. He was determined that nothing should stand in his way. He gave Sally no peace. At last, worn out by his persistence and the persuasions, by turns pleading and angry, of everyone around her, she consented.

精読

It did not take Neilson long to discover that he was in love with her. It was only by an effort of will ①now that he prevented himself from going every day to the creek, and when he was not with Sally **his thoughts were.** ②**At first**, looking upon himself as a **dying man**, he asked only to look at her, and occasionally hear her speak, ③and his love gave him a wonderful happiness. He exulted in **its purity.**

語釈　his thoughts were　後にwith Sallyと補うことができましたね？／At first「初めは」後の方で、「でも今は違って…」と述べられているのが普通です。だから、「第一に」とか「最初に」でなく、「初めは」と「は」をしっかり忘れずに！／dying man　「死につつある、瀕死の、人間」／its purity　性欲と無関係の自分の恋は純粋で清潔だというのです。

He **wanted nothing from her but** the opportunity to **weave around her graceful person a web of beautiful fancies**. But the open air, the **equable temperature**, the **rest**, the **simple fare**, began to have an unexpected effect on his health. His temperature did not soar at night to **such alarming heights**, he coughed less and began to **put on weight**; six months passed without his having a **haemorrhage**; and on a sudden he saw the possibility that he might live.

語釈　wanted nothing from her but ...「…以外は彼女から何も求めなかった」／weave around her graceful person a web of beautiful fancies「彼女の優雅な身体の周囲に美しい空想の薄い網を編む」personには「身体」という意味もあります。／equable temperature「急激な変化のない気温」／rest「休息」／simple fare「簡素な食事」／such alarming heights「ぎょっとするような大変な高さ」suchは「このような」でなく、単に強めです。何度も出てきましたね。／put on weight「体重が増す」／haemorrhage〔hémridʒ〕「喀血」

試訳

自分が彼女に恋していると気付くのに長い時間はかからなかった。彼が毎日小川に行くのを妨げたので、それは意志の力によってだけだった。彼がサリーと一緒でない時は、彼の思想が一緒だった。最初、自分は瀕死の人間だと思って、彼女を眺め、時々話すのを聞くことだけを求めていた。そして、彼の愛は彼に素晴らしい幸福を与えた。彼は幸福の純粋さに有頂天になった。

彼は、何も要求しなかったが、彼女の美しい身体の周囲に美しい空想の網を編む機会はあった。けれども、外気、平均的な気温、その他、素朴な食事が彼の健康に意外な効果を与え始めた。体温が夜に驚くべき高さに上がることはなくなった。咳も減じて、体重が増え出した。喀血せずに６か月が過ぎた。そして、生きるかもしれない可能性を彼は突然見た。

決定訳

ニールスンが彼女に恋をしていると気付くのに、長い時間はかからなかった。今ではよほど意志の力で自分を抑えなければ、毎日小川の近くの小屋を訪ねていただろう。彼女と一緒にいない時でも、思いはいつも彼女の側にあった。初めのうちは、自分はいつ死ぬかもしれぬ病人だと思っていたので、彼女を眺め、時々話す声を聞くことだけを願い、それだけで自分の愛は十分に満たされて幸福だった。自分の恋の純粋さに大きな喜びを覚えた。

彼女の上品な姿態について美しい空想の網を紡ぐ機会を与えられる以外には、何も彼女に求めなかった。しかし、戸外の空気、寒暖の差のない天候、休息、簡素な食事が健康に思いがけない好影響を及ぼし始めた。体温が夜に突然怯えるほど上昇することはなくなり、咳も減り、体重が増した。この６か月一度も喀血しなかった。突然、死なないかもしれぬという可能性が見えてきた。

精読

快復の見込みが見えてくると、彼は将来計画を立て始めます。椰子の木を栽培したり、故国から本やピアノを送らせたりしよう、などと思います。しかし最大の関心事は、愛するサリーと親しくなることでした。どうすれば、レッドを忘れさせることができるのでしょうか？

He had studied his disease carefully, and **the hope dawned upon him** that with great care he might **arrest its course**. It **exhilarated** him to look forward once more to the future. He made plans.

語釈　the hope dawned upon him「彼に希望がかすかに見えてきた」／arrest its course = arrest the course of his disease「病気の進行をストップさせる」／exhilarated〔igzíləreìtid〕「陽気にした」

It was evident that any active life was **out of the question**, but **he could live on the islands**, and the small income he had, insufficient elsewhere, would be **ample to keep him**.

語釈　out of the question = impossible　out of questionは「疑いもなく」ですから注意しましょう。／he could live on the islands「この辺りの島々でなら生きていけるだろう」上のplansの一端です。couldは仮定法で、if節がありませんが、「（もし）ここでならば」です。（Section 3-6①参照）／ample to keep him「彼を生活させるに十分過ぎる」

He could grow coconuts; that would **give him an occupation**; and he would ④send for his books and **a** piano; but his quick mind saw that **in all this** he was merely trying to conceal from himself **the desire** which obsessed him.

語釈　give him an occupation　このoccupationは「職業」ではありません。コンテクストから考えてください。／send for his books and a piano　母国から取り寄せるのですが、pianoが不定冠詞なのはどうしてでしょうか。／in all this「以上述べたプランのすべてにおいて」／the desire　もちろんサリーと結ばれたいという欲望です。

試訳	決定訳
彼は自分の病気を注意深く勉強していた。そして、非常に慎重になれば、病気の進行を阻止できるかもしれないという希望がきざしてきたのだった。また将来に期待できるのは非常に嬉しかった。計画を立てた。	彼は注意深く自分の病状を調べていて、十分に注意しさえすれば結核の進行を阻止できる可能性ありと判断した。生きて、もう一度将来あれこれ出来ると期待できそうだと思うと心が弾んだ。計画を立てた。
活動的な生活が無理なのは明白だった。だが、島でなら生きていけよう。わずかな収入は、他の土地では不十分だが、十二分に食べていける。	活動的な生活が無理なのは当然だが、ここらの島でなら、のんびり生きればいいのだ。彼のわずかな収入は、他の土地では不十分だが、ここでなら十分に食べていける。
椰子の木の栽培も出来る。それは暇つぶしになるだろう。本とピアノを取り寄せよう。しかし、彼の素早い頭は、こういうことすべてにおいて、彼が自分に付きまとう欲望を自身から隠そうと努力しているだけだと分かった。	椰子の木を栽培することもできよう。いい運動になるだろう。故郷に残した書物を取り寄せ、ピアノを注文するのもいい。だが、このような計画を立てているのは、実は、サリーへの付いて離れぬ欲望を自分から隠すために過ぎないと、彼の鋭敏な頭は見抜いていた。

コメント

内容も英語も難しい箇所がありますが、解説を参考にして自分でもよく考えて、しっかり理解して欲しいです。病気が快復してきたニールスンの夢は、恋するサリーを見るたびに膨らんでゆきます。彼女といずれは相思相愛の状況になれるとまで夢想したのです。モーム自身片思いの経験が豊富なので、ニールスンの心理への理解は深いですね。

精読

⑤He wanted Sally. He loved not only her beauty, but that dim soul which he **divined** behind her suffering eyes. He would intoxicate her with his passion. In the end he would make her **forget**. And ⑥**in an ecstasy of surrender** he fancied himself ⑦giving her too the happiness which he had thought never to know again, but had now so miraculously achieved.

語釈　divined「（存在すると）推測した」／forget　目的語は書いてありませんが、明白だからです。／in an ecstasy of surrender「恋に有頂天になって」surrender は「感情や欲望に身を任せること」です。

ニールスンは同棲を求めますが、拒絶されます。しかし、村人たちは、みなニールスンの後押しをして、彼女を説得しようと努めます。ニールスンの欲望は、拒絶されると強まり、純粋な愛が激しい情欲に変わってしまいます。そしてついにサリーは承諾します。

He asked her to live with him. She refused. He had ⑧**expected** that and **did not let it depress him**, for he was sure that sooner or later she would **yield**. ⑨**His love was irresistible.**

語釈　expected「期待した」でいいでしょうか？／did not let it depress him「それが彼を落胆させるままにはさせなかった」が直訳ですね。／yield「言うことを聞く、従う」／His love was irresistible.「彼の愛は抗しがたかった」

He told the old woman **of his wishes**, and found **somewhat** ⑩**to his surprise** that she and the neighbours, **long aware of them**, were strongly urging Sally to accept his offer.

語釈　of his wishes = about his wishes ／ somewhat to his surprise「いささか彼が驚いたことには」／long aware of them　前にbeingを補って考えてみましょう。long = for a long time、them = his wishes。

試訳

彼はサリーが欲しかった。彼は彼女の美しさのみならず、苦しむ目の背後に存在すると彼が推測した、微かに見える魂をも愛した。自分の情熱で彼女を酔わせよう。最後には忘れさせるのだ。彼に身を任す恍惚の最中に、自分が再び知ることはないと思っていたが、今奇跡的に勝ち取った幸福を、彼女にも与えてやる自分自身を空想した。

彼は一緒に暮らしてくれと頼んだ。彼女は断った。しかしそれは期待していたから、そのことをもって失望しないようにした。というのも、やがては彼女は言うことを聞くと確信していたからだ。彼の愛は抵抗不能だった。

老婆に自分の希望を語ったところ、ちょっと驚いたことには、老婆と隣人たちは、長いことそれらに気付いていて、サリーに彼の申し出を受け入れるように強く促していた。

決定訳

実はサリーを自分のものにしたかったのだ。彼女の美しさだけでなく、悲しげな目の奥にあると感じられる魂のようなものをも愛した。僕の情熱で彼女を酔わせてやろう。ゆくゆくは彼女にレッドを忘れさせてやろう。彼は自分の恋心に夢中になって、自分が再び手にすることはないと諦めていたのに、奇跡的に今得られた幸福を、サリーにも味わわせることができると空想したのだった。

彼は一緒に住んでくれと頼んだ。彼女は断った。それは予想していたから、それだけで気落ちしないでいられた。いずれ彼女は応じてくれると、彼は確信していた。彼の愛には抵抗できようはずがなかった。

彼は、老婆に自分の希望を話した。すると、いささか驚いたことには、老婆も隣人たちもずっと前からそれに気付いていて、彼の申し込みを受け入れるように彼女に強く促していたのが分かった。

精読

After all, every native was glad to **keep house for** a white man, and Neilson according to the standards of the island was a rich one. The trader with whom he boarded went to her and told her **not to be a fool**; ⑪such an opportunity would not come again, and after so long ⑫she could not still believe that Red would ever return.

語釈 keep house for「〜のために家事をする」ここでは現地妻になる、の意味です。このような熟語の場合、house は無冠詞です。／ not to be a fool「バカなことを言うな、するな」

⑬The girl's resistance only increased Neilson's desire, and what had been a very pure love now became an **agonising passion**. He was determined that nothing should **stand in his way**. He **gave Sally no peace**. At last, worn out by his persistence and ⑭the persuasions, ⑮by turns pleading and angry, of everyone around her, she consented.

語釈 agonising passion「苦しい情欲」／ stand in his way「彼の邪魔をする」／ gave Sally no peace「サリーに休息、静けさを与えなかった」が文字通りですから、うるさく、しつこく、迫ったということです。

試訳

結局、原住民はみな喜んで白人と家を持ちたがっていて、ニールスンは島の基準では、金持ちだった。ニールスンの下宿していた商人は、サリーの所へ行って、バカなことはやめろと言った。このような機会はまたと来ないだろう、もうこんなに長い年月の後でレッドが戻ってくると信じることは出来なかった。

娘の抵抗はニールスンの欲望を増しただけだった。非常に純粋な愛情だったものが、今は苦痛の情熱になった。どんなものも自分の邪魔は許さないと決心した。サリーに休息を与えなかった。ついに、彼のしつこさと周囲の人々による、交互に懇願したり怒ったりの説得に参って、彼女は同意した。

決定訳

何といっても、島の女は誰でも喜んで白人と同棲していたし、島の水準ではニールスンは金持ちの白人だったのだ。彼の下宿の主人も彼女を訪ね、こんな機会はまたとないのだから、バカなことは言うなと説得した。こんなに長い年月が経っているのに、レッドが戻るなどとまだ思うのはやめろ、とも言った。

娘の抵抗はニールスンの欲望を増すばかりで、プラトニックな愛が今は苦しいほどの情欲になった。もうどんな邪魔立ても許さぬと心を決めた。サリーをしつこく責め立てた。ついに、彼の執拗さと、周囲の者たちの、懇願したり、脅したりの説得に負けて、彼女は承諾した。

コメント

健康に不安があった時は、He exulted in its purity.(Section 4-3, p.200)であったのに、健康が快復し娘の抵抗にあうと、agonising passionを抱く変わりようを、どう思いますか？

これは単にニールスン個人だけの現象ではなく、時と所を超えた普遍的な人間の姿でしょうか。私の感想を敢えて述べれば、何か人間の業のようなものを感じます。

解説

①**now that**　ここは「～だから」という意味の接続詞であるnow thatを知っていると、勘違いする恐れありです。nowとthatとの間は切れていますよ。

②**At first**　具体的な例でさらに説明しましょう。身近な例ですが、First I washed my face ... という文を読めば、「まず顔を洗って、じゃあ次は歯を磨くのかな」と想像します。でもAt first I washed my face ... と読んだ場合には、「初めのうちは顔を洗っていた」となり、わざわざ「初めのうちは」と断っているので、この先に「初めのうち」と違った展開がありますよ、と予告しているわけです。例えばBut now I leave home without washing my face.「でも今は顔を洗わずに家を出る」などです。とにかく、数行下にButで始まる文があるのかなと期待して読みます。このようにFirstとAt firstはAtの有無で大きく違います。本文でも、At firstの数行下にButがありましたね？

③**and his love gave him a wonderful happiness**　冒頭のandに注目しましょう。「そして」ではダメです。「それだけで」という感じです。命令形＋andに似ています。

cf. Study harder, and you will succeed.
「もっと勉強しなさい。そうすれば成功しますよ」
（江川 §295参照）

④**send for his books and a piano**　スウェーデンの家に残してきた自分の蔵書を送らせる、というのは分かりますが、このピアノはどうなのでしょうか？　不定冠詞ですから、新たに購入するのでしょう。

⑤**He wanted Sally.**　これは性的な意味合いが強い表現です。続く文には、ニールスンは、彼女の美しい肉体も魂も合わせて、自分のものにしたいと切望したと説明してありますね。

⑥**in an ecstasy of surrender**　これは難解ですから、詳しく解説します。まずecstasyは、「有頂天、無我夢中、恍惚」などと訳され、激しい感情に支配された状態を言います。surrenderは「強い感情に身を任せ、溺れること」を言います。ニールスンがサリーへの強い恋心に溺れてしまい、我を忘れてしまうこともあったので、そのような瞬間には、サリーに関して空想、夢想、幻想を抱いた、というのです。空想の中身は、サリーがレッドを忘れてニールスンと恋仲になり、幸福になるということです。理性的な彼ですから、冷静に考えれば、それがいかに至難の業であるか、ほとんど不可能なことだと理解するのですが、時に無我夢中になる瞬間もあった、というのです。試訳はin an ecstasy of surrenderという副詞句をサリーの状態ととらえて、彼女が自分とのセックスで恍惚となると彼が空想したように解釈しているようです。よく考えた解釈であり、誤りだと断言はしませんが、無理でしょう。そう解釈するにはこの副詞句はhappinessの直後になければなりません。本文の語順ですと、副詞句はfanciedにかかるととるのがより妥当です。

⑦**giving her too the happiness**　「自分だけでなく彼女にも」というtooを検討しましょう。どこに二人の共通点があるでしょうか？　自分は病気の快復とサリーへの恋によって、生きる幸福を再び取り戻した。彼女にも新しい恋人を得ることによって再び幸福を取り戻

させてあげよう、と空想したのです。でもこれは彼の身勝手な空想かもしれないですね。

⑧**expected**　これは望ましくないことにも使います。その場合は「予想する、予期する、予測する」とすべきですね。We expect a cold winter this year. 寒さを嫌う人なら、「予測」でしょうが、スキー客を迎える業者なら「期待」でしょうね。正しい訳はコンテクスト次第でしたね。(拙著『英語の発想がよくわかる表現50』「コンテクストは大切」参照)

⑨**His love was irresistible.**　コンテクスト次第では、「『おれの愛に抵抗できるはずはないぞ』と思った」と描出話法に取り得ますが、そうではなく、作者が「彼の愛は誰にも抵抗できぬほど激しいものだった」と客観的に述べたのでしょう。

⑩**to his surprise**　同じ形の句を学びましょう。

to his joy「喜んだことには」、to her great disappointment「ひどく失望したことには」、a bit to my shame「少し恥じたことには」など。

⑪**such an opportunity would ...**　冒頭にhe told her thatを補って考えます。

⑫**she could not still believe**　このcouldは「できない」「はずがない」というより「してはいけない」と助言したと取るべきです。

⑬**The girl's resistance only increased Neilson's desire**　抵抗されるとかえって欲望が増した、というのはよく見られる人間心理ですね。

⑭**the persuasions**　下のof ...とつながっていますから、村人たち何人もによる説得ですね。「説得」という元来は抽象名詞だったものが、具体的な普通名詞に変わって使われたので、複数にもなり得ます。

⑮**by turns pleading and angry**　まずby turnsは「交互に」ですから、「懇願したり」「怒ったり」の説得が交互に行われたのです。

喜び勇んでサリーを訪ねますが、彼女はレッドとの愛の巣であった小屋を焼き払っていました。でも新たにヨーロッパ風の家を建て、二人は同棲を始めます。最初は彼女の肉体から得たもので満足したニールスンですが、彼女が身体は与えても心は与えず、彼を少しも愛していないと知り、失望します。

But the day after when, exultant, he went to see her he found that in the night she had burnt down the hut in which she and Red had lived together. The old crone ran towards him full of angry abuse of Sally, but he waved her aside; it did not matter; they would build a bungalow on the place where the hut had stood. A European house would really be more convenient if he wanted to bring out a piano and a vast number of books.

And so the little wooden house was built in which he had now lived for many years, and Sally became his wife. But after the first few weeks of rapture, during which he was satisfied with what she gave him, he had known little happiness. She had yielded to him, through weariness, but she had only yielded what she set no store on. The soul which he had dimly glimpsed escaped him.

He knew that she cared nothing for him. She still loved Red, and all the time she was waiting for his return. At a sign from him, Neilson knew that, notwithstanding his love, his tenderness, his sympathy, his generosity, she would leave him without a moment's hesitation. She would never give a thought to his distress. Anguish seized him and he battered at that impenetrable self of hers which sullenly resisted him. His love became bitter. He tried to melt her heart with kindness, but it remained as hard as before; he feigned indifference, but she did not notice it. Sometimes he lost his temper and abused her, and then she wept silently. Sometimes he thought she was nothing but a fraud, and that soul simply an invention of his own, and that he could not get into the sanctuary of her heart because there was no sanctuary there. His love became a prison from which he longed to escape, but he had not the strength merely to open the door—that was all it needed—and walk out into the open air.

It was torture and at last he became numb and hopeless. In the end the fire burnt itself out and, when he saw her eyes rest for an instant on the slender bridge, it was no longer rage that filled his heart but impatience. For many years now they had lived together bound by the ties of habit and convenience, and it was with a smile that he looked back on his old passion. She was an old woman, for the women on the islands age quickly, and if he had no love for her any more he had tolerance. She left him alone. He was contented with his piano and his books.

His thoughts led him to a desire for words.

"When I look back now and reflect on that brief passionate love of Red and Sally, I think that perhaps they should thank the ruthless fate that separated them when their love seemed still to be at its height. They suffered, but they suffered in beauty. They were spared the real tragedy of love."

"I don't know exactly as I get you," said the skipper.

精読

But **the day after** when, **exultant**, he went to see her he found that in the night she had burnt down the hut in which she and Red had lived together. The old crone ran towards him full of angry abuse of Sally, but he **waved her aside**; ①it did not matter; **they would build a bungalow** on the place where the hut had stood. **A European house would** really be more convenient if he wanted to **bring out** a piano and a vast number of books.

語釈　the day after = the next day ／ exultant〔igzʌ́ltnt〕「大喜びで」彼の状態を述べています。／ waved her aside「彼女を払いのけた」／ they would build a bungalow　この they は誰ですか。would の用法は？／ A European house would これは誰の考えかすぐ分かりますね。／ bring out「取り出す、持ち出す」が一般的な意味ですが、ここではどうでしょうか。どこからどこへ、持ち出すのですか。

And so the little wooden house was built in which he had now lived for many years, and Sally became his wife. But after the first few weeks of rapture, during which he was satisfied with what she gave him, ②he had known little happiness. She had ③yielded to him, through weariness, but she had only yielded what she **set no store on**. The soul which he had dimly glimpsed **escaped him**.

語釈　set no store on ...「…を尊重しない」／ escaped him「彼のものにならなかった」

試訳

しかし翌日、彼が有頂天で彼女に会いに行くと、夜の間に、彼女がレッドと暮らしていた小屋を焼き払ってしまったのを発見した。老婆が、サリーのことをすっかり怒って罵りながら彼のもとに走り寄って来た。しかし彼は老婆を追い払った。大した問題ではない。小屋があった場所にバンガローを建てよう。ピアノや沢山の書物を取り寄せるのなら、ヨーロッパ風の家が本当にもっと便利だろう。

そうして、彼がもう長年住んで来た小さな木造の家が建てられ、サリーは彼の妻となった。だが、彼が彼女の与えてくれたものに満足した、最初の歓喜の数週間が過ぎてからは、彼はわずかな幸福しか得なかった。疲れ切ったので、彼女は言う事を聞いたけれど、彼女が尊重していないものを譲っただけだった。彼がかすかにちらっと見た魂は、彼のものにならなかった。

決定訳

しかしその翌日、彼が意気揚々と訪ねて行くと、彼女が晩の中にレッドと暮らしていた小屋を焼き払ってしまったのを知った。いつもの老婆が駆け寄ってきて、サリーに腹をたててさんざん悪口を言ったが、彼は老婆を払いのけた。大したことではない。小屋のあった場所にバンガローを建てよう。ピアノと無数の書物を取り寄せたければ、ヨーロッパ風の家のほうが本当に便利なのだ。そう思った。

こうして、何年もずっと住んできた今の小さな木造の家が建てられ、サリーは彼の妻になった。だが、最初の数週間は、彼女が与えてくれたもので満足し、有頂天だったものの、その後は幸福を味わうことはまずなかった。彼女は、疲れ果てて、彼の要求に従ったけれど、与えたのは彼女が大事だと思わないものだけだった。彼がふと垣間見た魂は彼のものにならなかった。

精読

ニールスンはサリーの肉体も精神も愛したので、結婚後、心の交流も熱望します。しかし、サリーのレッドへの想いは衰えず、ニールスンに心の奥まで入らせることはしません。彼女の気持を自分に向かわせようと、なだめすかして努力しますが、彼女の心はレッドに向けられているためです。ついに彼の恋は牢獄になりましたが、彼には脱獄する力がありません。

④He knew that she ⑤cared nothing for him. She still loved Red, and all the time she was waiting for his return. **At a sign from him**, Neilson knew that, notwithstanding his love, his tenderness, his sympathy, his generosity, she would leave him without a moment's hesitation. She would never give a thought to his distress.

語釈　At a sign from him「彼からの一つの合図で」この副詞句が修飾するのは、Neilson knewか、それとも、she would leave himか、どっちでしょう？

⑥**Anguish seized him** and he **battered at** ⑦that **impenetrable** self of hers which sullenly resisted him. His love became ⑧bitter. He tried to melt her heart with kindness, but it remained as hard as before; he ⑨**feigned indifference**, but she did not notice it.

語釈　Anguish seized him「苦悩が急に彼を襲った」／battered at「がんがん叩く」元来、閉まった扉などを、開けてもらおうと乱打すること。／impenetrable「入り込めない、頑固な」／feigned indifference「無関心を装った」

Sometimes he **lost his temper** and abused her, and then she wept silently. Sometimes he thought she was **nothing but** a fraud, and **that soul** simply **an invention of his own**, and that he could not get into the sanctuary of her heart because there was no **sanctuary** there.

語釈　lost his temper = got angry ／ nothing but = only ／ that soul　次にwasが省略されています。／ an invention of his own「彼自身が勝手にでっちあげたもの」／ sanctuary〔sǽŋktʃuèri〕「聖域」

試訳

彼は彼女が自分のことなどまったく好きでないと知った。今でもレッドを愛していて、常時彼の帰りを待っていた。レッドからの合図で、ニールスンの愛情、優しさ、同情、寛大さにもかかわらず、一瞬の迷いもなく、彼のもとから立ち去るだろうと、ニールスンは知った。彼女は、彼の苦痛を考えもしないだろう。

苦悩が彼に襲い掛かり、不機嫌に彼に逆らっている、彼女の貫通できない自我をガンガン叩いた。彼の愛は苦いものになった。親切で彼女の心を溶かそうとしたが、前同様頑なままだった。無関心のふりをしたけれど、彼女はそれに気付かなかった。

時には腹を立てて彼女を罵ることもあり、その時彼女は黙って泣いた。時々、彼女はインチキに過ぎず、魂は単に彼の創作だと思った。彼女の心には聖域がないので、聖域に入れないのだと思った。

決定訳

彼は彼女が自分のことを少しも好いていないと知った。いまだにレッドを愛し、いつも帰りを待ち続けていた。もしレッドからちょっとでも合図があろうものなら、ニールスンの愛情、優しさ、同情、寛大さにもかかわらず、一瞬の迷いもなく捨てて行くのは確かだ。彼が悲しむことなど一切意に介さないだろう。

苦しみに襲われた彼は、彼を無情に拒む彼女の頑固な心の奥に入りこもうと、強引な態度を取った。恋は恨みがましいものに変わった。親切にして彼女の心を和らげようとしたが、相変わらず頑なままだった。無関心を装ったが、彼女は気がつきさえしなかった。

時には腹を立てて、罵ることもしたが、彼女はしくしく泣くだけだった。時には、彼女はペテン師に過ぎず、彼女に魂があるというのは単に彼のでっち上げだと思うこともあった。自分が彼女の心の聖域に入れないのは、そんなものは彼女には存在しないからだとさえ思った。

精読

His love became a prison from which he longed to escape, but he **had not the strength** merely to open the door—⑩that was all it needed—and walk out into the open air.

語釈 had not the strength　古風な表現で、今なら did not have the strength です。

サリーへの片思いは拷問の苦しみとなり、彼は無感覚で絶望的になって行きます。情熱の火も燃え尽きてしまいます。それでも習慣と便宜だけで結ばれて、もう双方に愛情のないまま長い歳月一緒に暮らしてきました。

It was torture and at last he became **numb and hopeless**. In the end ⑪the fire burnt itself out and, when he saw her eyes rest for an instant on the slender bridge, it was no longer rage that filled his heart but impatience. For many years now they had lived together bound by the ties of habit and convenience, and it was with a smile that he looked back on his old passion.

語釈 numb and hopeless「無感覚で絶望的」numb の発音は〔nʌ́m〕です。

She was an old woman, for the women on the islands **age quickly**, and **if he had no love for her any more he had tolerance**. **She left him alone**. He was contented with his piano and his books.

語釈 age quickly「早く年を取る」／ if he had no love for her any more he had tolerance　過去のことを過去形で述べているのですから、仮定法ではないと判断できますね？「もう彼女への愛情は持たぬにしても、代わりに寛大さを持っていた」／ She left him alone.「彼女は彼を放っておいた」余計な干渉をしないというのです。

試訳	決定訳
彼の愛は牢獄になった。そこから逃げたいと思うのだが、ただドアを開けて――それさえできればいいのだが――戸外に歩いて出てゆく力がなかった。	彼の恋は牢獄になった。そこから脱出したいのだが、ただ戸を開いて――そうしさえすればいいのだ――外に歩いて行けばいいのに、彼にはその力がないのだ。
それは拷問であり、とうとう彼は無感覚で絶望的になった。最後には火は燃え尽き、サリーがあの細い丸木橋にちらと視線をとめるのを見ても、彼の心を満たすのはもはや怒りでなく苛立ちだった。もう何年も二人は習慣と便宜の絆で結ばれて同棲してきた。彼が自分の昔の情熱を振り返るのは、微笑と共にであった。	それは拷問の苦しみであり、とうとう彼は無感覚で絶望的になってしまった。最後には情熱の火が燃え尽きてしまった。サリーがあの細い丸木橋を一瞬じっと眺めるのを見ても、今はもう腹は立たず、いらいらするだけになった。もう長いこと二人は、習慣と便宜というだけの結びつきで同棲を続けてきた。彼は自分の昔の情熱を思い出して、微笑した。
島の女は早く年を取るから、彼女は老女だった。そして彼がもう彼女に対して愛情を持たなかったとしても、寛大さを持っていた。彼女は彼を放っておいた。彼はピアノと書物で満足だった。	サリーも今は老女だった。島の女は早く老けるのだ。彼はもう愛情は覚えていなかったが、寛大な気持ちはあった。自分に干渉しないのがよかった。彼はピアノと読書で満足だったのだ。

コメント

ニールスンとサリーの恋愛は、相思相愛からほど遠い片思いですね。この辺りのニールスンの恋の有様をみると、次の恋愛の定義を思い浮かべます。

“特定の異性に特別の愛情をいだき、高揚した気分で、二人で一緒に居たい、精神的な一体感を分かち合いたい、出来るなら肉体的な一体感も得たいと願いながら、常にはかなえられないで、やるせない思いに駆られたり、まれにかなえられて歓喜したりする状態に身を置くこと。”

『新明解国語辞典　第五版』(三省堂)のものです。以前執筆者の個人的な解釈だというので、話題になったので覚えている人もいるかもしれません。ニールスンにこの定義を見せたら、大いに同意するでしょうね。

精読

⑫His thoughts led him to a desire for words.

"When I look back now and **reflect on** that brief passionate love of Red and Sally, I think that perhaps they should thank **the ruthless fate** that separated them when their love seemed still to be at its height. They suffered, but ⑬they suffered in beauty. ⑭They were spared the real tragedy of love."

"**I don't know** exactly ⑮as I get you," said the skipper.

語釈 reflect on「よく考える」／the ruthless fate「過酷な運命」／I don't know 口語では「私は思わない」の意味です。

解説

①it did not matter 「問題ではなかった」と訳すだけで満足しては困りますよ。まず、これは誰の考えでしょうか？ itは何を指していますか？ ここから段落の最後のbooksまでは、ニールスンが老婆に話したことか、あるいは口に出さないで心中で考えたことか、のいずれかです。一種の描出話法です。直接話法で書けば、"It does not matter. We will build a bungalow on the place where the hut has stood. A European house will really be more convenient if I want to bring out a piano and a vast number of books," he said aloud / he thought / he said to himself.

となります。

②he had known little happiness このlittleはnoに非常に近いですね。この場合のknowは「経験する、味わう」です。

③yielded to him このyieldは自動詞で「従う」という意味です。下のonly yielded whatでは他動詞で「与える」という意味ですね。自動詞であれ他動詞であれ、「仕方なく、いやいや」というニュアンスを帯びています。

試訳

彼の思考は言葉への欲望へと彼を導いた。
「今振り返って、レッドとサリーの束の間の激しい恋愛についてよく考えてみると、恋愛のまだ頂点だったような時に二人を引き裂いた過酷な運命に対して、彼らは多分感謝すべきかもしれないと思うんです。彼らは悩んだ、でも美しく悩んだんです。恋愛の本当の悲劇を免れました」
「おっしゃる意味がよく分かりかねますなあ」船長が言った。

決定訳

あれこれ回想している中に、また喋りたくなった。
「今振り返ってみてですね、あのレッドとサリーの短い激しい恋愛について思うのですが、もしかすると、愛が最高だと思えた時に無理矢理二人を別れさせた過酷な運命に感謝すべきじゃあないかと思います。二人は苦しんだのは苦しんだんだろうが、美しい恋心のままで苦しんだのですから。恋の本当の悲劇は免れたんです」
「おっしゃる意味がよく分かりませんなあ」船長が言った。

コメント

レッドとサリーが恋の絶頂期に別れたということで、運命に感謝すべきだという意見が述べられていますね。同じ意見が、*"The Colonel's Lady"*『大佐の奥方』という後期の短編にも出てきます。相思相愛の恋人の一方の青年が急死するのですが、彼は恋の甘美さのみ経験したから幸福だった、と述べられています。モームは相思相愛が長続きしないと思い込んでいるようです。

④He knew　普通knowは状態動詞であり、「知っている」というのであって、「知った」という動作動詞として使う場合は、get to knowなどにする、と言われています。その通りですが、本文の場合のように、時にはknowだけでget to knowと同じ意味に使うこともあるのです。というのは、結婚後数週間して、ニールスンはこの事実を知ったのですから。うすうす感じていたにしても、知ってはいませんでした。数行下のNeilson knewの場合も同じです。
⑤cared nothing for him　「彼のことを少しも気にかけていない、好まぬ」文語調の表現です。nothingは副詞で「少しも～でない」の意味です。

cf. It helps us nothing.「それは我々にぜんぜん役立たない」

⑥Anguish seized him and　彼は生来粗暴な人ではないので、ここに続くbattered「乱打する」という行為をさせる強い動機付けがないと読者は納得しませんね。それで、「苦しみに襲われたので」と述べているわけです。andも「それ故に」であって、「そして」ではありません。
⑦that impenetrable self of hers　「彼女のあの開かずの扉のような頑なな心」という感じの内容です。selfは「自我」ですが、selfishは「自己中心、わがままな」と言う意味でしたね。

⑧ **bitter**　「苦々しい」相手を恨み、辛くあたり、不機嫌である、陰険な、などの感じの形容詞です。従って、現代風の歌詞などには使われているようですが、本来ならloveとは相性のよくない形容詞です。
⑨ **feigned indifference**　恋の作戦として、わざと無関心の振りをするという手があるのですが、相手がそれに気がつきさえしないのでは効果ゼロですね。
⑩ **that was all it needed**　thatはto open the doorを指し、itは「愛の牢獄から逃れること」を指します。「戸を開けさえすれば脱獄できるのに、それができる力がない」という内容です。彼女への恋に縛られて、身動きできない状態ですから、bondage「束縛」と呼んでいいでしょう。モームの代表作の題名が *"Of Human Bondage"*『人間の絆』であるのを、知っている読者もいるでしょうか？
⑪ **the fire burnt itself out**　情熱の火が何時しか燃え尽きるというのはモームの固定観念の一つです。*"Episode"*『エピソード』という短編は、些細な罪で服役した青年が、服役中に恋人のことばかり想い続けたあまり、いざ出獄する日が近づいた時、愛情が燃え尽きてしまい、結婚を待ち望んでいた恋人を絶望させる話です。
⑫ **His thoughts led him to a desire for words.**　この文の前までは、ニールスンとサリーとの男女関係がもっぱら彼の回想として、淡々と述べられて来たのでしたね。つまりこの回想の間は、読者はニールスンの頭の中を読んでいるわけです。一方、レッドとサリーの物語は、ニールスンが船長に語ったものでした。Section 4-1で船長がレッドの失踪後のサリーについて尋ね、３年後に他の白人と親しくなった、とニールスンが答えたのが、レッドとサリーに言及した最後でした。そこからニールスンの長い回想を経て、今ここでレッドとサリーの恋が話題になったわけです。作者は「彼は、あれこれ回想する中に、また口をききたくなった」という一文を入れて、「ニールスンの回想（ニールスンとサリーの物語）」→「ニールスンと船長の会話の再開（レッドとサリーの物語）」という話題の変化が唐突に感じられないように工夫しています。
⑬ **they suffered in beauty**　恋の美しい部分だけしか知らぬ段階で悩んだ、ということです。
⑭ **They were spared the real tragedy ...**　spareは二つの目的語を持てる動詞です。ここでは「苦痛などを免ずる」の意味です。

1. I will spare you the horrible details of the story.
「物語の怖い細部は聞かせないであげよう」
2. We were spared unnecessary trouble.
「私たちは不要な面倒を免れた」

⑮ **as I get you**　that I understand youと同じです。接続詞thatの代わりにasを使うのは俗語的です。

SECTION 5

Neilson gave a gasp, for at that moment a woman came in.

まさにその瞬間、
女が部屋に入ってきたので、
ニールスンは息をのんだ。

ニールスンは、恋の悲劇は死でも別離でもなく無関心だという説を披瀝します。念頭にあるのは、レッドとサリーの恋で、仮にレッドの失踪がなければ、いずれどちらかが無関心になっただろうと言うのです。船長に話している間に、船長が別の人に見えてきて、ニールスンはぎょっとします。

"The tragedy of love is not death or separation. How long do you think it would have been before one or other of them ceased to care? Oh, it is dreadfully bitter to look at a woman whom you have loved with all your heart and soul, so that you felt you could not bear to let her out of your sight, and realise that you would not mind if you never saw her again. The tragedy of love is indifference."

But while he was speaking a very extraordinary thing happened. Though he had been addressing the skipper he had not been talking to him, he had been putting his thoughts into words for himself, and with his eyes fixed on the man in front of him he had not seen him. But now an image presented itself to them, an image not of the man he saw, but of another man.

It was as though he were looking into one of those distorting mirrors that make you extraordinarily squat or outrageously elongate, but here exactly the opposite took place, and in the obese, ugly old man he caught the shadowy glimpse of a stripling. He gave him now a quick, searching scrutiny. Why had a haphazard stroll brought him just to this place?

A sudden tremor of his heart made him slightly breathless. An absurd suspicion seized him. What had occurred to him was impossible, and yet it might be a fact.

"What is your name?" he asked abruptly.

The skipper's face puckered and he gave a cunning chuckle. He looked then malicious and horribly vulgar.

"It's such a damned long time since I heard it that I almost forget it myself. But for thirty years now in the islands they've always called me Red."

His huge form shook as he gave a low, almost silent laugh. It was obscene. Neilson shuddered. Red was hugely amused, and from his bloodshot eyes tears ran down his cheeks.

Neilson gave a gasp, for at that moment a woman came in. She was a native, a woman of somewhat commanding presence, stout without being corpulent, dark, for the natives grow darker with age, with very grey hair. She wore a black Mother Hubbard, and its thinness showed her heavy breasts. The moment had come.

She made an observation to Neilson about some household matter and he answered. He wondered if his voice sounded as unnatural to her as it did to himself. She gave the man who was sitting in the chair by the window an indifferent glance, and went out of the room. The moment had come and gone.

精読

"①The tragedy of love is not death or separation. ②How long do you think it would have been **before one or other of them ceased to care**? Oh, it is dreadfully bitter to look at a woman whom you have loved with all your heart and soul, ③so that you felt you could not bear to let her out of your sight, ④and realise that **you would not mind if you never saw her again**. The tragedy of love is indifference."

語釈　before one or other of them ceased to care「彼らの一人が愛するのを止める前に」このcareはloveとほとんど同じです。／you would not mind if you never saw her again「もし彼女に再会しなくても、構わない」

But while he was speaking a very extraordinary thing happened. Though he had been **addressing the skipper** he had not been talking to him, he had been putting his thoughts into words for himself, and **with his eyes fixed on the man** in front of him he had not seen him. But now **an image presented itself to them**, an image not of the man he saw, but of another man.

語釈　addressing the skipper は「船長に話を聞かせる」で、talking to him は「彼とお喋りする」です。／with his eyes fixed on the man　聴衆の誰かに目を注いでいても、個人的な関心がなければ、本当には見ていないという事はありうるでしょう？／an image presented itself to them「あるイメージが彼の目に映った」them = his eyes

試訳

「恋の悲劇は死でも別離でもないのです。二人のどちらかが無関心になるまでにどれくらいかかったとあなたは思いますか？　ああ、自分が全身全霊を傾けて愛したゆえに、その顔を見ないのに我慢できないと感じた女を見て、再会しなくても平気だと思うようになったと悟るのは、ものすごく辛いことです。恋の悲劇は無関心です」

しかし、彼が話している間にある非常に意外なことが起こった。彼は船長に話をしていたのだけど、彼と話をしていたのではなかった。自分の考えを自分のために言葉にしていたのだった。目の前の男に目を注いでいたけれど、彼を見ていたのでなかった。しかし今、ある姿が彼らに呈示された。見えている男でなく、別の男の姿である。

決定訳

「愛の悲劇は死や別離ではありません。二人の一方が相手に無関心になるまで、どれくらいの時間がかかったか、想像できますか？　ああ、自分が全身全霊を傾けて愛し、その女が見えるところにいないのを我慢できなかったほど愛した女だったのに、今では彼女と会えなくても平気になるというのは、何と悲しいことでしょう！　愛の悲劇は無関心というやつですよ」

しかし、彼が語っている間に、非常に奇妙なことが起きた。彼は船長に向かって語っていたけれど、一対一の対話をしていたのではなく、自分のために考えを言葉に纏めていただけだった。相手に目を据えていたけれど、相手をよく見ていたのではなかった。それが今、ある姿が目に入ってきたのだが、それは船長でなく別の男の姿だった。

コメント

船長とレッドがようやく重なりました。ニールスンが一方的に喋りまくっていたので、もともと口数の少ない船長は、名乗る機会がなかったのですね。でも船長は相手が自分を主人公にして語っている間、一体どんな気持だったのでしょう？　本文には書いてないので、想像してみると面白いですね。

精読

ひょっとして目の前にいる薄汚いデブはレッドなのか、という疑惑がニールスンの頭に浮かびます。そもそもでたらめに散歩していて、まさにここに来たというのも怪しい。彼はあまりのことに気が転倒しますが、思い切って名前を尋ねます。

It was as though he were looking into one of those **distorting mirrors** that make you extraordinarily squat or outrageously **elongate**, but here exactly the opposite took place, and in the obese, ugly old man he caught the shadowy glimpse of a **stripling**. He ⑤gave him now a quick, **searching scrutiny**. Why had a **haphazard** stroll brought him **just to this place**?

語釈 distorting mirrors「歪む鏡」日本の遊園地などにもありますね。／elongate「ひょろ長い」／stripling = lad, boy／searching scrutiny「厳しい綿密な調査」／haphazard〔hæphǽzərd〕「行き当たりばったりの」／just to this place「ピタリここへと」

A sudden tremor of his heart made him slightly breathless. An absurd suspicion seized him. **What had occurred to him** was impossible, and yet ⑥it might be a fact.

"What is your name?" he asked abruptly.

The skipper's face **puckered** and he gave a cunning chuckle. He looked then malicious and horribly **vulgar**.

語釈 What had occurred to him「彼の頭に浮かんだこと」とは何でしょう？／puckered「しかめ面になった」／vulgar「卑しい、下卑た」

試訳

あなたを極端にずんぐりとして見せたり、途方もなくひょろ長く見せたりするあの「歪む鏡」を覗いているような感じだった。だが、ここに正反対の現象が起こった。デブで醜い老いた男の中に若者の姿がかすかに見える。今急いで船長を探るようにじっと見た。行き当たりばったりぶらぶら散歩していて、いったいどうしてちょうどここへ来たのか？

彼は突然心臓が震え、息が少し苦しくなった。愚かしい疑惑が彼を捉えた。彼の頭に浮かんだことは不可能だったのだが、でも、もしかすると事実かもしれない。
「あなたのお名前は？」彼は唐突に尋ねた。
船長の顔はしかめ面になり、ずるそうにくすくす笑いをした。その様子は意地悪で身の毛もよだつほど下品だった。

決定訳

人の姿を極端に横長に見せたり、異常にひょろ長く見せるお化け鏡を覗いているようだった。しかしあれと正反対の現象が起きたのだ。醜い肥満した中年男の中にみずみずしい若者の姿が微かに見えた。急いでじっと探るように船長を凝視してみた。当てもない散歩であるならば、いったいどうして他でなくこの地点にやってきたのか？

突然心臓が震えだし、少し息が苦しくなった。愚かしい疑惑が急に襲ってきた。頭に浮かんだのはあり得ないことだったが、しかし、事実なのかもしれない。
「お名前は何といいましたか？」唐突に尋ねた。
船長の顔はゆがみ、ずるそうに笑った。その顔はいかにも意地悪で、ぞっとするほど下卑て見えた。

精読

ニールスンは目の前の男がレッドの変わり果てた姿だと知り、驚愕します。一方船長は面白がって、涙を流して笑います。その瞬間に老け込んだサリーが現れます。緊張の一瞬ですが、その瞬間は来て、去ります。

"It's **such a damned long time** since I heard it that I almost forget it myself. But for thirty years now in the islands they've always called me Red."

His huge **form** shook as ⑦he gave a low, almost silent laugh. It was **obscene**. Neilson shuddered. Red was hugely amused, and from his bloodshot eyes tears ran down his cheeks.

語釈　such a damned long time「とっても長いこと」このsuchも単なる強めで、「このような」ではありませんね。damnedはやや下品な強め。／form「身体」／obscene「わいせつな」と「忌まわしい、許しがたい」と二つの意味があります。

Neilson **gave a gasp**, for at that moment a woman came in. She was a native, a woman **of somewhat commanding presence**, ⑧**stout without being corpulent**, ⑨dark, for the natives grow darker with age, with very grey hair. She wore a black **Mother Hubbard**, and its thinness showed her heavy breasts. ⑩The moment had come.

She **made an observation** to Neilson about some household matter and he answered. He wondered if his voice sounded as unnatural to her as it did to himself. She gave the man who was sitting in the chair by the window an indifferent glance, and went out of the room. The moment had come and gone.

語釈　gave a gasp = gasped／of somewhat commanding presence「少々威圧するような存在の」／stout without being corpulent「肥満とはいかずとも、がっちりした」／Mother Hubbard　裾が長くてだぶだぶの婦人用のドレス。しばしば妊婦服として着ます。／made an observation = said

試訳

「それを聞いたのはうんとこさ前だったから、自分でもほぼ忘れたなあ。だが、島じゃあ、ここ30年ばかり、みんな俺をいつもレッドと呼んできたですよ」

彼が低い、ほとんど声のない笑いをもらした時、彼の巨大な身体が震えた。忌まわしかった。ニールスンはぞっとした。レッドはすごく面白がって、血走った目からは涙が頬を伝って流れた。

ニールスンははっと息をのんだ。その瞬間女が入ってきたのだ。原住民で、ちょっと堂々たる存在感の女で、肥満はしていないが、たくましい。原住民は年を取るともっと黒くなるので、黒かった。ほとんど白髪だ。黒いだぶだぶの服を着て、薄いので、重い乳房が見える。瞬間が来た。

女は家事についてニールスンに何か言い、彼が答えた。彼の声が、自分にそうであったように、女にも不自然に聞こえたかなと思った。女は窓の側の椅子に座っている男を無関心にちらっと見て、部屋を出て行った。瞬間は来て、去った。

決定訳

「久しく聞いてないもんだから、自分でも忘れたみたいですがね。この辺りの島じゃあ、ここ30年間レッドっていう名前でいつも呼ばれてきましたよ」

低い、ほとんど聞こえないような笑いをもらしながら、船長は肥満した全身をゆすった。見るに堪えない忌まわしさだった。ニールスンはぎょっとした。レッドはすっかり悦に入り、血走った目から涙が頬を伝って流れた。

まさにその瞬間、女が部屋に入ってきたので、ニールスンは息をのんだ。島の女で、辺りを威圧するような感じがちょっとあり、肥満とは言えぬががっちりした体格である。島の女は年齢と共に肌の色が濃くなってゆくので、今は濃い褐色の肌になり、髪は真っ白である。島の女の着る、黒いだぶだぶの裾の長い服を着ている。薄い生地なので、重い乳房がすけて見える。その瞬間が来た。

女は何か家事のことをニールスンに言い、彼がそれに答えた。その声が不自然に自分には聞こえたが、女にそれが分かるだろうかな、と彼は思った。女は、窓の側に座っている船長を興味なさそうにちらと見たが、そのまま部屋を出ていった。その瞬間は来て、去った。

解説

①**The tragedy of love ...**　モームはその随想録 *"The Summing Up"*『サミング・アップ』の最終章で、For love passes. Love dies. The great tragedy of life is not that men perish, but that they cease to love.「というのは愛は過ぎ、消え去る。人生の最大の悲劇は、人が死ぬことではなく、愛が死ぬことだ」と述べています。愛の儚さは、この作家が実感し、生涯抱き続けた感慨なのでしょう。

②**How long ... it would have been before ...**　「どれくらい長くかかっただろうと」 仮定法ですね。レッドとサリーのいずれかが相手に無関心になる、というのは実際に起こらなかったことですね。別れなかった場合を仮定しているのです。そして、後半のbeforeはどのように訳せるでしょうか。まずIt was not long before she realised her mistake.という文を訳してみましょう。「彼女が自分のミスに気付く前に長くかからなかった」でもいいですが、「ミスに気付くまで」のほうが自然な日本語でしょう。英語でもbeforeをuntilに変えても同じ意味になります。

③**so that**　「それゆえ」 結果を表します。

cf. The work was very heavy, so that by the end of the day he was tired out.
「仕事はとてもきつかったので、その日の終わりまでに彼は疲れ果てた」
(江川 §258参照)

④**and realise**　これは数行上のto look atと並ぶ不定詞です。it is dreadfully bitterのitは形式主語で本当の主語はこの二つの不定詞です。

⑤**gave him now a quick, searching scrutiny**　名詞を中心にした表現ですね。scrutinyは「じろじろ注意深く見ること」です。数行下にもgave a cunning chuckleがありますが、似た表現をいくつか学びましょう。

1. He gave a loud cry with pain.
「彼は痛いので大声を上げた」
2. The dog gave a yelp when I trod on his paw.
「私が足を踏んだので、犬はキャンと鳴いた」
3. Give the cat a good brush.
「猫によくブラシをかけてやれ」
4. When I hit him, he gave me a dirty look.
「彼をぶったら、嫌な顔をして私を見た」

give 以外の動詞の例も見てみましょう。

1. The little girl made a polite bow.
「少女は丁寧にお辞儀をした」
2. They had a long wait for the bus.
「彼らはバスを長いこと待った」
3. I could hardly get a wink of sleep last night.

「昨夜はほとんど一睡もできなかった」
(江川 §27参照)

⑥**it might be a fact**　it may be a factとどう違うか、分かりますか？　もっと曖昧になります。なおit = what had occurred to him.

⑦**he gave a low, almost silent laugh**　⑤で学んだばかりの名詞表現ですね。これをHe laughed lowly, almost silently. と書き直しても、同じ意味のはずですが、名詞表現がより普通です。

⑧**stout without being corpulent**　いずれも肥満しているという意味の形容詞ですが、強いていえば、stoutはがっちり、たくましさがあり、corpulentはでぶでぶ、という感じでしょうか。

⑨**dark**　ここの使い方は微妙です。白人についてdark、fairという場合は、前にも書きましたが、肌と目と髪の色について、濃いか薄いかという区別をつけるのに使用します。肌の色について述べる場合、白人の描写ですから、fairは白い肌で、darkは小麦色です。若い時のサリーは白人に近い外見だったのです。しかし、老けたサリーは、原住民の外見に変わったので、濃い褐色の肌の意味でdarkを使っています。

⑩**The moment**　ある特定の時。本文では昔愛し合った恋人同士の再会の瞬間。緊張の瞬間。待ち焦がれた瞬間。had come and gone とあるので、来たものの一瞬にして去った、というのですね。本文では、それを知るのはニールスンのみで、当事者二人とも、それと気づかぬ中の出来事でした。

ニールスンは心の動揺を隠して、レッドに夕食を共にしようと誘います。しかしレッドは注文品を届ける用事があるからと言って、辞退し、例の危ない丸木橋を渡って帰って行きます。

Neilson for a moment could not speak. He was strangely shaken. Then he said:

"I'd be very glad if you'd stay and have a bit of dinner with me. Pot luck."

"I don't think I will," said Red. "I must go after this fellow Gray. I'll give him his stuff and then I'll get away. I want to be back in Apia tomorrow."

"I'll send a boy along with you to show you the way."

"That'll be fine."

Red heaved himself out of his chair, while the Swede called one of the boys who worked on the plantation. He told him where the skipper wanted to go, and the boy stepped along the bridge. Red prepared to follow him.

"Don't fall in," said Neilson.

"Not on your life."

Neilson watched him make his way across and when he had disappeared among the coconuts he looked still. Then he sank heavily in his chair.

Was that the man who had prevented him from being happy? Was that the man whom Sally had loved all these years and for whom she had waited so desperately? It was grotesque.

A sudden fury seized him so that he had an instinct to spring up and smash everything around him. He had been cheated. They had seen each other at last and had not known it. He began to laugh, mirthlessly, and his laughter grew till it became hysterical.

The Gods had played him a cruel trick. And he was old now.

At last Sally came in to tell him dinner was ready. He sat down in front of her and tried to eat. He wondered what she would say if he told her now that the fat old man sitting in the chair was the lover whom she remembered still with the passionate abandonment of her youth. Years ago, when he hated her because she made him so unhappy, he would have been glad to tell her. He wanted to hurt her then as she hurt him, because his hatred was only love. But now he did not care. He shrugged his shoulders listlessly.

"What did that man want?" she asked presently.

He did not answer at once. She was old too, a fat old native woman. He wondered why he had ever loved her so madly. He had laid at her feet all the treasures of his soul, and she had cared nothing for them. Waste, what waste! And now, when he looked at her, he felt only contempt. His patience was at last exhausted. He answered her question.

"He's the captain of a schooner. He's come from Apia."

"Yes."

"He brought me news from home. My eldest brother is very ill and I must go back."

"Will you be gone long?"

He shrugged his shoulders.

精読

Neilson for a moment could not speak. He was strangely **shaken**. Then he said:

"①I'd be very glad if you'd stay and have a bit of dinner with me. **Pot luck**."

"I don't think I will," said Red. "I must ②go after this fellow Gray. I'll give him his stuff and then I'll get away. I want to be back in Apia tomorrow."

"I'll send a boy along with you to show you the way."

"That'll be fine."

語釈　shaken「動揺を受けた」／Pot luck「有り合わせの料理」

Red **heaved** himself out of his chair, while the Swede called one of the boys who worked on the plantation. He told him where the skipper wanted to go, and the boy stepped along the bridge. Red prepared to follow him.

"Don't fall in," said Neilson.

"**Not on your life**."

語釈　heaved「（重い物を）持ち上げた」／Not on your life　強い否定です。Section 1-8 語釈（p.48）にもありましたね。

試訳

ニールスンは一瞬喋れなかった。妙に動揺させられた。それから言った。
「あんたがもう少し残って、ちょっと食事をして行って頂けば、とても嬉しいのですがね。有り合わせですけど」
「やめておきます」レッドが言った。「グレイという人を追っかけなくちゃあなりませんからな。注文品を渡し、それから帰ります。明日はアピアに戻りたいのです」
「ボーイにあなたの供をさせて、そこへ案内させましょう」
「そいつは有難いですな」

レッドが椅子から重い身体を持ち上げている間に、ニールスンは農園で働くボーイの一人を呼んだ。船長が行きたいところを告げ、ボーイは橋を渡って行った。船長は後に続く準備をした。
「落っこちないように」ニールスンが言った。
「とんでもない」

決定訳

ニールスンは一瞬口がきけなかった。妙に心が乱れた。しばらくして言った。
「もう少しいらして、夕食を共にして頂ければ有難いです。ほんの有り合わせのものしかありませんが」
「せっかくですが、グレイという人を訪ねなくてはなりませんので。注文品を渡し、それから帰らねばなりません。明日にはアピアに戻りたいんでね」
「じゃあ、ボーイに言って道案内をさせましょう」
「それはご親切に」

レッドは重い身体を椅子から持ち上げ、一方、ニールスンは農園で働く少年の一人を呼んだ。船長の行き先を告げると、少年は丸木橋をどんどん渡って行った。レッドはその後に続く準備をした。
「川に落ちないように」ニールスンが言った。
「絶対大丈夫ですよ」

コメント

ニールスンが馬鹿丁寧な口調で動揺を隠すので、かえってショックの大きさが推量されますね。そういう心理を的確に描く作者の手腕に注目しましょう。

精読

ニールスンは自分の幸福を阻害したのがこの男か、また、サリーが生涯愛し続けたのがこの男かと思うと、やりきれない思いでした。神が自分をペテンにかけたことへの怒りが込み上げてきます。

Neilson watched him make his way across and when he had disappeared among the coconuts **he looked still**. Then he ③sank heavily in his chair.

④**Was that the man** who had prevented him from being happy? Was that the man whom Sally had loved all these years and for whom she had waited so desperately? ⑤It was grotesque.

語釈 he looked still「彼はまだ見ていた」／Was that the man ...? 描出話法です。

A sudden fury seized him so that he had an **instinct** to **spring up** and smash everything around him. He had been cheated. They had seen each other at last and **had not known it**. He began to laugh, **mirthlessly**, and his laughter grew till it became hysterical.

The Gods had **played him a cruel trick**. ⑥**And** he was old now.

語釈 instinct「衝動」／spring up「つと飛び起きる」／had not known it このknowは「覚る」／mirthlessly「楽しさなく」「陰気に」／played him a cruel trick = played a cruel trick on him「彼を残酷なペテンにかけた」／And he was old now このAndはどういう意味合いでしょうか？

試訳

ニールスンは彼が渡って行くのを見守り、彼が椰子の間に消えた時も、まだ見ていた。
それから、椅子に重そうに座った。あれが、私が幸福になるのを邪魔した男か？　あれが、サリーが長年愛し、必死になって待っていた男か？　グロテスクだ。

突然怒りが彼を襲い、そのため、飛び起きて周囲のものすべてを破壊しようという衝動を覚えた。だまされたのだ。二人はようやく互いに会ったのだ！　それだのに気付かなかった。彼は陰気に笑い出し、笑いは次第に声高になり、ヒステリーになった。
神々は、彼を残酷にだましたのだ。そして彼は今は年老いてしまった。

決定訳

ニールスンは彼が橋を渡って行くのを見守り、さらに、姿が椰子の林に消えてからもまだ見ていた。
それから椅子によたよたと座り込んだ。俺の幸福を邪魔したのはあの男なのか。サリーが生涯愛してきて、必死で帰りを待っていたのは、あの男なのか。こんな馬鹿げたことが他にあるか！

急に腹が立ってきて、飛び起きて周囲のあらゆるものをぶち壊そうという衝動に駆られた。だまされたのだ。二人はやっと再会したのに、気付きさえしなかった。彼は陰気に笑い出し、それが止まらず、次第にヒステリックになった。
神々は俺をだましたのだ。俺はもう老人なのに。

精読

いよいよ最後になりました。ロマンスの主人公だったレッドとサリーのその後を知ったニールスンは、激しく心が揺れ動きます。サリーに向かって、あの醜い船長が、お前の憧れのレッドの成れの果てだと言ってやりたい気持ちすら浮かびません。サリーへの彼の愛は完全な無関心に変わり、「どうして俺はこんな女を狂ったように溺愛したのか？」と無念でなりません。

⑦At last Sally came in to tell him dinner was ready. He sat down in front of her and tried to eat. He wondered what she would say if he told her **now that** the fat old man sitting in the chair was the lover whom she remembered still with ⑧**the passionate abandonment of her youth**. **Years ago**, when he hated her because she made him so unhappy, **he would have been glad to tell her**. He wanted to hurt her **then** as she hurt him, because his hatred was only love. ⑨But now he did not care. He **shrugged his shoulders listlessly**.

語釈　now that　この二つの間は切れています。／ the passionate abandonment of her youth「青春時代ならではの情熱的な夢中さ、無謀さ」／ Years ago「何年も以前であったならば」ですね。／ he would have been glad to tell her　仮定法ですが、if節はどこでしょう？／ then「その当時であったなら」すぐ下のnow「今なら」と対比されていますね。／ shrugged his shoulders listlessly「大儀そうに肩をすくめた」

試訳

遂にサリーが入ってきて夕食の用意ができたと告げた。彼はサリーの前に座り、食べようとした。あの椅子に座っていた肥った老人は、彼女が若い時の情熱的な夢中さでいまだに覚えている彼女の愛人だと、今話したら、彼女は何と言うだろうか。何年も以前、彼女が彼をひどく不幸にするので憎んでいた頃なら、喜んで話したであろう。彼女が彼を傷つけたので、彼女を傷つけたかった。彼の憎しみは愛に過ぎなかったのだから。しかし今は構わなかった。彼は大儀そうに肩をすくめた。

決定訳

ようやくサリーが入ってきて食事の用意ができたと知らせた。彼はサリーと面と向かって食卓についた。さっき椅子に座っていた肥った老人は、お前が娘時代と同じく今も情熱を持って覚えている愛人だ、と今教えてやったら、何と言うだろうか。以前、女が彼を不幸にさせるので憎んでいた頃なら、喜んで教えたところだ。その頃なら、女が彼の心を痛めた仕返しに、痛めたかったのだ。憎しみは愛に過ぎなかった。しかし今は、どうでも構わなかった。面倒臭そうに肩をすくめた。

精読

"What did that man want?" she asked presently.

He did not answer at once. She was old too, a fat old native woman. He wondered why he had ever loved her so madly. He had laid at her feet all the treasures of his soul, and she had cared nothing for them. Waste, what waste! And now, when he looked at her, he felt only contempt. ⑩**His patience was at last exhausted.** He answered her question.

"He's the captain of a schooner. He's come from Apia."

"Yes."

"He brought me news from home. My eldest brother is very ill and I must go back."

"Will you be gone long?"

He shrugged his shoulders.

語釈 His patience was at last exhausted.　愛していない女と同棲を続けるという辛抱心が遂に消えたのです。他の英語で表現すれば、He lost his patience at last. となります。

解説

①**I'd be very glad if you'd stay ...**　この言い方は、もちろん仮定法です。いわゆる「事実に反する仮定」ではなく、丁寧を表しています。いくつか分かりやすい例文を挙げます。

1. Could you show me the hat?
   「その帽子を見せてくださいませんか」
2. Would you like a cup of tea?
   「お茶をいかがでしょうか」
3. Might I ask you to help me carry this suitcase for me?
   「このスーツケースを運ぶの手伝ってくださる？」
4. I'd appreciate it very much if you'd lend me ten thousand dollars.
   「もし１万ドル用立てくだされば、恩にきますよ」
   （拙著『英語の発想がよくわかる表現50』「仮定法は仮定だけではない！」参照）

どうして丁寧な言い方をしたのでしょうか。おそらく心の動揺を相手から隠すためで

試訳

「あの人、何の用事だった？」やがて彼女が尋ねた。
ニールスンはすぐには返事しなかった。彼女も年寄だった。肥り、老いた原住民の女だ。どうして俺は彼女をあんなに狂ったように愛したことがあったのか？　俺の魂の宝物すべてを彼女の足元に置いたのだが、彼女は一顧も与えなかった。無駄、何という無駄だったか！
　しかも、彼女を見ても今は軽蔑しか感じない。彼の忍耐心はとうとう尽きた。質問に答えた。
「彼は帆船の船長だ。アピアから来た」
「はい」
「彼は故郷から知らせを持ってきた。一番上の兄が重い病気で、私は帰国しなくてはならない」
「長く行ってしまう？」
ニールスンは肩をすくめた。

決定訳

「さっきの人、何の用事？」まもなく女が尋ねた。
ニールスンはすぐには返事をしなかった。彼女も年を重ね、肥った島の老女になった。この女をあんなに気がおかしくなるくらい愛したのは、どうしてなのかな、と思った。彼女の足元に自分の魂の宝物を全部捧げたけれど、女は一顧だにしなかった。何たる浪費だろうか！　それに、今女を見れば、軽蔑しか感じないのだ。辛抱がとうとう尽きた。質問に答えた。
「あの男は帆船の船長だ。アピアから来た」
「ああそう」
「故郷から知らせを持ってきた。長兄が重病だというので、帰国しなくてはならない」
「長い間？」
ニールスンは肩をすくめた。

しょう。礼儀作法にすがって、内面の苦悩をさらけ出さぬようにしたのでしょう。

②**go after**　口語で「追い求める」。実際に追いかける場合よりも、心理的な意味合いのほうが多いようです。go after a good jobなら「よい仕事を探す」という意味です。本文でも同じです。

③**sank heavily in his chair**　精根尽き果てたので、全身に力がなくなり、椅子にどさっと落ち込んだのです。痩せていて体重は船長の半分くらいでしょうに。心が重かったのです。Section 1-4 (p.26) にThe skipper sank into a deck-chair and smoked idly. という描写があったのを覚えている人いますか？　船長の場合は、肥満していて重いために、椅子に沈み込むという感じでした。両者を比較すると興味深いですね。

④**Was that the man ... not known it**　ここは描出話法ですね。慣れれば分かりやすいでしょう。20世紀以降文学が人間の外面より内面を描くようになったので、よく使われるのです。また、最後のThe Gods ... からold now. も描出話法と分かりましたか？（Section1-1⑧参

照）

⑤It was grotesque.　Itは今判明した事実を指します。

⑥And he was old now.　ここはどういう思いでしょうか？　まずAndが「そして」でなく、「その上」「しかも」であるのは、自然に理解できたのではありませんか？（拙著『英語の発想がよくわかる表現50』「andのいろいろ」参照）もっと若ければ、やり直しも可能かもしれないけれど、それも出来ない、という怒りです。

⑦At last　ニールスンが神に裏切られたと嘆きながら、しばらく一人でいたのですが、今ようやくサリーが現れたというわけです。

⑧the passionate abandonment of her youth　じっくり考えてみましょう。中核にあるのがabandonmentです。まずabandonというのは、「捨てる」という意味が基本ですが、abandon oneself toという熟語があり、これは「（快楽などに）身を任す」「（好きな事に）耽る」という意味です。それで名詞のabandonは「奔放」「気まま」の意味になるのです。abandonmentも同じです。ここでは、「全身全霊を傾けて、無我夢中で恋に耽ること」という意味合いですね。of her youthは、「彼女の若い頃の」です。では訳してみましょう。「若い頃の情熱的な、夢中の恋心」でもいいのですが、裏ワザで「若い頃の夢中な情熱」とすると日本語として通じやすいかもしれません。Section 4-3⑥にあったsurrenderもだいたい同じ意味です。理性も世間の目も常識もすべて忘れ、あえて無視して夢中になるのが、激しい恋だ、という考えが、モームだけでなく文学者にあるのです。日本でも「恋の病」という言葉がありましたね。

⑨But now he did not care.　「でも今はどうでも構わなかった」　ニールスンはSection 5-1冒頭で「恋の悲劇は無関心だ」と言いましたね。あれはレッドとサリーの恋を念頭に置いていたのですが、自分のサリーへの片思いについても潜在意識下で終わりを感じていたようでもありました。そして今や彼自身のサリーへの愛がそのような悲劇で終わった、とはっきり認めたのです。

⑩His patience was at last exhausted.　「もう我慢ならぬ」と言うのですから、故国に戻り、もうサリーのもとに戻らないかも知れませんね。

おわりに

ここに読者の皆様にお届けする『英文精読術』は、今から９年前にディーエイチシー編集部からの依頼で、私が書き上げた書物の復刻版です。

私は既に数冊の英文解釈の本を出しているので、類書であれば、もう執筆する意味がないように感じられました。一方、類書にない特徴を持ち、読者が読解力を伸ばすのに嘘偽りなく役立つような本なら書いてみたい、とも思いました。というのは、私の著書のお蔭で英語がすらすら読めるようになった、という読者がいるにしても数が少ないのです。「英語の奥の深さが分かった」、「自分がこれまでは、正確に読んでいなかったと覚らされた」というような感想ばかりが多いのです。

英語を本格的に読める人を本当に増やせる本にするために、どんな工夫ができるかをじっくり考えた上で、数回相談し、最終的に執筆を引き受けることになり、本書が誕生したのです。

原文にモームを使う選択に次いで、解説に、評判の名著である江川泰一郎著『英文法解説』から頻繁に引用することにしたのも大きな工夫でした。かなり以前に私が拙著の１つで、「英文読解、翻訳に際して、英文法上の疑問が生じた際は、江川先生の本さえあれば、全部解決できて感謝しています」と記したことがあり、それが切掛けとなり、亡くなる迄文通させて頂きました。ある時、私のお願いに応えて、「私の本のどこでも自由に使っても結構です」という許可状を下さったのです。寛大な先生に改めて感謝申し上げます。

私事になりますが、私は英語の精読にも、モーム文学にも、相当の関心を持ち、長年勉強してきました。2024 年はモーム生誕 150 年という記念の年です。今回、縁あって出版社の Gakken から復刻の申し出を頂き、大喜びでお受けし、僅かばかりのミスを訂正し、ようやく読者の皆様に新しい装いで提供する運びになりました。

実は、私が東京大学の助手だった昔、Gakken が学習研究社という社名だった頃に、同社の編集者だった親友の故横本昌久君の世話で一冊、翻訳の書籍を出しています。懐かしい思い出のある出版社に復刻していただくのも何かのご縁でしょう。

歴代の編集者の方々は、「はじめに」に記した工夫を効果的に生かすために、まず『赤毛』の翻刻権を取り、原文、語釈、解説、3 種の訳文の配置を学習者の便宜のために、試行錯誤しながら真摯に考え、最後に理想的なよい形を考案して下さいました。

ここに誕生した本書が、今度こそ本当に多くの方の読解力を向上させるように心から願いつつ、送り出します。

2024 年 3 月

行方昭夫

赤毛

訳・行方昭夫

船長はズボンのポケットに手を突っ込み、大きな銀時計を取り出した。ポケットはズボンの脇でなく前にあったから、腹の突き出ている者には、骨が折れる。時計を見、沈みゆく太陽をまた眺めた。舵輪を操作するカナカ人がちらっとこちらを見たが、何も言わない。船長は近づく島をじっと眺めた。一本白く泡立っている線があり、そこにサンゴ礁がある。船が通過できる切れ目があるのは分かっている。もう少し近寄れば、きっと見つかるだろう。

日没までには、まだ一時間ほどある。礁湖に入れば、水深が深いから安全に停泊できる。椰子の木立の間から、航海士の友人が村長である村が見えてきた。上陸すれば、きっと愉快な夜になるぞ。その時航海士が近づいてきたので、船長はそっちを向いた。

「どうだね、酒を土産に持って行って、女の子を呼んで踊らせるというのは？」船長が言った。

「ですが、切れ目が見つからないんですよ」航海士が答えた。

航海士はカナカ人で、美男で浅黒かった。帝政後期のローマ皇帝の誰かに少し似ていた。やや太り気味だが、顔立ちはよく、きりっとしている。

「切れ目はな、ちょうどその辺にあるはずだ。絶対間違いねえ」船長は双眼鏡で見ながら言った。「どうして見つからんのか、分からん。水夫をマストに登らせて、探させてくれ」

航海士は水夫を呼んで指示した。船長はカナカ人の水夫が登るのをじっと眺め、報告を待った。だが、「白い泡の線に切れ目はありません」と大声で伝えるだけだった。船長はサモア語によく通じていたので、下品な言葉で水夫を罵った。

「あのまま登らせておきますか？」航海士が尋ねた。

「ふん、そんなことしても、くその足しにもならん！　あの間抜け野郎、目がないのも同然なんだから。俺がマストに登れば、絶対に見つけるんだがなあ」

船長は憤然として細いマストを眺めた。幼い頃から椰子の木に登るのに慣れている原住民の奴らなら大丈夫だが、俺はデブだからな。

「降りてこい。お前なんか、なんの役にも立たぬ。サンゴ礁に沿ってどんどん行け。いずれ切れ目が見つかる」船長が怒鳴った。

石油の補助エンジン付の七十トンの帆船で、向かい風でなければ、時速四ノットないし五ノットで走る、薄汚れた船だった。ずっと以前に白く塗ったのだが、今では汚れ、みすぼらしく、ペンキのあちこちが剥げてまだらになっている。石油と積荷のコプラのために、ひどい臭いが染みつ

いている。

そろそろサンゴ礁の近く百フィート足らずに来たので、船長は舵手に、切れ目のところまでサンゴ礁に沿って走れと命じた。しかし二マイルほど走ったがやはり見つからない。見落としたと気付いたので、回れ右をして、速度をゆるめ、通った所をまた戻らせた。それでも、サンゴ礁の白い泡は切れ目なく一直線に続いているだけだ。いまや、日没も迫って来た。船員どもの無能さに悪態をつきながら、船長は翌朝まで待つしかないと、とうとう諦めた。

「船を回せ。こんなところで錨を下ろせんからな」

沖の方に少し移動した。やがてすっかり暗くなった。錨を下ろした。帆を巻き上げると、船は相当揺れ出した。いずれ転覆するさ、というのがアピアでの噂だった。一流の商店の経営者でもあるドイツ系アメリカ人の船主は、「いくら金を積まれたって、あの船に乗るのだけは御免だ」と言っていた。

コックが夕食の準備が出来たと知らせにきた。中国人で、着古して汚れた白ズボンに薄地の白い上着を着ている。船長が船室に行くと、機関士がもう食卓についていた。ひょろ長く痩せこけた男で、首は骨と皮だった。青のオーバーオールとジャージーを着ていて、ジャージーは袖なしで、肘から手首まで刺青した細い腕がむき出しだ。

「外で停泊しなくちゃならんとはな、畜生め！」船長がわめいた。

機関士は何も言わず、彼らは黙々と食事をした。船室にはうすぼんやりした石油ランプがともっている。デザートに出た缶詰のアンズを食べ終わると、コックが紅茶を運んできた。船長は葉巻に火をつけ、上甲板に出た。今では、島は暗い夜空を背景に黒々とした塊になって横たわっている。星が明るく輝いていた。聞こえる音と言えば、打ち寄せる波が砕ける絶え間ない音だけだ。

船長はデッキチェアに身を沈め、所在なさそうに葉巻をくゆらせた。まもなく三、四人の乗組員が甲板に上がってきて腰を下ろした。ある者はバンジョーを、ある者はアコーディオンを手にしていた。演奏が始まり、一人が歌い出した。西洋の楽器の演奏だと原住民の歌は妙に聞こえる。やがて歌に合わせて一組が踊り出す。獰猛で原始的な野蛮な踊りだった。猛烈な速さで手足を動かし体全体をくねらせる、スピード感のある踊りだ。官能的で、肉感的なのだが、情熱は伴わない。とても動物的でむき出しの踊りであり、不気味だが謎めいてはいない。いうなれば自然体であり、敢えて言えば幼稚だとさえ言える。

とうとう誰もが疲れ切ってしまい、甲板に体を伸ばして眠ってしまった。すっかり静かになった。船長は椅子から

重い身体を持ち上げ、昇降階段を用心深く下りて行った。船室に入り服を脱いだ。ベッドによじ登り、横になった。暑い夜なので少しあえいだ。

　しかし翌朝、静かな海で空が白みだすと、昨夜姿を隠していたサンゴ礁の切れ目が、停泊した場所のやや東側に見えた。帆船はそこから礁湖に入った。水面にはさざなみ一つなかった。海中深くサンゴの生えた岩の間では、小さな熱帯魚が泳いでいるのが見える。錨を下ろすと、船長は朝食を済ませ、甲板に出た。雲一つない大空から日光が降り注いだが、まだ早朝なので、暑くなく大気は爽快で涼しく感じられる。日曜日のせいか、辺り一面静けさがただよい、大自然が休息しているように静まり返っている。船長はいつになく心が和んだ。木の立ち並ぶ海岸を眺めながら座っていると、けだるいような快適な気分を味わった。やがて、薄笑いを浮かべ、葉巻の吸いさしを海に投げた。

「よし、上陸しよう。ボートを出してくれ」

　恐る恐る梯子を下り、それからボートで小さな入り江に入った。椰子の木々が水際まで迫っている。木々は並べて植樹したのでないのに、きちんと適当な間隔を取って並んでいる。一見したところ、年はとっても色気たっぷりの老嬢たちの踊るバレエを思わせる。昔流行った思わせぶりな微笑を浮かべて、澄まして立っているのだ。

　船長は木々の間を、曲がりくねって続いているのがかろうじて見える道を、とぼとぼと歩いて行った。やがて幅の広い小川に出た。橋が架かってはいたけれど、椰子の木の幹を十本ほど縦につないで作った名ばかりの橋で、丸太と丸太との継ぎ目の部分は、川底に打ち込んだY字形の枝で支えてあるだけだ。細くて滑りやすい丸い表面を歩くことになる。手で捉まるものは何もない。こんな危ない橋を渡るには、しっかりした足取りと逞しい心臓が必要になる。

　船長はためらった。だが対岸には、木々の間に守られるようにして、白人の家が見える。渡ろうと心を決め、少々びくびくしながら渡り出した。足元に十分気を付けて進んだが、それでも一本の丸太が次の丸太につながる、高低差のある箇所では、ちょっとよろめいた。最後の丸太にたどり着き、ようやく対岸の大地を踏んだ時には、ほっとして大きく息をつく有様だった。危険な橋を渡るのに夢中で、誰かに見られているのに気付かなかったから、急に話しかけられてびっくりした。

「慣れていないと、こういう橋を渡るには、ちょっとばかし勇気が要るものですな」

　顔を上げると、目の前に男が立っていた。先ほど見かけた家から出てきたのはすぐ分かった。

「ためらっているのを拝見しましたからな。滑り落ちる

ところを見ようと眺めていました」男はにやりとした。

「まさか、ご冗談を！」やっと自信を取り戻した船長が応じる。

「実は、以前落っこちたことがありましてね。今でも覚えていますが、夕方、狩猟から戻って来た時、この橋から落ちたのです。銃なんかも一緒にね。いまじゃあ、銃はボーイに持たせていますよ」

男はもう若くない。白いものが混じった小さなあごひげでほっそりした顔立ちだ。袖なしのシャツにズックのズボン。靴も靴下もはいていない。話す英語にはかすかに外国訛りがある。

「ニールスンさんですか」船長が尋ねた。

「ええ、そうです」

「噂は聞いていますよ。どこかこのあたりにお住まいかと思っていました」

船長は主人の後からバンガローに入り、すすめられた椅子にでんと座った。主人がウィスキーとグラスを取りに行っている間、室内を見渡して驚いた。これほど多数の書物を見たのは生まれて初めてだった。四方の壁は、床から天井まで書棚になっていて、どの書棚にも本が隙間なく詰まって並んでいる。楽譜が散らばったグランドピアノがあり、大きなテーブルには本や雑誌が無造作に置いてある。

船長は居心地悪く感じた。ニールスンという男は変わり者だという噂を思い出した。もう島にずいぶん長く住んでいるのに、彼について誰も多くのことを知らなかった。多少とも知っている連中は、異口同音に変わった奴だと言っていた。国籍はスウェーデンだった。

「いやあ、ずいぶん沢山本がありますなあ！」ニールスンが戻ってくると船長が言った。

「まあ、害にはなりませんからな」ニールスンは微笑を浮かべて答えた。

「全部読んだのですか？」船長が尋ねた。

「ええ、大部分はね」主人が答えた。

「俺も本は読む方でね。『サタデー・イブニング・ポスト』を定期購読していますよ」

ニールスンは皮肉な笑みを浮かべ、船長に強いウィスキーをたっぷり注ぎ、葉巻も勧めた。船長は、聞かれたわけでもないのに事情を説明した。

「昨夜着いたんですがね、サンゴ礁の切れ目が見つけられなくて、外で停泊しました。この辺りには来たことはなかったんですが、会社の指示で物を運んできました。グレイって男知ってますか？」

「ああ、ここのちょっと先にある店の主人です」

「で、グレイは缶詰を大量に買いたいということでした。

あっちはあっちで、コプラを売りたがっています。アピアでぐずぐずしているくらいなら、こっちへ行ったほうがいい、と会社に言われましてね。いつもならアピアとパゴパゴを往復しているんです。ところがちょうど今、あっちで天然痘が出て、商売は上がったりなんですよ」

　船長はウィスキーをぐいとやり、葉巻に火をつけた。生まれつき寡黙だったが、ニールスンにはどこか人を苛々させるものがあり、その苛立ちのせいで、口数が多くなった。ニールスンは大きな黒い目で客をじっと見ていたが、その目にはどこか軽蔑するような表情があった。

「ここは、なかなかいいお住まいですなあ」

「あれこれ手を入れたりして来ましたから」

「周囲の椰子の木々もかなり儲かるでしょうな。立派に育っているようですから。最近はコプラの値段があがってきましたな。実は、以前はちっとばかり椰子林を持っていたんですよ。ウポル島でのことでしたがね。事情があって売ってしまいましたが」

　船長は改めて、部屋を眺めまわした。ぎっしり詰まった書物全体に、敵意を抱く何か、自分に理解できない何かがあるような気分にさせられた。

「でも、ここじゃあ、少々さびしいのじゃありませんか？」

「いやあ、もう慣れっこになりましたよ。二十五年になりますから」

　船長はもう言うべきことがなくなってしまい、黙々と葉巻をふかした。ニールスンも沈黙を破ろうという気持はないようだった。客の様子をしげしげと眺めた。背が高い。六フィートを超えているだろう。とても肥っている。顔は赤らんでいてしみがある。頬には細い紫色の静脈が網の目のように透いて見える。目も鼻も顔の肉に埋まってしまっている。目は充血している。首は部厚い肉に埋まっていて見えない。後頭部にほとんど白くなった長い縮れた髪が端にある以外は、すっかり禿げている。

　額は幅広く、てかてか光っていて、そこだけ見れば、あるいは知的な印象を与えたかもしれないけれど、彼の場合は、極めて愚鈍だという印象を与えた。服装は、上は青いフランネルの袖つきシャツで、首元があいているので、赤っぽいもじゃもじゃの毛に覆われた部厚い胸が見える。下は古ぼけた青いサージのズボンをはいている。椅子に、さも重そうに不格好な姿勢で座っている。でかい腹は突き出ているし、両足は太くて組めない。体中から弾力が失われてしまっている。

　この男は若い頃はどんなだっただろうな、とニールスンは漠然と思った。こんな肉の塊が、昔は元気よく走りまわる少年だったとは、どうしても想像できない。船長が注が

れたウィスキーを飲みほすと、主人はボトルをそちらに押しやった。
「どうぞ自分でやってください」
船長は前にかがんで、大きな手でボトルを掴みながら、「何だってこっちにやってきたんですか？」と尋ねた。
「ああ、健康上の理由で南海諸島に来たんです。肺を患って、もう一年もない命と言われました。まあ、この通り、診断ミスだったわけですがね」
「いや、他でなく、この土地をどうして選んだかって伺ったのですよ」
「私がセンチメンタルだからですな」
「はあ？」
ニールスンは、自分の言わんとすることが船長にはまったく理解できていないと分かったので、黒い目を皮肉に光らせて相手を見た。もしかすると、船長がとても粗野で鈍感な男だったからこそ、もっと話を続けようという気まぐれに取りつかれたのかもしれない。
「あなたは橋を渡る時、身体のバランスを保つのに夢中で気付かなかったでしょうが、この辺りは、誰もが絶景だと言っているんですよ」
「このお宅はこじんまりして、なかなかきれいですなあ」
「いや、この家は最初に来たときはなかったのです。あったのは、蜂の巣の形の屋根と丸太で出来た原住民の小屋でした。赤い花をつけた巨木が上から覆いかぶさっていました。黄色や赤や金色の葉をつけたクロトンの茂みがまだらの垣根になっていたのです。それから、周囲一面に椰子の木々があったのですが、椰子の木というのは、女みたいに夢見がちで、自惚れでしてね。水辺に立って、一日中水に映る自分の姿に見入っていました。
あの頃の私は若かった——驚いたなあ、もう二十五年前になる——死ぬ前に許された僅かな歳月、この世の美しさの全てを楽しみたいと願っていました。ここを見つけて、それまで見たこともない美しい場所だと思いました。最初にここを見た時、心臓がぎゅっと締め付けられるようで、自分が泣き出すのではないかと思いました。まだ二十五歳でしたし、できるだけ平静を装っていたものの、実は死にたくなかったのです。ところが、この土地の美しさそのものが、自分の運命を受け入れやすくしてくれそうな気がしたのです。
ここに来ると、過去の人生の全てが、消え去ってしまったような気がしたのです。ストックホルムもそこの大学も、その後留学したボンも。そう、過去は他人の人生のように思えて来ました。そして、自分が、今ようやくあの『実在』を手に入れたような気がしたのです。世の哲学博士たちが

——私もその一人なのですがね——あんなに夢中で論じ合ってきた『実在』をですよ。『一年、まだ一年ある。ここで一年過ごすのだ。それで満足して死ねる』と私は自分にしっかり言い聞かせました。

人は二十五歳の時には、愚かでセンチメンタルで大袈裟なのです。でも、もしそうでなかったならば、恐らく五十歳になっても賢くなれないでしょうよ。

飲んでください。私のつまらぬ話などに構わず、さあ、どんどん飲んで」

主人はボトルの方に細い手をやった。船長はグラスに残っていた酒を飲みほした。

「あなたは全然飲まないじゃないですか」彼はボトルに手を伸ばしながら言った。

「酒は飲まない習慣でしてね」ニールスンは微笑を浮かべた。「私が酔うのは、酒よりもっと繊細なものなんですよ。まあ、そういうのは単なる自惚れかもしれないな。とにかく効果はもっと長続きするし、後に残る害も少ない」

「聞いた話だが、アメリカじゃあ、コカイン吸引が流行っているそうですな」船長が言った。

ニールスンはにやりとした。

「だが、白人の客は珍しい。今日ぐらいは少し飲んでも害にはなるまい」そう言って、主人は自分のためにウィスキーを少量注ぎソーダで割り、一口すすった。

「しばらくして、この土地がどうして、この世ならぬ美しさを持っているのか分かりましたよ。そう、ここで、愛がひと時足をとめたのです。渡り鳥が大洋の真っただ中で船を見つけ、しばらく疲れた翼をやすめるように、愛が足をとめたのです。美しい情熱の香りが、私の故郷の野原で五月に咲くさんざしの香りのように、ここに漂っていたのです。

思うのですが、人が愛し悩んだ場所には、完全には消え去らない何ものかの微かな芳香が、いつも漂うのですね。そういう土地は何か霊的な生命を授かり、そばを通る者に神秘的な影響を与えるようです。どうもうまく説明できませんがね」主人はそこでちょっと笑みを浮かべた。「説明しても、あなたに理解して頂けるとは思いませんが」

そこで息をついた。

「この場所が美しいのは、ある期間、若い恋人たちの至上の愛が、この場所に美を帯びさせたからだと思うのですよ」そう言うと、彼は肩をすくめた。「だが、そう思うのは、もしかすると、青春の恋が適切な環境で見事に花開いたことで、私の美意識が満足したということだけかもしれませんなあ」

船長ほど鈍感でない人でも、ニールスンの言葉を聞いて、

困惑したかもしれない。何しろ、ニールスンは、自分で発言したことを少々嘲笑しているように感じられたのだから。感情から発言したものの、その自分の感情を自分の知性が愚かしいと思っているようだった。自分はセンチメンタルだと言ったが、センチメンタリズムと自嘲が合わさると、聞く者は当惑するだけだ。

ニールスンは一時口を閉ざして、船長を見た。その目には突然、困惑の色が浮かんだ。

「あのねえ、以前どこかであなたと会った気がしてしょうがないんですよ」

「こっちは、覚えているとは言えませんなあ」船長が答えた。

「あなたの顔に見覚えがあるような妙な気がしてしょうがないんです。さっきから頭を絞っているんですが、いつどこで会ったのか、さっぱり思い出せません」

船長は大きな肩を重そうにすくめた。

「俺はこの諸島に来て三十年になるんですよ。その間に出会った人のこと、全部覚えているのは無理です」

主人は同意した。

「自分が一度も行ったことのない場所なのに、何だか見覚えがあると感じることがあるでしょう？　あなたについて、そんな風に感じるのですよ」それから奇妙な笑みを浮かべた。「もしかすればの話ですがね、前世であなたを知っていたのかもしれない。ひょっとすると、古代ローマのガレー船の船長があなたで、私は漕がされている奴隷の一人だったのかもしれない。で、あなた当地にもう三十年もいるんですって？」

「そう、三十年一日も欠かさず」

「ではレッドという男をご存じなかったでしょうかね？」

「レッド？」

「その呼び方以外に名前は知らない。面識はなかったのです。一目見たこともないのです。それにもかかわらず、その男のことは、他の誰よりもはっきり脳裏に浮かぶのです。ずっと一緒に暮らしていた兄弟などよりも、目に見えるのです。そう、私の頭の中では、あのパオロ・マラテスタとかロミオとかのように鮮明に生きているのです。だが、あなたはダンテとかシェイクスピアとかは読んだことはないでしょうな？」

「はあ、読んだとは言えませんなあ」

ニールスンは葉巻をくゆらせながら椅子の背にもたれ、静かな空気に浮かぶ煙の輪をぼんやり眺めた。口元に笑みが浮かんだが、目は真面目だった。それから船長を見た。ぶざまな肥り方には、非常に不快感を催させるものがあった。肥満した連中ならではの多血症的な自己満足が見られ

た。無礼だ。神経に障る。その一方、目の前の男と頭の中の男との対照は愉快だった。

「どうやらレッドは世にも稀な美男子だったようです。当時の彼を知っていた何人もの人たち——白人連中ですが——に尋ねてみたのですが、皆異口同音に、初めて見た時は、思わず息をのんだと言いました。髪が燃えるような赤色だったので、レッドとあだ名したそうです。自然にウェーヴした髪を長く伸ばしていました。ラファエル前派の画家が礼賛したあの見事な赤色だったのでしょう。彼がそれを自慢したとは思いませんな。無邪気な青年だったから。でも、自慢したとしても、誰も咎めなかったでしょう。

背は高く六フィート一、二インチ——ここに以前あった原住民の小屋には、屋根を支える生木の主柱があり、そこにナイフで彼の身長が刻んでありました。体は肩幅が広く脇腹は細い、ギリシャの神の像のようでした。プラクシテレス作アポロ像のようで、柔らかい丸みを帯び、優しい女性的な優雅さが秘められているので、見る者の心をかきみだす神秘的な魅力がありました。肌はまばゆいばかりに白く、乳白色で、サテンのようでした。女性の肌に似ていました」

「俺もガキの頃は、色が白いだとか言われていましたがね」船長は充血した目を妙に光らせて言った。

しかしニールスンは知らぬ顔だった。一生懸命話している最中に邪魔が入るのは癪に障った。

「そのうえ、顔も体に劣らぬ美しさだったのです。大きな青い目で、濃紺なので、黒目だと言う人もいました。赤毛の人の多くとは違って、彼は黒い眉毛でまつ毛も長くて黒かった。顔立ちは非の打ち所なく整っていて、唇は緋色の傷口のようでした。年は二十歳でした」

ここまで語ると、ニールスンは劇的な感覚に酔ったように言葉を切り、ウィスキーを一口飲んだ。

「世にも稀な存在でした。どんな男よりも美しかった。彼が美しかったのには理由などない。雑草に美しい花が咲くのに理由などないのと、同じですよ。造化の幸運な偶然です。

ある日、彼は、あなたが今朝入ってきた、あの入り江に上陸しました。アメリカ人の水夫でしたが、アピアで軍艦から脱走したのです。そこで、たまたまアピアからサフォトに行く小さな帆船を見つけ、気のいい原住民に頼んで乗船させてもらいました。サフォトからここまで丸木舟で連れて来てもらって上陸したのです。脱走の理由は分かりませんな。もしかすると、軍艦での生活に自由がなくて嫌になったのかもしれないし、あるいは、何か面倒なことに巻き込まれたのかもしれない。ひょっとすると、南海とロマ

ンチックな島々に魅せられたのかもしれない。なに、よくあることです。ここらの風物が人の心を妙にとらえてしまい、まるでクモの巣にかかった蝿のように身動きできなくなるっていうことが。

もしかすると、生まれつき感じやすい軟弱な資質があり、そよ風の吹く、ここらの緑の丘やこの青い海によって、北国人らしい力を奪われたのかもしれない。あの勇士サムソンがデリラによって力を奪われたのと同じでね。とにかく、彼は身を隠さねばならず、この人里離れた片隅に、軍艦がサモア島から出て行くまで隠れていれば安全だろう、と思ったのです。

入り江には原住民の小屋があり、彼がどっちの道を進むのがいいかと迷って立っていると、小屋から若い娘が出てきて、どうぞと誘いました。彼は土地の言葉はほとんど知らず、娘も英語は話しません。それでも、娘の微笑の意味や可愛らしい動作は十分に分かり、後から従って行きました。彼がござに座ると、娘はパイナップルを切って、勧めました。私がレッドについて語るのは、噂からだけですが、娘は、レッドが出会ってから三年後に実際にこの目で見ました。その時でもやっと十九歳でした。

彼女がどんなに美しく、品があったか、実際に見なければ分かりませんよ。ハイビスカスの花のような優雅な情熱、豊かな色彩がありました。背はすらりと高いほうで、あの種族独特の端正な顔立ちで、大きな目は椰子の木の下の静かな水をたたえた泉のようでした。黒い巻き毛は長く、背中まで垂れていました。香りのよい花飾りをつけていました。手も、それは優美で、ほっそりしてあまりによい形なので、見ていると心臓がきゅっと締まります。それから、あの頃はすぐ笑ったものです。笑顔が素晴らしくて、見ているとこちらの膝が震えました。肌は夏の日の実った小麦の畑のようです。いやいや、私ごときが描写などできるものですか！　この世のものとは思えぬほどの美人だったのです。

この二人の若者は、彼女は十六、彼は二十だったのですが、一目見て恋に落ちました。これこそが、真実の恋です。同情からとか、利害が一致したからとか、知的能力が等しいからとか、そんな理由で恋するのでなく、純粋素朴な恋です。アダムがエデンの園で目を覚まし、うるんだ目でじっと見つめるイヴを見た時に感じたのが、まさにこの恋です。動物を、いや神々を、互いに引きつけあうのもこの恋です。この恋こそ、この世を奇跡に変え、人生に深い意味を付与するのです。

あなたは、ロシュフコーという賢い皮肉なフランス公爵のことを聞いたことなどないでしょうが、その人はこんな

ことを言っているのです。『愛する二人と言っても、常に片方が愛し、もう一方は愛されるのみだ』とね。ほとんどの人間は、この苦々しい真実を受け入れざるをえません。だが、時には、二人とも愛し愛されるということもないではない。そのような場合には、あのヨシュアがエホバの神に祈った時に太陽が動きをとめてくれたように、太陽も運行をとめるのではないでしょうか。そのように想像します。

あれからもう何年にもなる今でさえ、あんなに若く美しく素朴な二人のこと、それから二人の恋のこと、を思うと胸が締め付けられます。夜、時々雲一つない空から満月が礁湖を照らすのを眺めていて、胸が苦しくなるのですが、あれと同じように胸が締め付けられるのです。完璧な美を見れば、人はいつでも胸が痛むものなのですねえ。

二人はまあ子供のようでした。娘は善良で優しくて思いやりがありました。男については何も知らないのですが、少なくとも当時は無邪気で率直だったと思いたいです。彼の魂は体と同じく綺麗だったと思いたいです。というか、彼には魂など、もしかするとなかったのかもしれません。先史時代に森林に暮らして葦で笛を作り、山のせせらぎで水浴していた原始人と同じだったのでしょう。当時の人々は、髭面のケンタウロスにまたがって林間を跳ね回る可愛い子供のファウヌスを眺めていたのです。彼は、そういう先祖と同じだったのでしょう。いやあ、魂っていうのは、やっかいな代物で、人類は魂を所持した時からエデンの園を失ったのです。

さて、レッドが島に来たのは、白人が南海諸島に持ち込んだ伝染病の一つに島が見舞われて住民の三分の一が亡くなった直後でした。娘は、近親者は皆亡くなり、遠縁の親類の家に同居していたようです。この一家には、腰の曲がった皺だらけの老婆が二人、中年の女が二人、男一人、少年一人がいました。レッドは数日ここに滞在しました。でも、そこは海岸に近すぎるので、白人と出くわして、隠れ家を密告される恐れがあると思ったのかもしれません。あるいは、恋人たちは、他人と一緒にいることで、二人でいる喜びを一瞬でも奪われるのに我慢できなかったのかもしれません。

とにかく、ある朝、二人の恋人は手に手を取って娘のわずかばかりの所持品を持ち親類の家を後にしました。椰子の木の下の草原の道を進み、そこの小川までやって来ました。あなたも渡った丸木橋を渡らねばなりませんでした。彼が怖がるので、娘は楽しそうに笑いました。娘に手を引いて貰って、一本目の丸太の端までくると、そこで彼は勇気がくじけ、戻らねばなりませんでした。再度挑戦した時は、服を全部脱ぎ、それを娘が頭に載せて対岸まで運ぶこ

とになりました。

二人は、ここに立っていた空いた小屋に落ち着きました。娘に何か権利でもあったかどうか（島では土地所有権は厄介なことですからなあ）、所有主が伝染病の蔓延した時に死亡したのかどうか、一切知りません。が、とにかく、文句を言う者もなく、そこに住みついたのです。家具といっても、寝るための二枚のわら布団、壊れた鏡、一、二個の食器しかありませんでした。だが、この快適な島で暮らしてゆくのに、それで十分でした。

幸福な人々には歴史がない、と言われていますが、幸福な恋に歴史がないのは確かです。二人は日がな一日何もしませんでしたが、それでも毎日はとても短く感じられました。娘には土地の名前がありましたが、レッドはサリーと呼びました。彼は土地の平易な言葉をすぐに覚えてしまい、何時間も、ござに横たわって娘が快活にあれこれ喋りかけてくるのに耳を傾けていました。元来口数の少ない男でしたし、それに頭がぼんやりしていたのかもしれません。土地に生えるタバコをパンダナスの葉で巻いて、娘が作ってくれたタバコをひっきりなしに吹かしながら、彼女が器用な手つきでござを編むのを眺めていました。

近所の村人がよく遊びに来て、部族間の戦争で大混乱だった昔の長話を語って聞かせたものでした。時には、彼がサンゴ礁に釣りに行き、きれいな色の魚を籠いっぱい持ち帰ってきたものです。夜には、ランタンを持ってロブスター漁に出かけることも時々ありました。

小屋の周辺には野生のバナナが自生していて、サリーが焼いて、二人の質素な食事にしました。娘はココナツを使って美味しい食事を作るこつを心得ていました。小川近くのパンの木からは実が採れました。祭の日には子豚をさばいて、熱した石で調理しました。小川で一緒に泳ぎました。また夕方には礁湖まで出掛け、大きな腕木のついた丸木舟で舟遊びをしました。

外海は濃紺で、日没時には、ホメロスの描いた古代ギリシャの海のようなワイン色に変わりました。礁湖はさらに素晴らしくて、藍玉、紫水晶、緑玉など色は無限に変化し、日没時には、ほんの一瞬、揺れ動く黄金色に見えるのです。さらにサンゴが素晴らしく、色は茶、白、ピンク、赤、紫あり、形も見事です。まさに魔法の庭園です。素早く動く魚は蝶のようです。とても現実のものとは思えません。サンゴとサンゴの間のあちこちに、底が白砂で水の流れぬ場所があり、そこは息をのむほど水が透明で、泳ぐと実によい気分になれました。

夕暮れになると、恋人たちは、涼しくなり幸せな気分で、手に手を取って、柔らかい草地を歩いて小川まで帰ってき

ました。その時分には椰子の木はマイナ鳥どもの騒がしい鳴き声に包まれていました。それから夜です。黄金の輝く島の夜空はヨーロッパの空より広々と延びているようですし、開いた小屋の中をそよ風が静かに通り抜けてゆき、実に気分がよいのです。二人には、長い夜も、昼と同じく、あまりにも短く感じられました。

　娘は十六、彼は二十になるかならぬかでした。曙光が小屋の木の柱の間から忍びよってきて、抱き合って寝ている子供のような愛らしい二人を眺めました。太陽は、二人の眠りを妨げぬように、大きく裂けたバナナの葉の影に潜んでいましたが、やがて、ペルシャ猫が前足でするように、悪ふざけをして、金色の光線を二人の顔に浴びせました。彼らは眠い目を開けて微笑み、新しい日を迎えました。週が月になり、いつしか一年が経ちました。でも二人は、出会って恋に落ちたあの日と変わらず、情熱的に――と言うのをためらいますな。何しろ、情熱という言葉には、常に一抹の苦悩、悲哀、辛さが含まれますから。あの日と変わらず、素朴に、自然に、全身全霊で愛し合っているようでした。

　もし人が彼らに尋ねたら、愛が終わるなんてありえないですよ、と答えたに違いありません。恋愛は相互の愛の永続性への信頼が根底にあるのですから当然です。がしかし、もしかするとレッドの心には、いつか倦怠へと成長しかねないごく小さな種が、本人も気付かず、娘も疑わずに、すでに生じていたのかもしれません。というのは、ある日、入り江に住む原住民の一人が、イギリスの捕鯨船が海岸を少し行ったところの停泊所に来ている、と知らせて来たのです。

『ほう、そうか』彼が言いました。『椰子の実とバナナをタバコ一、二ポンドと交換できないもんかなあ』

　サリーがたゆまなく彼のために作ってくれたパンダナスの葉の巻きタバコも吸えば強くてうまかったけれど、満足出来なかったのです。突然、本当のタバコ、強くて香りがあり、ピリッとする本物のタバコが吸いたくてたまらなくなりました。何か月もパイプタバコは吸っていません。思っただけで口からよだれが出る思いです。虫の知らせでサリーが不安になり、彼に思いとどまるように説いてもよかったのに、と他人は思うかもしれません。しかし、彼女は恋に酔いしれているので、地球上のいかなる力でも彼を奪うようなことがありうるなどとは、夢にも思わなかったのです。

　二人は一緒に丘に行き、野生のオレンジ――緑色でも甘くてジューシーなのです――を大きな籠いっぱい集め、小屋の周辺からバナナを、椰子の木から実を、さらにパンの

実、マンゴーも集めました。これを入り江まで運び、そこでぐらぐらする丸木舟に積み込み、レッドと捕鯨船の情報を知らせてきた少年がサンゴ礁の外に漕いで行きました。

　それがサリーがレッドを見た最後になりました。

　翌日少年一人が帰ってきました。泣いてばかりいました。これが少年が伝えた話です。長いこと丸木舟を漕いでようやく捕鯨船に辿り着き、レッドが声を掛けると、白人の男が舷側から下をのぞいて、乗船するように言いました。レッドと少年は持ってきた果物を持って乗船し、レッドがそれを甲板に山積にしました。先刻の白人とレッドは話し出して、何か話が決まったようでした。乗組員の一人が階下に降りてゆき、タバコを持って戻ってきました。レッドはすぐさまタバコを少量取ってパイプに火をつけました。彼が実にうまそうに吸い、口からもくもくと煙を吐きだす様子を少年は真似てみせました。それから船の人がレッドに何か言い、レッドは船室に入って行きました。少年は好奇心に駆られ、開いているドアから覗くと、酒瓶とグラスが出ていました。レッドは飲んだり吸ったりしています。男たちが彼に何か言うと、彼は頭を横に振り、笑うだけです。最初に乗れと言った男も笑い、レッドにもっと飲むように勧めています。

　船室で喋ったり飲んだりしているので、少年は自分には意味のない情景を見るのにやがて飽きてしまい、甲板で丸くなって寝込んでしまいました。蹴飛ばされてはっと目覚め、飛び起きると、船は礁湖からゆっくりと出航しているではありませんか。テーブルに座ったレッドをちらと見ると、両腕の上にどさりと突っ伏して熟睡しています。

　少年が起こそうと思ってそちらに行きかけると、乱暴に腕をつかまれ、男が怖い顔をして、何か分からない言葉で、舷側を指さします。少年はレッドに向かって何か叫んだものの、すぐに捕まり、海の中に放り込まれてしまいます。どうしようもなく、船からちょっと離れたところに浮かんでいる丸木舟までたどり着き、サンゴ礁まで押して行き、船に這い上がり、ずっと泣きながら岸まで漕いできたのです。

　事情は非常に明白です。捕鯨船では、脱走者や病人が出たために人手不足になり、船長は、レッドが船に現れたとき、契約させようとし、拒否されると、酒に酔わせて誘拐したのです。

　サリーは悲嘆に暮れて、気も狂わんばかりでした。三日三晩激しく泣き叫んでいるだけです。島の人々が慰めようとあれこれ手を尽くしたのですが、彼女はどうしても応じようとしません。食事も一切断ります。しばらくして、疲れ果てると不機嫌で無感動になり、日がな一日入り江で過

ごすだけです。礁湖を眺め、レッドがどうにかして逃げ帰るのをはかなくも期待しました。

何時間も白浜に座り込んで、涙が頬を伝わるに任せています。夜になると、小川を渡り、あんなに幸福だった小屋へと、大儀そうに重い身体を引きずるようにして帰って行きました。レッドが島に現れる前まで一緒に暮らしていた家族が、戻ってくるように言ったけれど、聞き入れません。レッドが帰ってくると確信していて、帰って来た時は彼が出て行った小屋にいなくてはと言うのです。四か月後に子供を死産し、出産の間世話してくれた老婆が小屋に残りました。サリーの人生から喜びがすべて消えてしまいます。

時が経つにつれて、苦痛が薄らいだとしても、慢性的な憂鬱症が取って代わっただけです。この島の種族は感情的に燃え上がるのですが、冷めやすい性質なのです。サリーのように長続きする恋心を持つ娘がいるとは誰も思わなかったことでしょう。彼女は、レッドがいずれ帰るという深い信頼を決して失いません。帰りを待ち構えていましたから、誰かがあの椰子の木の丸木橋を渡ってくる度に、視線を走らせるのです。今度こそレッドかもしれないわ、と思うのです」

ニールスンは話をやめ、溜息をもらした。

「で、その女は結局どうなったんで?」船長が尋ねた。

ニールスンは苦笑いをした。

「いや、三年後に他の白人と仲よくなりましたよ」

船長は無神経に皮肉なくすくす笑いをした。

「まあ、大体そんなとこですよ、あの手の女どもは」

ニールスンは憎悪の眼差しを相手に向けた。このがさつなデブがどうして、これほど強い嫌悪感を覚えさせるのか不思議だった。だが、ニールスンの頭は別の方向へと逸れて行き、ふと気が付くと、頭は自分自身の過去の思い出でいっぱいになっていた。アピアでの深酒、博打、下卑たセックスに飽き、この島に初めて足を踏み入れたのは、二十五年前のことだった。

いずれ成功を収めると心楽しく想像していた将来を、不治の病のために、突然喪失した運命を、何とか受け入れようと必死になって頑張っていた。有名な学者になる夢を決然として捨て去り、これからの無念な数か月を健康に注意しつつ大人しく暮らそう、それしかないのだから、それで我慢しようと努めた。

ある混血の商人の家に下宿した。店は海岸沿いに数マイル先の、原住民の村の端にあった。ある日、椰子の木の林で草路をあてどもなく歩いていると、ふとサリーの住む小屋のそばに出た。その辺りの土地の美しさに歓喜を覚え、あまり激しい歓喜なので苦しくなるほどだった。それから

サリーに出会った。

これまで出会ったどんな女性よりも美しかった。黒い、大きな目に浮かぶ悲哀が奇妙に彼の心を揺さぶった。カナカ人は顔立ちのよい種族で、美形は稀ではなかった。しかし、多くは綺麗な動物の美だった。空虚な美だった。しかし、サリーの悲劇的な目は神秘的に暗く、そこには何かを求める、白人と同じ魂の複雑な苦痛があるように感じられた。商人はレッドとの恋物語を聞かせてくれ、ニールスンはすっかり感動した。

「その青年、いずれ戻ってくるでしょうか？」ニールスンが尋ねた。

「心配無用ですよ。水夫の契約が終わるのはまだ二年先のことだし、その頃までには、彼は女のことなどすっかり忘れていますよ。目を覚まして、自分が酒を飲まされて誘拐されたと知った時は、うんと腹を立てて、きっと誰かと取っ組み合いの喧嘩でもやりたかったでしょうな。でも、ぐっと我慢するしかなかった。まあ、ひと月も経った頃には、島から逃れたのは、自分の身に降りかかったもっとも幸運な出来事だったと考えていたでしょうよ」

しかし、ニールスンはその話が忘れられなかった。もしかすると、彼自身は病弱であったから、レッドの素晴らしい健康が想像力を刺激したのかもしれない。彼自身は醜い男で、外見が貧相だったので、他人の美しさを非常に高く買っていた。これまで熱烈な恋などしたことがなかったし、もちろん熱烈に愛されたこともなかった。レッドとサリーが相互に惹かれ合ったという話に、ニールスンは独特の喜びを覚えた。「絶対者」のえも言われぬ美を見出した気がしたのだ。彼は再び小川近くの娘の小屋に行った。語学の天分があり、熱心な勉強家であったので、すでに相当の時間を費やして土地の言葉を研究していた。昔の習性がまだしっかり残っていて、いずれサモア語に関する論文を書くための資料を収集していたくらいだった。

サリーと同居していた老婆が彼を招じ入れて座らせた。カバ酒を飲ませ、巻きタバコを吸うように勧めた。話し相手ができて喜んでいたのだ。老婆が喋り続ける間、彼はサリーをじっと眺めていた。彼女は、ナポリの博物館にあるプシュケー像を思い出させた。目鼻立ちがあれと同じく、澄んで清らかな輪郭をしている。子供を産んでいるのだが、処女のようだ。

ようやく彼女に話させることが出来たのは、数回会ってからだった。でも口をきいたのは、アピアでレッドという男と会わなかったですか、と尋ねるためだけだった。失踪してから二年も経つのに、いまだに彼のことを絶えず思っているのは明白だった。

自分が彼女に恋をしていると気付くのに、長くはかからなかった。今ではよほど意志の力で自分を抑えなければ、毎日でも小川の近くの小屋を訪ねていただろう。彼女と一緒にいない時でも、思いはいつも彼女の側にあった。初めのうちは、自分はいつ死ぬかもしれぬ病人だと思っていたので、彼女を眺め、時々話す声を聞くことだけを願い、それだけで自分の愛は十分に満たされて幸福だった。自分の恋の純粋さに大きな喜びを覚えた。彼女の上品な姿態について美しい空想の網を紡ぐ機会を与えられる以外には、何も彼女に求めなかった。

ところが、戸外の空気、寒暖の差のない天候、休息、簡素な食事が健康に予想外の影響を及ぼし始めた。体温が夜に突然怯えるほど上昇することはなくなり、咳も減り、体重が増してきた。この六か月一度も喀血しなかった。突然、生きられるという可能性が見えてきた。彼は注意深く自分の病状を調べていて、十分に注意しさえすれば結核の進行を阻止できると判断した。

生きて、もう一度前途に希望が持てると思うと心が弾んだ。計画を立てた。活動的な生活が無理なのは当然だが、ここらの島でのんびり暮らせばいい。彼のわずかな収入は、他の土地では不十分だが、ここでなら十分に食べて行ける。椰子の木を栽培することもできる。それはいい運動にもなるだろう。故郷に残した書物を取り寄せ、ピアノを注文するのもいい。だが、このような計画を立てているのは、実は、サリーへの情欲が自分にとりついているのをごまかすために過ぎないと、彼の敏感な頭は見抜いていた。

本当は、サリーを自分のものにしたかったのだ。彼女の美しさだけでなく、悲しげな目の奥にあると感じられる魂のようなものをも愛した。僕の情熱で彼女を酔わせてやろう。ゆくゆくは彼女にレッドを忘れさせてやろう。ニールスンは自分の恋心に夢中になって、再び手にすることはないと諦めていたのに、奇跡的に得られた幸福を、サリーにも味わわせることができるものと空想したのだった。

結婚してくれと頼んだ。断られた。予想していたから、それだけで気落ちしないでいられた。いずれ応じてくれると、確信していた。彼の愛には抵抗できようはずがないのだ。老婆に自分の希望を話してみた。すると、いささか驚いたことには、老婆も隣人たちも、ずっと前から彼の気持ちに気づいていて、求婚を受け入れるようにサリーに強く促していたのが分かった。

何といっても、島の女は誰でも喜んで白人と同棲していたし、島の水準ではニールスンは金持ちの白人だったのだ。彼の下宿の主人も彼女を訪ね、こんないい機会はまたとないのだから、バカなことは言うなと説得した。こんなに長

い年月が経っているのに、レッドが戻るなどと考えるのはやめにしろ、とも言った。娘の抵抗はニールスンの欲望を増すばかりで、プラトニックな愛が今は苦しいほどの情欲になった。もうどんな邪魔立ても許さぬと心を決めた。サリーをしつこく口説いた。

　とうとう、彼の執拗さと、周囲の者たちの、懇願したり脅したりの説得に負けて、彼女は求婚を承諾した。しかしその翌日、彼が意気揚々と訪ねて行くと、レッドと暮らしていた小屋を晩の中に焼き払ってしまったのを知った。いつもの老婆が駆け寄ってきて、サリーに腹を立ててさんざん悪口を言ったが、彼は老婆を払いのけた。大したことではない。小屋のあった場所にバンガローを建てよう。ピアノと多数の書物を取り寄せるのであれば、ヨーロッパ風の家のほうが本当は便利なのだ、と思った。

　こうして、何年もずっと住んできた今の小さな木造の家が建てられ、サリーは彼の妻になった。だが、最初の数週間は、彼女が与えてくれるもので満足し、有頂天だったものの、その後は幸福を味わうことはまずなかった。彼女は、疲れ果てて、要求に従ったけれど、与えたのは彼女が大事だと思わないものだけだった。彼がふと垣間見た魂は彼のものにならなかった。彼女が自分のことを少しも好いていないと分かった。いまだにレッドを愛し、いつも帰りを待ち続けていた。もしレッドからちょっとでも連絡があろうものなら、一瞬の迷いもなくニールスンを捨てて行くのは確かだ。彼の愛情も優しさも同情も寛大さも彼女を引きとめることはできない。彼が悲しむことなど一切意に介さないだろう。

　苦しみに襲われた彼は、無情に拒む彼女の頑固な心の奥に入りこもうと、強引な態度を取った。恋は恨みがましいものに変わった。親切にしてやって心を和らげようとしたが、相変わらず頑ななままだった。無関心を装ってみたが、彼女は気が付きさえしなかった。時には腹を立てて、罵ることもしたが、しくしく泣くだけだった。時には、彼女はペテン師に過ぎず、魂があるというのは単に彼の妄想だと思うこともあった。彼女の心の聖域に入れないのは、そんなものは存在しないからだとさえ思った。

　彼の恋は牢獄になった。そこから脱出したいのだが、ただ戸を開いて——そうしさえすればいいのだ——外に歩いて行けばいいのに、彼にはその力がなかった。それは拷問の苦しみであり、とうとう彼は無感覚で絶望的になってしまった。最後には情熱の火が燃え尽きてしまった。サリーがあの細い丸木橋を一瞬じっと眺めるのを見ても、今はもう腹は立たず、いらいらするだけになった。

　もう長いこと二人は、習慣と便宜というだけの結びつき

で結婚を続けてきた。彼は自分の昔の情熱を思い出して、微笑した。サリーも今は老女だった。島の女は早く老ける。彼はもう愛情は覚えていなかったが、寛大な気持ちはあった。自分に干渉しないのがよかった。彼はピアノと読書で満足だったのだ。

あれこれ回想している中に、また喋りたくなった。

「今振り返ってみてですね、あのレッドとサリーの短い激しい恋愛について思うのですが、もしかすると、二人の愛がもっとも深かった時に、無理矢理二人を別れさせた過酷な運命に感謝すべきじゃあないかと思います。二人は苦しみはしたでしょうが、美しい恋心のままで苦しんだのですから。恋の本当の悲劇は免れたのです」

「おっしゃる意味がよく分かりませんなあ」船長が言った。

「恋の悲劇は死や別離ではありません。二人の一方が相手に無関心になるまで、どれくらいの時間がかかったか、想像できますか？　ああ、自分が全身全霊を傾けて愛し、その女が見えるところにいないのを我慢できなかったほど愛した女だったのに、今では彼女と会えなくても平気になるというのは、何と悲しいことでしょう！　恋の悲劇は無関心というやつですよ」

しかし、彼が語っている間に、非常に奇妙なことが起きた。彼は船長に向かって語っていたけれど、相互に対話をしていたのではなく、自分のために自分の考えを言葉に纏めていただけだった。相手に目を据えていたけれど、よく見ていたのではなかった。それが今、ある姿が目に入ってきたのだが、それは船長でなく別の男の姿だった。

遊園地などにある、人の姿を極端に横長に見せたり、異常にひょろ長くみせたりするお化け鏡を覗いているようだった。しかし今はそれとは正反対の現象が起きたのだ。醜い肥満した中年男の中に、みずみずしい若者の姿が微かに見えたのだ。急いでじっと探るように船長を凝視してみた。そう言えば、不案内の土地でぶらぶら歩いてきただけなら、いったいどうして他でなくここにやってきたのだろうか？　突然心臓が震えだし、少し息が苦しくなった。愚かしい疑惑が急に襲ってきた。頭に浮かんだ考えはあり得ないことだったが、しかし、もしかすると事実かもしれない。

「お名前は何と言いましたか？」ニールスンは唐突に尋ねた。

船長の顔はゆがみ、ずるそうに笑った。その顔はいかにも意地悪で、ぞっとするほど下卑て見えた。

「久しく聞いてないもんだから、自分でも忘れたみたいですがね。この辺りの島じゃあ、ここ三十年間レッドって

いう名前でいつも呼ばれてきましたよ」

低い、ほとんど聞こえないような笑いをもらしながら、船長は肥満した全身をゆすった。見るに堪えないいまわしさだった。ニールスンはぎょっとした。レッドはすっかり悦に入り、血走った目から涙が頬を伝って流れた。

まさにその瞬間、女が部屋に入ってきたので、ニールスンは息をのんだ。島の女で、辺りを威圧するような感じがちょっとあり、肥満とまでは行かぬが、がっちりした体格である。土地の女は年齢と共に肌の色が濃くなってゆくので、今は褐色になり、髪は真っ白である。ここの女たちの着る、だぶだぶの黒い簡単服を着ている。薄い生地なので、重い乳房がすけて見える。ついにその瞬間がやって来た。

女は何か家事のことをニールスンに言い、彼はそれに答えた。その声が不自然に聞こえたが、女にもそれが分かるだろうか、と彼は思った。女は、窓の側に座っている船長を興味なさそうにちらと見たが、そのまま部屋を出ていった。その瞬間は来て、去った。

ニールスンは一瞬口がきけなかった。妙に心が乱れた。しばらくして客に言った。

「もう少しいらして、夕食を共にして頂ければ嬉しいです。ほんの有り合わせのものしかありませんが」

「せっかくですが、さっき言ったグレイという人を訪ねなくてはなりませんので。注文品を渡し、それから帰らねばなりません。明日にはアピアに戻りたいんでね」

「じゃあ、ボーイに言って道案内をさせましょう」

「それはご親切に」

レッドは重い身体を椅子から持ち上げ、一方、ニールスンは農園で働く少年の一人を呼んだ。船長の行き先を告げると、少年は丸木橋をどんどん渡って行った。レッドはその後に続こうとした。

「川に落ちないように」ニールスンが言った。

「絶対大丈夫ですよ」

ニールスンは彼が橋を渡って行くのを見守り、さらに、姿が椰子の林に消えてからもまだ見ていた。それから椅子によろよろと座り込んだ。俺の幸福を邪魔したのはあの男なのか。サリーが生涯愛してきて、必死で帰りを待っていたのは、あの男なのか。こんな馬鹿げたことが他にあるだろうか！ 急に腹が立ってきて、飛び起きて周囲のあらゆるものをぶち壊そうという衝動に駆られた。俺はだまされたのだ。二人はやっと再会したのに、気付きさえしなかったではないか！ 彼は陰気に笑い出し、それが止まらず、次第にヒステリックになった。神々は俺をだましたのだ。この年じゃあ、取り返しがつかぬのに。

ようやくサリーが入ってきて食事の用意ができたと知ら

せた。彼はサリーと面と向かって食卓についた。さっき椅子に座っていた肥った老人は、お前が娘時代と同じく今も情熱を燃やし続けている愛人だぞ、と教えてやったら、何と言うだろうか。以前、彼女がみじめな思いをさせるので憎んでいた頃なら、喜んで教えたところだ。その頃なら、彼の心を傷つけた仕返しに、傷つけたかったのだ。憎しみは愛に過ぎなかった。しかし今は、どうでも構わない。面倒臭そうに肩をすくめた。

「さっきの人、何の用事？」まもなく女が尋ねた。

ニールスンはすぐには返事をしなかった。彼女も年を重ね、肥った島の老女になった。この女をあんなに狂ったように愛したのは、なぜだったのだろうと思った。彼女の足元に自分の魂の宝物を全部捧げたけれど、女は一顧だにしなかった。何たる浪費だったことだろう！　それに、今女を見ても、軽蔑しか感じない。辛抱がとうとう尽きた。

「あの男は帆船の船長だ。アピアから来た」

「ああそう」

「故郷から知らせを持ってきた。長兄が重病だというので、帰国しなくてはならない」

「長い間？」

ニールスンは肩をすくめた。

『赤毛』の読み方

同じ文学作品でも、読む年齢によって、あるいは時代によって、異なる読み方になる、と言われています。『赤毛』の場合も、読者によって、さまざまな読み方、受け止め方があるのは当然です。これまでの自分の経験、過ごしてきた時代によって差異が生じるのです。「この作品の主題はこうであり、この人物が最も重要だ、一番の読みどころはここだ」などと教えてもらわずに、自分で好きに読み、自由に解釈してよいのです。そこが文学鑑賞の魅力です。経験豊かな大人と若年の高校生が感想を述べ合うのが楽しいのです。

それゆえ、私もここで高い目線から、したり顔して『赤毛』の鑑賞法を説く気はありません。そうではなく、私個人が年代によって、読み方がどう変化したかを率直に語ろうと思います。大学一年生の時に初めて読んでから、今日に至るまで、最も面白いと感心する箇所が随分変わってきているのです。他の作品でも若い頃とは違う感想を持つことはよくあるのですが、『赤毛』の場合の変化が一番激しいのです。

1．レッドとサリーのロマンス

大学一年生の私が『赤毛』で最も強烈に印象を受けたのは、前半の甘美な恋物語でした。若く美しい男女の恋の話ならいつの時代でも好まれるには違いないのですけれど、戦後からようやく立ち直りつつあった時代だったこともあって、これは憧れ夢みる恋でした。いつまでも戻らぬ愛人を待ち続け、憂愁に閉ざされた純情可憐な美しい乙女サリーを一目見たいと思わなかった読者はいなかったでしょう。作品を読んだ友人が「サリーってすごく綺麗なんだろうねえ。一度見てみたいな」と目を輝かせて言ったのを覚えています。海外旅行など夢だった当時のことで、美しい大自然の描写――水面に姿を映す椰子の木々、忙しそうに泳ぎ回る熱帯魚、色とりどりのサンゴ、黄金色に輝く夜空――も心躍る思いで読みました。一部読んでみましょう。

> この二人の若者は、彼女は十六、彼は二十だったのですが、一目見て恋に落ちました。これこそが、真実の恋です。同情からとか、利害が一致したからとか、知的能力が等しいからとか、そんな理由で恋するのでなく、純粋素朴な恋です。アダムがエデンの園で目を覚まし、うるんだ目でじっと見つめるイヴを見た時に感じたのが、まさにこの恋です。動物を、いや神々を、互いに引きつけあうのもこの恋です。

この恋こそ、この世を奇跡に変え、人生に深い意味を付与するのです。

　礁湖はさらに素晴らしくて、藍玉、紫水晶、緑玉など色は無限に変化し、日没時には、ほんの一瞬、揺れ動く黄金色に見えるのです。さらにサンゴが素晴らしく、色は茶、白、ピンク、赤、紫があり、形も見事です。まさに魔法の庭園です。素早く動く魚は蝶のようです。とても現実のものとは思えません。サンゴとサンゴの間のあちこちに、底が白砂で水の流れぬ場所があり、そこは息をのむほど水が透明で、泳ぐと実によい気分になれました。

　夕暮れになると、恋人たちは、涼しくなり幸せな気分で、手に手を取って、柔らかい草地を歩いて小川まで帰ってきました。その時分には椰子の木はマイナ鳥どもの騒がしい鳴き声に包まれていました。

　曙光が小屋の木の柱の間から忍びよってきて、抱き合って寝ている子供のような愛らしい二人を眺めました。太陽は、二人の眠りを妨げぬように、大きく裂けたバナナの葉の影に潜んでいましたが、やがて、ペルシャ猫が前足でするように、悪ふざけをして、金色の光線を二人の顔に浴びせました。彼らは眠い目を開けて微笑み、新しい日を迎えました。週が月になり、いつしか一年が経ちました。

　抒情性たっぷりの描写ですね。海外旅行などまだまだ夢でした。『憧れのハワイ航路』という歌謡曲が流行したくらいで、ハワイや欧米でも、モノクロ写真で見る以外に知るよしもなかったのです。いわんや、この恋の舞台である南海諸島など、どのようなエキゾチックな島なのか、想像も及びませんでした。夢のような恋に憧れ、溜息をつくしかなかったのです。

　恋物語の主人公たちの美しさを読者に理解させるために、作者はレッドをプラクシテレス作のアポロ像に、サリーをナポリの博物館のプシュケー像にたとえています。今なら、インターネットでも使えば、それがどのような彫刻かすぐに調べることが可能でしょうが、当時はまったく不可能でした。不可能であるがゆえに、それだけ一層想像力を掻き立てられるのでした。

　このため、物語を読み進んで、恋人たちの末路を知っても、作品全体から受ける印象はロマンチックな恋物語でした。ニールスンがサリーに片思いの恋をしたと知っても、そこには無反応でした。イギリスの捕鯨船に不当に誘拐されたレッドについても、彼が愛する娘との仲を裂かれた苦悩しか思いませんでした。このような読み方は、大学一年

の私だけでなく、荒牧鉄雄氏という、当時多くの優れた受験参考書の著者であった大学教授のものでもあったのです。氏は、『モーム慣用句辞典』（一九六六年、大学書林）という著書で『赤毛』について、「南海の孤島を背景にした牧歌的な、また夢幻的な美しい物語で、映画の脚本にそのまま使えそうである」とコメントしています。

２．ニールスンの物語

その後、私は研究者としての道を歩き出し、この短編を何度も読み返すことになりました。全編を子細に読むと、だんだん今まで軽視していた後半部が気になりだしました。ロマンチックな恋物語の語り手であるスウェーデンの哲学者ニールスンに注意を引かれるようになったのです。彼は語り手であると同時に、サリーに片思いする準主役でもあったのです。さらに、モームの他の短編や、長編や戯曲やエッセイなどを幅広く読むと、モームがロマンチックな恋を賛美するタイプの作家でなく、むしろ皮肉を得意とするのが分かってきました。

いったんニールスンに注目して、作品を再検討してみると、『赤毛』の真の主人公は、サリーでもレッドでもなく、ニールスンなのだと思えてきました。恋を賛美した彼が、誤解に気付き、幻滅を味わう物語として読むのが、作者の意図かもしれないと感じられてきました。前半の恋が美しく感じられるのは、作者が最後のどんでん返しの劇的効果を高めるための策略だったのかもしれないな、と思えてきたのです。

このような読み方になったちょうどその頃、モームについての比較的長文の「解説」を書く機会があり、モーム文学の特徴を述べ、『赤毛』に言及して、次のように自信ありげに述べました。

> 『赤毛』の主人公は表題のレッドとサリーだろうか。もしこの作品を映画化するとしたら、おそらく二人の南十字星の下でのロマンチックな恋とその皮肉な結末が中心になるだろう。だが、それでは作者の真の意図の半分しか生かされぬことになる。この一篇は表題にもかかわらず、ニールスンの物語なのだから。彼を中心にして考えれば、これはモームがしばしば繰り返して描く、報いられぬ恋の悲劇であることが理解される。
>
> レッドとサリーの恋物語を聞いてその美しさに心打たれ、その悲恋の女主人公の悲哀を込めた美貌に魅かれて、永遠に報いられぬままに彼女との結婚生活を続けてきたニールスンが、いま眼前にだらしなく座ったデブのごろつきが、レッドの成れの果てであるのを知るという皮肉な場

面は、その迫力において数多いモームの作品中で他を圧倒する。

レッドとサリーが今となっては面と向かい合っても相手が見分けられなくなってしまった事実も悲劇には違いないが、作品の重点はそこにはない。他人の恋にロマンチックな憧憬を抱いたために一生を無為に過ごした男の憐れさ――これこそ作者の描きたかったテーマであり、その意図は見事に達成されている。

作品の後半部に重点を置く読み方でも、レッドとサリーの恋の移ろいやすさに注目する読者もいるし、それも一つの読み方ですね。しかし、上記の文章で私は、作品の主人公はニールスンであり、レッドとサリーの恋は、主人公の憐れさ、愚かしさ、失意、悲しみ、絶望を浮き出させる道具立てだという見方を強調したのでした。

3．総合的な読み方

この読み方でよいのだと、かなり長いこと信じていた私でしたが、さらに修正を加えるべきだという考えが徐々に頭をもたげてきていました。ちょうどその時期、二〇一四年秋にある講演会でその新しい見解を発表する機会がありました。「全面的真実とイギリス文学」という題名で話しました。モームの同世代の英作家オールダス・ハックスレイの『悲劇と全面的真実』というエッセイでの主張、つまり文学はすべからく人間、人生の部分的な真実でなく、全面的な真実を描こうと目指すべきだという見解に忠実に従っている作品を、英文学から数点取り上げました。まず、一六世紀のシェイクスピアの戯曲『ロミオとジュリエット』、ついで一八世紀のフィールディングの小説『トム・ジョウンズ』において、それぞれの著者が全面的真実をどう描いたかを見ました。

その上で、二十世紀のモームについて、全面的真実を描くという観点から、『赤毛』を検討したわけです。すると、「作品の前半か後半かの一方だけに力点を置くのは、部分的真実を描くことになる。モームは前半も後半も共に、一篇の部分であり、読者には両方を総合的に受け取ってほしいと願ったに違いない」と思えてきたのです。

若い時の私は、レッドとサリーの美しくも悲しい恋に重点を置き、年長の私は、ニールスンの憐れさに重点を置いたのですが、今は、モームがその絶妙のバランス感覚によって、この短編においても全面的真実を描いたと気付いたのでした。

ここで作者自身も、白人目線で描いたために、軽くしか触れていないと思える恋の一面に触れたいと思います。そ

れはサリーのレッドへの恋心が、永続的だったと窺われる点です。その証拠に、一篇の最後で、ニールスンは、「あの船長こそいまだにお前が恋し慕っているレッドの成りの果てだぞ」という趣旨のことをサリーに言ってやろうとしていましたね？　二五年間結婚生活をしてきて、ニールスンは肌身に感じて、それを事実として知っているわけです。相思相愛ではなく片思いになったにしても、一生続く恋心があることを、サリーは示しています。

　モームの長い一生の出来事をたどり、多くの男女との彼自身の交友を調べてみると、彼自身が体験したことのない相思相愛の理想に対して、ある時は憧れたのですが、ある時は、自分には無理だと知って、イソップ物語の『酸っぱい葡萄』の狐のような姿勢を取っています。狐は美味しそうな葡萄を取ろうとしますが、高い所にあって何度跳んでも届かないので、怒りと悔しさのあまり、「どうせあんな葡萄は、酸っぱくてまずいに決まっているさ！」と言い放って去ります。しかし、狐は本当は葡萄が好きで食べたいのです。モームも同じなのです。

　『赤毛』の前半の恋の美しい描き方は、最後のどんでん返しの劇的な効果のためだけではなく、他の要素もあるようです。作品にある、次の引用を覚えている読者も多いでしょう。ニールスンが熱を込めて語ります。

> 　この恋こそ、この世を奇跡に変え、人生に深い意味を付与するのです。
>
> 　あなたは、ロシュフコーという賢い皮肉なフランス公爵のことを聞いたことなどないでしょうが、その人はこんなことを言っているのです。『愛する二人と言っても、常に片方が愛し、もう一方は愛されるのみだ』とね。ほとんどの人間は、この苦々しい真実を受け入れざるをえません。だが、時には、二人とも愛し愛されるということもないではない。そのような場合には、あのヨシュアがエホバの神に祈った時に太陽が動きをとめてくれたように、太陽も運行をとめるのではないでしょうか。

　非常に印象的な発言ですね。強烈な印象を与えます。作者の心の奥の声が聞こえてこないでしょうか。抒情的な文章の苦手なモームがここまでロマンチックに書けたのは、できるものなら自分も生涯に一度でいいから実現したかった憧憬、夢が、我にもあらず出てしまったからではありませんか？　稀とは言え、実現することもありうる恋の理想を説くニールスンが、モーム自身の分身に近い人物であるのは、いろいろな点から確かです。モームはニールスンの口を借りて、自分の胸の奥深くに隠していた、相思相愛へ

の憧れを表現したのだと思います。

結論として述べれば、『赤毛』という作品は、相思相愛の美しさも、儚さも、かなわぬ恋の辛さも、無理な片思いの無念と心のときめきも、一生続く恋心の哀れさも、およそ恋についての、あらゆる面をバランスよく描いた傑作だということです。

以上私の体験を前面に出して語った三つの読み方いずれが、皆さんの読み方に近いでしょうか？　考えをまとめるご参考になれば嬉しいです。

モームの生涯と作品と人柄

ウィリアム・サマセット・モーム（一八七四〜一九六五）は、在仏英国大使館の顧問弁護士の父ロバートと美しく優しい母イーディスとの間にパリで生まれました。四人兄弟の末っ子で、兄たちはイギリスの寄宿学校に行っていたので、一人っ子のように母に可愛がられました。二番目の兄は後に大法官（最高裁長官）に出世しましたが、生涯不仲でした。母はウィリアムが八歳の時病死し、その思い出を彼は一生大事にしました。父もまもなく亡くなり、ウィリアムはイギリスの牧師だった叔父夫妻に引き取られました。子供を育てた経験のない夫妻は彼の扱いに当惑しました。彼はこの頃から吃音に悩まされ始めます。学校では吃音とフランス語訛りのためいじめられて不幸でした。

一四歳の時、学校卒業前に健康を害して南仏に転地療養し、一旦復学したものの学校に馴染めず、一六歳でハイデルベルクに留学。若い学生と交流し、演劇、文学、哲学に関心を抱くようになります。一八歳で帰国後、ロンドンの聖トマス病院付属医学校に入学します。そして二三歳になったモームは、実習経験に基づいて自然主義的な処女小説『ランベスのライザ』（一八九七年）を発表。まもなく卒業し、医師免許を得るのですが、作家として生きようと決意し、数点の長編小説、短編、戯曲を刊行し、ほどほどの評価を得ます。わずかな収入を得て、三一歳の時、パリに長期滞在します。芸術家志望の若者と交友し、ボヘミアンの生活を味わいます。また、モームは生涯にわたり旅行を愛しましたが、二〇代から三〇代にかけて、イタリア、スペイン、ギリシャ、エジプトまで足を延ばしています。一九〇七年、三三歳の時、戯曲『フレデリック夫人』が商業的に大成功を収め、裕福になりました。

私生活の面では、医学生時代には、自伝的な小説『人間の絆』（一九一五年、四一歳）でミルドレッドと命名されることになる人物との泥沼のような愛欲関係がありました。その後、新進劇作家になってからは、小説『お菓子とビール』（一九三〇年、五六歳）のヒロインの原型になる、若い女優スー・ジョーンズと知り合い、八年間親密な関係が続きました。

『フレデリック夫人』はロングランとなり、さらに他の喜劇も上演され、一時は四つの戯曲が同時にロンドンの大劇場の脚光を浴びました。社交界の名士にもなり、富も名声も得たのですが、高踏的な批評家からは低く扱われることになりました。彼の劇は、風習喜劇と呼ばれるもので、

イギリス上流社交界の男女関係や風俗を喜劇的に描いたものです。しかつめらしいヴィクトリア朝主義から解放されて、のんびりしたエドワード朝時代の好みに合致して歓迎されました。しかし、三八歳になったモームは、劇場の支配人からの注文を全部断り、自分の魂の解放を願って、自伝的な小説の執筆に取り組みます。

　四〇歳近くになり、結婚を考え、彼が愛した唯一の女性とされるスーに求婚しましたが断られます。前後して一九一四年、離婚訴訟中の社交界の花形シリーと知り合います。四〇歳で『人間の絆』を脱稿した時、第一次世界大戦が勃発、野戦病院隊を志願してフランス戦線に赴き、ここで一八歳下のアメリカ赤十字隊員ハックストンと知り合います。長年秘書兼パートナーとなる明朗な美青年でした。やがて野戦病院から情報部に転じ、ジュネーヴでスパイとして活躍します。

　翌一九一五年に『人間の絆』刊行。作者自身の半生をたどる自伝的小説で、モームの代表作であるだけでなく二十世紀イギリス小説の傑作の一つです。私生活でも、親密な関係になっていたシリーとの間にライザが誕生します。モームはこの一人娘を可愛がりますが、晩年には行き違いがあって、不幸な関係に陥ることになります。

　劇作家としての活躍も続き、代表作『おえら方』（一九一五年、四一歳）が一九一七年にニューヨークで上演され評判となりました。同年にシリーと結婚しますが、まもなくイギリス情報局から新たな諜報活動の依頼を受けて革命下のロシアに潜入します。その結果、再び体調を崩してスコットランドの結核療養所に入院します。終戦をここで迎えると、まもなく退院し、アメリカ各地を訪問。さらにアメリカで合流したハックストンと一緒にハワイ、サモア諸島、マレー半島、中国、ジャワ島などを旅行します。

　ゴーギャンが住んでいたタヒチなどで取材し、帰国後ゴーギャンを思わせる天才画家を主人公にする小説『月と六ペンス』を刊行します。これはベストセラーになりました。その後も欧米各地はもちろん、世界中に足を延ばします。

　短編作家として名声を得たのは、『雨』と『赤毛』を含む、南海諸島を舞台とする短編集『木の葉のそよぎ』（一九二一年、四七歳）によってです。戯曲の代表作『ひとめぐり』（一九二一年、四七歳）、中国が背景の小説『五彩のヴェール』（一九二五年、五一歳）と旺盛な執筆が続きます。また、『中国の屏風』（一九二二年、四八歳）などの旅行記を刊行したほか、諜報活動からも短編集『アシェンデン』（一九二八年、五四歳）が結実します。

　私生活では、シリーとは不仲の状態が続きます。夫妻は、

ロンドンではシリーの好む大邸宅に住んでいたのですが、モームはこれを嫌い、一九二六年に南仏リヴィエラのフェラ岬にある宏壮な邸を購入。モレスク邸と名づけ、以後戦時中にアメリカで約六年間滞在した以外は、亡くなるまでここで暮らしました。モームは邸の書斎で盛んな執筆活動を継続します。この邸には、秘書兼パートナーのハックストンの他、執事をはじめ大勢の使用人がいて、盛大なパーティが常時開かれました。シリーはロンドンに留まり、数年後に離婚が成立します。

　モレスク邸で執筆された多数の作品中で、注目すべきものとしては、小説では『お菓子とビール』がまず挙げられます。作中の小説家がその頃亡くなったハーディをモデルにしたと非難されましたが、その最初の妻はモームの愛人だったスーの思い出に基づいていました。小説では他に『片隅の人生』（一九三二年、五八歳）、『劇場』（一九三七年、六三歳）など。スペイン旅行記『ドン・フェルナンド』（一九三五年、六一歳）。演劇界を引退しようと考え、観客のためでなく自分のために書くと宣言して、『聖火』（一九二八年、五四歳）以下四つの問題劇を執筆上演。『サミング・アップ』（一九三八年、六四歳）は、自伝を含む随想で、人生と人間と芸術を思いのままに論じ、独特の人生論、人間論を展開しています。

　第二次世界大戦が勃発すると、戦禍を逃れてアメリカに移り、ニューヨークのホテルと出版社に提供されたサウスカロライナの住居におよそ六年間滞在。この時期の代表作『かみそりの刃』（一九四四年、七〇歳）は、戦争で生きがいを失ったアメリカ青年が、インドの神秘思想にたどり着く小説であり、英米両国とりわけアメリカでベストセラーとなりました。

　以前から飲酒、賭博、男女関係などで問題を起こしていたハックストンが結核などを発病し、モームの必死の努力にもかかわらず死亡。モームは一時途方にくれますが、やがて以前から交際のあった、穏やかな性格のサールを後任として採用できました。

　戦争が終結し、モレスク邸に戻ったのですが、戦時中ドイツ軍に占拠されたので、大修理を必要としました。落ち着いてからは、元通りの執筆、社交の生活が続きます。短編集『環境の動物』（一九四七年、七三歳）『カタリーナ』（一九四八年、七四歳）などの小説、日記を纏めた『作家の手帳』（一九四九年、七五歳）、評論集『人生と文学』（一九五二年、七八歳）などを発表して、老いを感じさせない筆力を見せました。サールを伴って、旅行も続け、一九五九年一一月、八五歳で日本を含む極東旅行に出ます。日本では約一か月滞在し、大歓迎を受けました。

帰国後は文学勲爵位を授与され、複数の大学から名誉博士号を受けたのですが、次第に老いに伴う問題行動を起こし始めます。雑誌に『回想記』（一九六二年、八八歳）を書き、故人となったシリーの悪口を書いて非難され、娘のライザと裁判沙汰を起こします。遂に一九六五年一二月一六日、九一歳で亡くなりました。

　このように、モームは詩以外のあらゆる文学ジャンルにおいて、約六〇年間、驚異すべき量の作品を発表し続けました。二十世紀前半のイギリス文学を代表する作家として認められています。ただし、二十世紀の作家の多くは、第一次世界大戦での体験を作家活動の出発点としているのですが、モームは第一次世界大戦勃発時にすでに四〇歳であり、人生観も確立していました。さらに、彼は作家の第一の任務は、インテリも大衆も含めた広範囲の読者を楽しませることだと主張し、その通り実践しました。そして文学に社会問題、政治、宗教、哲学を生の形で持ちこむのは邪道だと考えました。

　モーム文学の最大の特徴は、「人間という動物に所有欲と同じくらい深く根ざしていると思われる、話を聞きたいという願望」を満足させることです。難解と評される現代的な作家とは一線を画しています。ですから、二十世紀の典型的な作家というより、時代を超えた作家とも言えましょう。

　モームは尊敬する女流作家のジェイン・オースティンの小説について、「読者を物語に誘いこみ、つい次のページを繰ってしまわせる語り口」を称えています。オースティンの場合と違って、モームの作品では、離婚、姦通、詐欺、自殺、他殺などの事件が起こりますが、次のページを繰ってしまうのは同じです。ストーリー・テラー（物語の語り手）としての卓越性は、類を見ません。しかし、話が面白いだけでは、変わらぬ人気は説明できないでしょう。彼特有の人間観が見逃せません。

　モームに言わせれば、人間は誰でも五十歩百歩で、そう変わるものではないのです。あの人は善人で、この人は悪人だということはない。誰も彼も矛盾した要素をたくさん持っていて、首尾一貫した人、つまり善だけの人、悪だけの人など、存在しない、と彼は言います。人間というものは、色に譬えれば、誰も白か黒というのでなく、灰色だというのです。灰色の濃い人も薄い人もいるけれど、と。

　モームを日本で最初に紹介した中野好夫氏は、「永遠の謎なるものとして人間の魂を描くこと、これが彼の一生を通じてうたい続けている唯一の主題である」と響きのよい言葉でモーム文学の特質を看破しました。このような人間の不可解性が、日本で一般の読者にまで浸透したのは第二

次大戦以後でしたから、二十世紀の半ばになって、ようやくモーム・ブームというような爆発的な人気を博したのです。

最後に、一九五九年に八五歳という高齢にもかかわらず来日し、東京や京都などに一か月滞在したときのことを述べます。彼の人柄をうかがわせるエピソードもあります。モームは、皮肉屋で、態度が大きいという噂もあるのですが、実態は多少異なるようです。滞在した時に出会った人々の話を総合すれば、むしろ気配りのある、シャイで、ユーモアのある人だったようです。対談した中野好夫氏は、誰かがタバコを吸おうとしたら、モームがサッと立って、灰皿をすぐ取ってくれたと述べています。

京都では、見物中に修学旅行中の高校生に囲まれ大変な騒ぎになるので、秘書たちが、車に乗るように勧めると、「いいじゃあないか、サインくらい」と言って、全員にサインしたそうです。帰国後、「イギリスでは、たまに南仏の邸から戻っても、新聞にも載らない。日本では、ホテルには英文学の教授が押し寄せ、京都では大勢の高校生にサインをせがまれた」と嬉しそうに書いています。本心でしょう。

親しくなると茶目っ気をみせたようです。私の友人で丸善社員としてモームの世話係だった粟野博助氏から私が直接聞いた話を紹介しましょう。サインをしてもらうために毎日原書を、滞在していた帝国ホテルに持参していたのですが、必ずお茶を飲んで行けと勧め、その時、「今日も又こんなに何冊も持ってきてサインか！　老人を殺す気か！」と言いながら、ニコニコ顔でウインクしたそうです。やはり、自伝的な代表作『人間の絆』の主人公フィリップ・ケアリの人物像から想像できる人なのですね。思うに、彼は、生来の恥ずかしがりに加えて、ホモセクシャルの性癖を生涯隠そうとしていたため、繊細な心を意地悪な世間から守ろうとして、わざと皮肉を言い、傲慢に振る舞っていたのでしょう。

【著者・訳者】

行方昭夫（なめかた　あきお）

1931年生まれ。東京大学教養学部イギリス科卒業。東京大学名誉教授、東洋学園大学名誉教授。日本モーム協会会長。英米言語文化学会顧問。主な著書に『英文の読み方』『英語のセンスを磨く』『サマセット・モームを読む』『モームの謎』（岩波書店）などがある。

英文精読術

東大名誉教授と名作・モームの『赤毛』を読む

【PRODUCTION　STAFF】

イラスト　いけがみますみ

ブックデザイン　山之口正和（OKIKATA）

DTP　株式会社シー・レップス

①